成尋と参天台五臺山記の研究

森 公章 著

吉川弘文館

序にかえて

『成尋と参天台五臺山記の研究』と題する本書は、個人論文集としては六冊目、対外関係では『古代日本の対外認識と通交』（吉川弘文館、一九九八年）、『遣唐使と古代日本の対外政策』（吉川弘文館、二〇〇八年）に続く三冊目の論文集である。遣唐使に関する検討と並行して進めてきた、十一世紀末の入宋僧成尋の渡海日記『参天台五臺山記』の読解に関係して草した論考・書評計九編を一書になした。ここにそれらを便宜上三部に構成し、諸賢のご照覧に委ねる次第である。各論考の旧稿との関係やその後の研究の進展を整理して、序にかえることにしたい。

第一部　成尋の入宋

第一章　劉琨と陳詠——来日宋商人の様態——

『白山史学』三八号（二〇〇二年）掲載の論考に、若干の補訂を加えたものである。『参天台五臺山記』読解・研究の予察として、成尋の通事を務めた陳詠の動向から渡宋後の日本人を世話する宋商人の活動を、劉琨の検討により日本僧を渡海させる宋商人の目的を明らかにしようとした。これらの分析を通じて、当時の日宋通交を実質的に担った宋商人の様態を整理した。商人（海商）と僧侶の関係については、もう少し後の時代に力点を置いた榎本渉『僧侶と海商たちの東シナ海』（講談社、二〇一〇年）のような優れた概説書も刊行されているので、ご参照いただきたい。

第二章　入宋僧成尋とその国際認識

『白山史学』三九号（二〇〇三年）掲載の論考に、若干の補訂を加えたものである。『参天台五臺山記』に窺われる宋代の賓礼、特に皇帝との謁見の様子、日本情報伝達のあり方、そしてそれらの背景をなす対外意識などについて検討を試みた。日本中心主義的立場の定着の様子にも言及し、宋代の日宋関係を再考する論点を呈した。また日本情報に関しては、当時の国内情勢を知る史料が含まれていることにも注意を喚起している。『古代日本の対外認識と通交』所収の「平安貴族の国際認識についての一考察」で触れた平安時代の対外認識を探る上でも、『参天台五臺山記』が有用であることを示した。

第三章　入宋僧とその弟子

『海南史学』四一号（二〇〇三年）に掲載した「『参天台五臺山記』の研究と古代の土佐国――入唐・宋僧の弟子の視点から――」が元原稿で、『参天台五臺山記』に窺われる師僧の弟子たちに対する配慮の様子、本国との回路形成のあり方、本寺の寺勢拡大・弟子たちの行く末の保障など、「経営者」としての入宋僧の側面を明らかにし、信仰面だけではない、中国留学者の様相を論じたつもりである。元原稿は平成十二年度〜平成十四年度高知大学二十一世紀地域振興学術プロジェクトの「前近代環シナ海における交流とネットワークに関する史的研究」（代表・三木聰、大櫛敦弘）による研究成果の一部であり、当該研究の研究成果報告書に「古代土佐国の国際交流と『参天台五臺山記』」として概要を掲載しており（二〇〇三年三月刊）、その詳細を示したものである。

第四章　宋朝の海外渡航規定と日本僧成尋の入国

『海南史学』四四号（二〇〇六年）掲載の論考に、本文・註で述べたように、その後の河辺隆宏「『朝野群載』所収宋崇寧四年「公憑」について」（『情報の歴史学』中央大学出版部、二〇一一年）による、より詳細な校訂作業をふまえて改訂を加え、日本僧成尋の入宋手続きを解明する材料として、『朝野群載』巻二十に残る宋の公憑の検討を試みたものである。当該史料は世界で唯一残存する宋の公憑であるが、校訂に問題があり、読解できない部分が存する。そこで、各種写本を調査し、校訂文を作成し、内容を概ね正確に把握することができた。また蘇軾の対外政策との照合を行い、成尋の入宋を可能にした宋側の法制を整理し、成尋の渡海が充分に計画性を持ったものであることを示している。なお、宋朝の外交儀礼については、廣瀬憲雄『東アジアの国際秩序と古代日本』（吉川弘文館、二〇一一年）が精緻な研究成果をまとめているので、ご参照いただきたい。

第二部　巡礼僧の系譜

第一章　入宋僧成尋の系譜

平成十九年度〜平成二十年度科学研究費補助金による研究課題「遣唐使の特質と平安中・後期の日中関係に関する文献学的研究」（基盤研究（C）、研究代表者・森公章）による研究成果報告書（二〇〇九年）掲載の論考である。報告書では『参天台五臺山記』の最善本である東福寺本の写真版読み起し校訂文（案）を掲載しているが、本章は成尋の入宋の前提となる、遣唐使事業終了以降の中国への渡海僧の実例を分析したものである。その概要は、二〇〇八年九月二十日に高知大学附属図書館メディアホールで開催された国際シンポジウム「一〇〜一四世紀東アジアの外交交流史料」において、「入宋僧成尋とその系譜」として報告させていただいた。成尋の先駆者となる渡海僧の関連史料をそれぞれに集成し、渡海の様子、日本との連絡のあり方や後援者の存在などを整理した。摂関家による通交の掌握や寂照の頃から公的渡海が不許可になることなどを指摘し、成尋の入宋との全体的照合を行い、遣唐使以降の日中関係の行方について私見をまとめることができた。

第二章　九世紀の入唐僧――遣唐僧と入宋僧をつなぐもの――

『東洋大学文学部紀要』史学科篇三七号（二〇一二年）掲載の論考に、若干の補訂を加えたものである。遣唐使による通交から十世紀以降の新たな通交形態を切り開く原動力になった九世紀の入唐僧の様態を考究したもので、恵運・恵（慧）蕚・円珍・真如の渡海を中心に検討し、初期天台宗をめぐる問題、朝廷の有力者の意向・後援との関係、来日新羅・唐商人の便船利用のあり方など、後代につながる通交方式を析出している。

第三部　『参天台五臺山記』とその周辺

第一章　遣外使節と求法・巡礼僧の日記

『日本研究』四四号（二〇一一年）掲載の論考である。国際日本文化研究センターにおける共同研究「日記の総合的研究」（研究代表者・倉本一宏）に関連して、渡海日記の予察として考究を試みた。従来、対外関係史の研究では事実究明の材料として主に分析されてきた表題の諸日記について、日記本来の機能や執筆形態など古記録学の視点から検討を試みたもので、遣唐使その他の遣外使節の日記のあり方、求法・巡礼僧が日記を書く意味などを考察した上で、『参天台五臺山記』を素材に、古記録学的分析、日記としての普遍的な要素を析出している。

第二章　古代日麗関係の形成と展開

『海南史学』四六号（二〇〇八年）掲載の論考に、若干の補訂を加えたものである。九世紀後半の新羅末期の様相・後三国時代を経て十世紀に高麗が成立する時代から十二世紀までの日本と高麗の関係を整理した。新羅海賊の跳梁による高麗「敵国」観の形成、その後も公式の通交が成立しなかった様子を、長徳三年（九九七）の高麗使来日や寛仁三年（一〇一八）の刀伊の入寇、また承暦三年（一〇七九）の医師要請事件と寛治六年（一〇九二）の僧明範の契丹渡航事件などに言及しながら説明し、古代日麗関係を通覧している。第一部第四章で成尋の入宋が可能になった背景として宋の対高麗政策の変化に触れており、また日麗関係の展開も当該期の日本の対外政策を考える上で重要であるので、時代相の理解や外交案件への対処姿勢の参考として、本書に掲載したところである。

第三章　書評と紹介　藤善眞澄『参天台五臺山記の研究』

『古文書研究』六五号（二〇〇八年）に掲載された書評である。本文でも触れたように、論文集に一章として掲載するのはそぐわないのかもしれないが、『参天台五臺山記』の研究動向を知る上で、簡便なまとめになるので、あえて掲載したところである。『参天台五臺山記』読解に求められる様々な分野の学際的素養、それ故に個人での読解には難しさがある点などを汲み取っていただければと思う。

以上が本書の構成・概要、各論考の執筆動機である。一書になすと、叙述が重複するところも少なくないが、模索の過程を反映するものとしてご海容いただきたい。『参天台五臺山記』の中で日本側の対外政策や認識を理解する上で興味深い事項には概ね言及したつもりであるが、別途提起している校訂文（案）をもとに、『参天台五臺山記』の読解をさらに深化すること、また遣唐使事業が終了する平安中期以降の対外政策全般を解明することなどをさらなる課題とし、本書がその一里塚となればと思う。

なお、本書では『参天台五臺山記』を『参記』、『日本書紀』を『書紀』、『類聚三代格』を『三代格』などと略称した。また、「天平宝字」などの年号も「宝字」と略したところがある。その他の略称も斯界の通例によって類推されたい。

目次

第一部　成尋の入宋

第一章　劉琨と陳詠
――来日宋商人の様態――

はじめに

寛平六年（八九四）菅原道真の建議により遣唐使派遣が中止され、程なく唐が滅亡した（延喜七年（九〇七））ため、遣唐使の歴史は幕を閉じることになった。その後、五代の混乱を経て成立した宋に対しては、日本は正式な国交を樹立しなかったので、日中間の公的な通交は長らく途絶してしまう。しかし、遣唐使中止の一つの背景として、九世紀後半から唐商人の来航が盛んになり、彼我の通交は彼ら唐商人、次いで宋商人の来日によって維持されたため、あえて遣唐使を派遣する必要がなくなったという点が指摘されている(1)。事実、日本から中国に渡航する僧侶なども唐・宋商人の船を利用しており、また「唐物」への希求は遣唐使途絶後も益々盛んになっていったことは周知の通りである(2)。

私は、先に九世紀後半の唐商人来航の初期に来日した張友信なる人物について検討を試み、唐・宋商人の来航形態全般にも概括的に言及したことがあった(3)。但し、張友信以外の事例に関しては具体的な分析を行った訳ではなく、個別の人物について考察を深化する必要があると感じている。唐・宋商人の様態に関わる研究としては、いくつかの優れた成果が呈されているが(4)、日本古代史の研究全体の課題としても、この時代の究明にはさらなる個別研究の蓄積が求められていると思われる。

そこで、本章では表題の二人の宋商人を取り上げて、この課題に接近してみたいと考える。近年、私は成尋の『参天台五臺山記』の読解を試みており、(5) その検討の一環として、『参記』にも登場するこの二人には些か興味を引かれるところがある。劉琨は『参記』では最末部分に少し出てくるだけであるが、日本側の他の史料にも散見する人物であり、日中関係の中での行動形態を考察することができる。陳詠は『参記』に成尋の通事として活躍し、渡海した日本人の中国での活動・生活を支える存在として、その動向には注目すべきものがある。この二人の行動を考究することで、来日宋商人のあり方、来航の目的や日本人との関係の様相などを明らかにしたいと思う。

一　契丹渡航事件

『百錬抄』寛治六年（一〇九二）六月二十七日条に「諸卿定㆘申本朝商客渡㆓契丹㆒事㆖」とあり、これが日本の商人僧明範の契丹渡航事件の審議の始まりであった。

a『中右記』寛治六年六月二十七日条

有㆓陣定㆒。是大宰府解状也。唐人隆琨為㆓商客㆒初通㆓契丹国之路㆒、銀宝貨等持来。子細見㆓解状㆒。

b『中右記』寛治六年九月十三日条

検非違使等於㆓左衛府㆒勘㆓問商人僧明範㆒。件明範越㆓土趣㆓契丹国㆒、経㆓数月㆒帰朝、所㆓随身㆒之宝貨多云々。仍日者為㆑勘㆓問事元㆒、雖㆑賜㆓使庁㆒、例幣先後之斎間、引及㆓今日㆒也。契丹者本是胡国也、有㆓武勇聞㆒。僧明範多以㆓兵具㆒売却、金銀条、已乖㆓此令㆒歟。

c『中右記』寛治七年二月十九日条

今日有㆓陣定㆒。（中略）渡㆓契丹国㆒商人僧明範事〈彼明範已於㆓検非違使庁㆒、被㆓拷訊㆒之処、為㆓帥卿使㆒申㆘渡㆓彼国㆒之由㆖〉。（下略）

d『中右記』寛治七年十月十五日条

重有㆓陣定㆒、左府以下被㆑参㆓仗座㆒。是彼契丹事可㆑被㆓問対馬守敦輔等㆒者、件敦輔依㆑召近日上洛也。

e『中右記』嘉保元年（一〇九四）五月二十五日条（《　》は傍書）

大雨終日下。今日左大臣以下参㆓仗座㆒、有㆓彦山定㆒。次前帥権中納言伊房卿、已依㆓契丹国事㆒、減㆓一階㆒《正二位》被㆑止㆓中納言職㆒。又依㆓同事㆒、前対馬守敦輔《元従五位下》追㆓位記㆒云々。大殿并殿下此間令㆑参給也。

f『十三代要略』堀河院・嘉保元年五月二十五日条

前大宰帥伊房卿解㆓中納言㆒、降㆓従二位㆒。是以㆓明範㆒遣㆓於契丹国㆒、交㆓開〔関カ〕貨物㆒之科也。

g『百錬抄』嘉保元年五月二十五日条

伊房卿解却降㆓位一等㆒。縁坐者多。随㆓法家勘状㆒所㆑被㆑行也〈以前度度有㆓仗議㆒〉。

h『中右記』嘉保元年五月二十八日条

（上略）後聞、今朝有㆑政。是伊房卿并藤原敦輔〈罪過之残贖銅各十斤云々〉贖銅官符請印等事者。（下略）

bによると、明範は契丹に渡り、武器を売却して多くの利益を得たとある。bでは武器売却に関して、「已乖㆓此令㆒歟」と記されており、これは関市令弓箭条「凡弓箭兵器、並不㆑得㆘与㆓諸蕃㆒交易㆖。其東辺・北辺、不㆑得㆑置㆓鉄冶㆒」を念頭に置いた評言であったと思われる。また「越土趣㆓契丹国㆒、経㆓数月㆒帰朝」については、所謂日本人の渡海制の存在を考慮しておく必要があろう。

渡海制とは、例えば刀伊の入寇の際に母・妻子を掠取された対馬島判官代長岑諸近が、消息を求めて高麗国に無断で渡航し、日本人の虜女一〇人を伴って帰朝した件に関する大宰府解や所引の諸近の申状に、「渡海制重」、「投二若異国一、朝制已重、何況近日其制弥重」、「越二渡異域一禁制素重」、「破二制法一而渡海、無二書牒一而還」などと見えるものであり（『小右記』寛仁三年（一〇一九）八月三日条）、「以二先行者一為下与二異国一者上」の評言から考えて、元来名例律八虐条の謀叛（賊盗律謀叛条により絞刑）で規定されていた「謀下背二本朝一将上投二蕃国一」を、国家間の公的通交が失われた段階で、私人の渡航を制止する法源として表現したものと解することができるという(8)。その後も『百錬抄』永承二年（一〇四七）十二月二十四日条に、「渡唐者清原守武配二流佐渡国一。同類五人可レ浴二徒年一之由被二宣下一。件守武、大宰府召二進之一。於二貨物一者納二官厨家一」といった処断例が存し（『百錬抄』寛徳二年（一〇四五）八月二十九日条「諸卿定二申法家勘申筑前国住人清原守武入唐事一」とあるのが審議開始）、渡海制は存続していたようである。

　したがって、明範は渡海制と武器売却禁止という二重の制法に反した訳であるが、その処断の根拠に関しては、唐・衛禁律越度縁辺関塞条「諸越二度縁辺関塞一者、徒二年。共二化外人一私相交易、若取与者、一尺、徒二年半。三尺加二一等一。十五疋加役流。私与二禁兵器一者絞。共為二婚姻一者、流二千里。未入・未成者、各減二三等一。即因レ使私有二交易一者、準盗論」に対応する日本律条の存否の問題とも関連して、議論がある。即ち、この契丹渡海事件では明範に対する処罰は不明であるものの、関係者への科刑のあり方がわかる史料が存するのである。本件は明範が単独で計画したものではなく、c〜hに看取されるように、大宰権帥（寛治二年（一〇八八）八月二十九日任、同六年七月十八日入洛）藤原伊房・対馬守藤原敦輔らが関与しており、明範は彼ら大宰府官人の「使」として渡海していたことが判明し（c）、事件の焦点は彼らの処断に移っていくのであった（d〜h）。その科刑は、

藤原伊房……正二位→従二位に降位、権中納言を解任、贖銅一〇斤

藤原敦輔……従五位下の位記を追奪、贖銅一〇斤

となっている。この科刑からどのような律条が適用されたかを推定し、上掲唐・衛禁律対応条文の存否が論議されている訳である。(7)

私は先に唐・衛禁律対応の日本律条の存否に関連して、渡海した日本人が結婚した唐や渤海の女性を伴って帰国する事例（『日本紀略』延暦十一年（七九二）五月甲子条、『続紀』宝字七年（七六三）十月乙戌条）に着目し、「共為二婚姻一者流二千里」の如き規定はなかったのではないかという見通しを示したことがある（唐制については疏議所引主客式も参照）(8)。したがって上述の量刑についても、唐・衛禁律対応条文が日本律に存在しなかったと考えて、整合的な理解を示すことができれば、そちらの説を支持したいと思っている。そこで、存在否定説の説明を整理してみることにしたい(9)。

まず藤原伊房の量刑は、名例律官当条「一品以下三位以上、以二一官一当二徒三年一」の適用と贖銅一〇斤の科刑による徒三年半に加えて、名例律議条「流罪以下減二一等一」によって、徒四年＝流刑（名例律官当条「以二官当流一者、三流同比二徒四年一」）であったと考えられる（伊房が権中納言を解任されているのは、名例律官当条「行守者、各以二本位一当、仍各解二見任一」によるもの）。藤原敦輔の場合は、名例律官当条「五位以上、以二一官一当二徒二年一」と贖銅一〇斤、そして名例律請条「五位及勲四等以上、（中略）流罪以下減二一等一」により、徒三年の量刑が復原できるのである。

では、首謀者と目される藤原伊房の徒四年（流刑）の量刑はどのような律条の科罪を根拠としているのであろうか。上述の渡海制に関わる名例律八虐条の謀叛の適用から言えば、本件の場合、明範は不法に渡海はしたものの、数ヵ月後には帰国しており（b）、名例律自首条逸文の「亡叛而自首、減二罪二等一坐レ之。即亡叛者、雖レ不二自首一、能還二帰本所一者亦同」により、首従ともに絞刑から二等下の徒三年に減刑されることになったと想定できる。しかし、本件には「多以二兵具一売却」という行為があり、上掲関市令弓箭条に対応する律条によって、こちらの方は流刑とされていたために、名例律二罪以上倶発条により、重い方の刑を科せられることになったのではないかと説明し得ると言われている。

その律条とは、『三代格』巻十九延喜三年（九〇三）八月一日官符「応レ禁三遏諸使越レ関私買二唐物一事」に、「令云、官司未二交易一前不レ得下私共二諸蕃一交易上。為レ人糺獲者、二二分其物一、一分賞二糺人一、一分没官。若官司於二所部一捉獲者、皆没官者」＝関市令官司条に対応する律文として引用される「律曰、官司未二交易一之前私共二蕃人一交易者准盗論、罪止徒三年」の存在から推定される雑律逸文であるとされる[10]。即ち、ここに引用された律文では徒三年となっているが、武器などの禁物とそれ以外の物資では唐律でも差違が設けられており（唐・衛禁律齎禁物私度関条疏議、越度縁辺関塞条）、日本律でもこの律文以外に関市令弓箭条に対応する雑律の逸条が存したと考えられるのである。唐律では禁兵器を化外人に私与した場合、絞刑であること（唐・衛禁律越度縁辺関塞条）を参考にすると、伊房の科刑が徒三年と絞刑との間に位置する流刑であったことから見て、明範の「兵具売却」には禁兵器は含まれていなかったと推測され、禁兵器以外の兵器の交易の罪に対する量刑として、その一等下の流刑という規定が適合するのではないかと解される所以であるという。

以上の説明では、関市令弓箭条に対応する雑律逸文の存在とその内容の推定に依拠する部分も多いが、この事件の具体像を知る上で興味深い点もあり、今はこの考え方を支持しておきたいと思う。以上を要するに、明範の契丹渡航事件は、大宰権帥や対馬守など大宰府周辺の官人の指示により、「商人僧」である明範が契丹に渡航し、兵具などを売却して多くの利益を得たというものであった。では、明範は大宰府官人の支援だけで契丹に渡航し得たのであろうか。ここで、aに見える唐（宋）人隆琨の存在に着目せねばならない。aは『百錬抄』で本件の審議開始の日とされる同日の出来事であり、しかも大宰府の解文によって中央に報告されたものである。したがって、この唐人隆琨の契丹渡航と利益獲得は明範の渡航と同事であったと考えざるを得ず、やはり明範の渡海には宋商人である隆琨の案内が不可欠であったものと推定される。

とすると、隆琨と明範はどのようにして契丹に渡航し、また契丹での交易活動を実行し得たのであろうか。

i『遼史』巻二十五道宗五・太安七年（一〇九一＝寛治五）九月己亥条[11]

日本国遣㆓鄭元・鄭心及僧応範等二十八人㆒来貢。

j『遼史』巻二十五道宗五・太安八年九月丁未条

日本国遣㆑使来貢。

iの「応範」は明範に相当する人物と考えられるので、i・jによると、彼らは「来貢」という名目で契丹＝遼に入国したようである。aに「初通㆓契丹国之路㆒」とあるのは、日本と契丹との関係の初例であったという意であり、[12]『遼史』巻五十一礼志四賓儀には宋・高麗・西夏などの使者を賓待する礼式が見えているので、契丹側ではこうした「来貢」を受け入れる体制が整っていたと考えられる。また宋と契丹の間には実際の通交関係があったから、宋商人が契丹に来航することは珍しくなかったと思われる。[13]したがって明範の契丹渡航は、契丹の事情に通じた宋商人の案内があって初めて実現し得たと解されるのである。

そして、遼の歴史の中では、興宗・道宗の時代は契丹至上主義を唱える保守派と中国王朝の体制を取り入れ、漢人の取り込みを図る革進派との対立が激化し、宗室内部の勢力争いも加わって、しばしば反乱が起きた時期であったとされる。[14]表1は道宗即位からi・jの頃までを略記したものであるが、内乱や異族来寇などの紛擾が存したことが窺われ、明範らは武器供託の商品価値を知っていて、交易品として武器を携行したと見ることができよう。こうした契丹の政治情勢への通暁や交易品の選択の点でも宋商人に依存するところが大であったと考えられる。

なお、『遼史』ではi・j以後の日本との関係は所見がなく、この事件の処罰により、日本人の契丹渡航は大いに制止を被ったものと見なされる。また j については、a～h によると、契丹渡航事件発覚以降の年次になるので、i と重出か、あるいは i を利用して、宋商人などが日本人を名乗って再度通交したものかと推定しておきたい。

ちなみに、『後二条師通記』寛治七年（一〇七二）三月十二日条には「権師〔律脱カ〕明範着二中惟孝一事、申承伏了、被レ定次明範日記被二定申一、二箇事也」とあり、明範は単なる「商人僧」ではなく、一応権律師の肩書を有する僧侶であったようである。(15) ただ、明範についてはこれ以上のことは不明であり、また宋商人隆琨の活動として、契丹入国や契丹での交易の具体的な動向を知る手がかりもない。そこで、次に『参記』に活躍する陳詠のあり方を検討することで、入国、滞在中の活動における彼ら宋商人の役割を考究することにしたいと思う。

表1　道宗時代の反乱・兵乱略年表（『遼史』による）

年　次	事　項
清寧九（一〇六三＝康平六）・七	皇太叔重元とその子楚国王涅魯古・陳国王陳六ら四〇〇人が謀反
咸雍三（一〇六七＝治暦三）・六	新城県の楊従らが謀叛
咸雍九（一〇七三＝延久五）・七	八石烈敵烈人が謀叛
大康元（一〇七五＝承保二）・一一	「皇后被誣、賜死。殺伶人趙惟一・高長命、並籍其家属」
大康三（一〇七七＝承暦元）・五	右護衛太保査剌ら八人が皇太子擁立を謀る
大康九（一〇八三＝永保三）・一〇	混同郡王耶律乙辛が宋への亡入を謀る
太安八（一〇九二＝寛治六）・一〇	阻卜・磨古斯が叛乱
	是年「放進士冠〔寇カ〕尊文等五十三人」
太安九（一〇九三＝寛治七）・二	磨古斯が来寇

二　陳詠と成尋

成尋は天台宗寺門派の僧で、岩倉大雲寺主、延暦寺の阿闍梨、左大臣藤原師実の護持僧であり[16]、宮中にも出仕する高位の僧侶であった。成尋は早くから入宋、天台山・五台山の巡礼の希望を抱いており、延久二年（一〇七〇）正月十一日に渡海・巡礼の裁可を奏上した（『朝野群載』巻二十「僧成尋請レ渡レ宋申文」）が、結局認可を得ることができないままに、同四年三月十五日に肥前国松浦郡壁島から宋人曾聚らの船で密航し、浙江の杭州に上陸、天台山国清寺に詣で、さらに北上して宋の首都開封への上京・五台山巡礼を果したのである。時に成尋は六〇歳であったという。この渡宋日記が全八巻の『参記』であり、九世紀中葉の僧円仁の渡唐日記『入唐求法巡礼行記』全四巻に匹敵する情報量・史料的価値を備えている。

ここでは成尋の渡宋中の活動を支えた通事陳詠の動向を材料として、日本人が渡海・外国に滞在する際の宋商人の役割を検討することにしたい。成尋一行は頼縁供奉・快宗供奉・聖秀・惟観・心賢・善久・沙弥長明（命）の計八人であったが、平安時代の語学教育のあり方を反映してか、中国語を話せる者は一人もいなかった[17]。日本から宋人の船で航行している間は船内に日本語を話せる宋人がいたので問題はなかったが、杭州に到着し、彼らと別れて中国国内を旅行することになると、やはり専属の通訳が必要であり、そこで登場するのが陳詠であった。

k『参記』巻一熙寧五年（一〇七二＝延久四）四月十九日条[18]

（上略）陳一郎来向。五度渡二日本一人也。善知二日本語一。申云、以二陳詠一為二通事一可レ参二天台一者、乍レ悦約束了。

（下略）

kによると、陳詠（陳一郎）は五度の日本への渡航経験を有し、日本語にも堪能な人物であったことがわかるが、成尋が杭州到着後に現地で遭遇し、通事の契約を結ぶことになったかに見える。しかし、『参記』をさらに読み進めると、次のような事情が判明するのである。

l『参記』巻二熙寧五年六月五日条所引杭州公移

（上略）抃移二明州客人陳詠状一、昨於二治平二年内一、往二日本国一買売、与二本国僧成尋等一相識、至二熙寧二年一従二彼国一販二載留黄等一、杭州抽解貨売。後来一向只在二杭・蘇州一買売、見在二杭州把剣営張三客店内一安下。於二四月十二日一在二本店内一逢二見日本国僧成尋等八人一。（下略）

lによると、陳詠の五度目の日本行きは宋・治平二年＝治暦元年（一〇六五）のことであり、実はその時に成尋と相識人になっていたのであった。その後、宋・熙寧二年＝延久元年（一〇六九）に帰国してからは、日本で仕入れた硫黄などを交易して過ごしていたという。上述のように、成尋は延久二年に渡宋の申請を提出しており、これは前年に帰宋した陳詠と知り合い、入宋後の行動を支援してくれる人物を見出すに至ったことも大きな契機であったと憶測される。lでは陳詠は偶然に杭州に滞在していたかに記されているが、やはり成尋の渡海・来航の情報を得て、通事の役割を務めるべく来会したものと考えるのがよいであろう。

では、陳詠はどのような形で成尋の旅に随従したのであろうか[19]。まず通事としての待遇面から見る。天台山参詣時については不明であるが、参詣を終えた成尋らが皇帝の勅命により首都開封に上京することになった際、随行する陳詠に対して「与二陳詠沙金一両一。出二家賃一、妻子上京料也」（巻三熙寧五年八月二十二日条）とあり、妻子の上京費用などを成尋が支払っている。また「戌時通事借二沙金三両・銭十貫一。於レ京可レ弁二本数一也」（巻三熙寧五年八月二十三日条）と、陳詠は成尋に金銭の借用を求めることもあった（巻三熙寧五年十月九日条によると、銭一〇貫については返納が確認できる）。この他、成尋の用務で使者として派遣される時には、成尋が費用を弁備しており（巻二熙寧五年六月五日条など）、途次の費用はすべて成尋が支弁するというものであったようである。そして、通事としては当然の行為であるが、成尋が役所・寺院その他に出向く時は陳詠も同行・同席して、役所・寺院等からの志与物を与えられることがあり、成尋も陳詠に酒食などを分配し、大いに配慮していた様子を窺うことができる。

m『参記』巻五熙寧五年十一月一日条

（上略）客省官人来、成尋銭十貫・通事銭五貫下賜宣旨持来。以二通事一請二遣官庫一、午時請取来。即二貫与二客省官人一畢、八貫納二置三蔵房一即出。（下略）

n『参記』巻五熙寧五年十二月十日条

（上略）未時酒十五瓶送レ之。予四、老小師二人・通事各二、五小師各一瓶如レ前。毎レ瓶一斗。即通事二瓶留下、十三瓶返上已了。依レ思二罪報一也。（下略）

mは成尋一行が五台山参詣に出発する際の皇帝からの賜銭であるが、使者である客省官人への礼銭は成尋の分から出し、通事の分はすべて通事の手元に残るようにしているのである。nは五台山参詣の帰路に大原府の知府より過分の饗応に与ったために、重ねての酒の志与を遠慮したものであり、この時も通事分だけは留めるようにしている。その他、成尋が五台山参詣の際に奇瑞を得て、皇帝の評価を高めた時、先に帰国の途に就く成尋の弟子五人に紫衣が与えられる（巻六熙寧六年（一〇七三）正月二十七日条。但し、『参記』所引の『楊文公談苑』を見ると、「円通大師従衆賜皆以二紫衣一、依二其例一所レ賜歟」と、寂照の先例に倣ったものであることが判明する）とともに、陳詠にも「午時陳御薬来、依二宣旨一、通事陳詠別給二毎日令外二百文・妻子食一者。従二二十七日一至二二月十日一二貫八百文被レ下了。是依二聖旨一被レ重二和尚一故也」と、銭・妻子食料の官給に与るという余慶があった（巻六熙寧六年正月三十日条）。ただ、この後も成尋の陳詠に対する配慮は変わっておらず、物品の分配なども見られるのである。

以上を要するに、成尋がどのような形で通事の雇用代を支払ったかは不明であるが、旅費・諸雑費は概ね成尋が負担しており、その他、成尋に随従することによって様々な余慶を得ることもできたので、陳詠は厚遇されていたと見ることが可能であると思われる。そこで、次にこの陳詠の通事としての仕事ぶりを検討することにしたい。

そもそも成尋が杭州に入国し、天台山参詣に向かうことができたのは、陳詠が成尋らを天台山に伴うという名目があったからである。[20] 即ち、k下略部分には、成尋らの天台山参詣希望に対して、「右事須下出二給公移一、付二客人陳詠一収執、引二帯本国僧成尋等八人一前二去台州天台山一焼香訖、依レ前帯領遂レ僧廻二来当州一趣レ船却中帰本国上。依二台州一儌二此公移一、趣レ州在レ路不レ肯下別致二東西一及違非留帯上」とあり、当初は陳詠に引率されて天台山に参詣し、杭州に戻って来て日本に帰るという旅程で入国が許可されたのであった。この許可を得る過程で、「陳一郎来告云、預三沙二汰府牒一二人、銭各百文可レ取者、以二長命一銭二百文送レ之」(巻一熙寧五年五月二日条)、「申時陳詠取二杭州公移一持来、為レ悦千万」(同五月三日条)など、陳詠の尽力が大きかったことがかいまみられる。その後、天台山が所在する台州において、国清寺安下の認可を獲得した段階で、陳詠は杭州公移を返却するために杭州に戻っており(巻二熙寧五年六月七日・八日条)、この間に中央政府からの五台山参詣の許可、および上京・皇帝との面見の指示が届き(同閏七月六日条)、成尋の中国滞在は完全に公的なものになったのである。

陳詠が杭州に戻ってから、国清寺で安下する成尋一行には通事がおらず、一行には中国語を話せる者がいなかったから、宋僧との交わりは専ら文字によるものになった。ただ、内容が仏教の専門に関わることであったためか、『参記』には大きな支障があったようには記されていない。しかし、それでも開封への上京途次で陳詠に再会した際には、「未時台州陳都衙幷通事陳詠到来、為レ悦無レ極」(巻三熙寧五年八月十五日条)と描かれており、再び通事を得た喜び・

安堵感は大きかったものと思われる。開封に到着し、大平興国寺伝法院への安下、皇帝との謁見を経て、使臣に伴われて五台山に参詣して、再度入京する際に、「看門官人暫止二担物一」という制止があったが、「以二通事一触二子細一」という形で無事通過しており（巻五熙寧五年十二月二十六日条）、充分な意志疎通を行う上で、陳詠の存在は貴重であった。

　また成尋が咳嗽になった時、伝法院の僧が薬食を送ってくれたが、成尋は「自レ本不レ用二非時一」という自己の修行方法に基づき、これを断っている。その際に「以二通事一為レ使、不レ可二送給一由両度切申留了」という措置をとっている（巻六熙寧六年二月十三日条）のは、やはり謝意と辞退の意を充分に伝達するためであったと考えられる。その他、五台山から帰京後、皇帝が大平興国寺に行幸し、成尋に朝見を賜る時にも、陳詠は事前に朝見の場所の様子を見て来るという役目を果たし（同正月十日条）、宮中の情報を伝えたり（巻七熙寧六年三月十五日条）、成尋に付与されることになった新訳経の印板作業の進捗状況を探りに行ったり（同三月二十三日・二十五日条）と、成尋の耳目口としての陳詠の働きは大きかったと言えよう。

　そして、成尋が五台山参詣の途中で寒期に入ったにもかかわらず、全く雪に会わなかったことについて、「通事申云、参臺二十八日之間全以無二雪下一、廿八日参着畢。二十九日大雪下、山諸人感喜無レ極。是即菩薩奉レ迎也云々。還向之間二十六日無二雪下一、廿六日着二当院一。二十七日雪下、是又大喜也云々」と詳説したところ、「供奉官感喜」と朝廷の使者が感銘をうけた（巻六熙寧六年正月二十日条）のは、成尋が五台山で得た奇瑞の説明とともに、成尋の高僧ぶりを印象づけるのに寄与したことと思われる。この後、成尋は朝廷での祈雨に参加し、大いに験力を示したので、遂に善慧大師の称号を賜与され、また皇帝の護持僧としての滞在を求められることになるのである（巻七・八）。

　以上、成尋の旅における通事陳詠の役割を概観した。単なる通訳の役目を果たすだけではなく、成尋の入宋、速やかなる前進、目的とするものの獲得などにおいて、陳詠が不可欠の存在であったことが窺われよう。なお、『参記』

巻六熙寧六年正月六日条には「通事持二本草括要一帖・注千字文一帖一。与二通事養生要集一巻一。頗知二医道一故」とあり、陳詠は医学に通じるという面もあったようである。これはあるいは宋商人として、交易品の目利き、または航海中の応急医療などに必要な知識であったかもしれないが、陳詠の意外な才能の一面を示すものと見ておきたい(21)。

このようにして成尋の旅を支えた陳詠は、最後には成尋の弟子として出家を希望するに至る。

o『参記』巻八熙寧六年四月十二日条所引尚書祠部牒

(上略)拠二明州通事客人陳詠状一、昨於二慶暦八年内一、本州市舶司給二得公牒一、往二日本一興販前後五廻。又蒙二杭州運司公文一、差二送日本国僧赴レ闕朝見一。日夕常見三日本闍梨精二勤仏事一、欲レ乞下剃頭為レ僧、与二日本闍梨一為二弟子一、終身念仏報中答国恩上。(下略)

oによると、陳詠は宋・慶暦八年(一〇四八=永承三)以来、二五年間も日本との交易に従事していたことがわかるが、彼は成尋に随従するうちに、成尋の真摯な仏道修行の有様を体感し、自らも出家の意志を抱くようになったといい、この願いは彼の本貫地明州での剃頭の許可という形で実現することになった(後掲史料rを参照)。o下略部分には陳詠に悟本という法名が与えられたこともわかる。以て成尋の感化を示す出来事である(22)。

では、陳詠は全くの信仰心から出家を志すに至ったのであろうか。『参記』巻八熙寧六年五月五日・七日条には事情は今ひとつ判然としないが、銭一五貫をめぐって陳詠と秀才との間の紛擾があり、「通事来、僅所レ取銭一貫半云々、秀才遁隠了」として帰結した事件が描かれている。その後も陳詠は決して俗事を忘れた訳ではなかったのである。

p『参記』巻四熙寧五年十月二十七日条

(上略)同二点御薬来坐、被レ示云、厳寒比難レ堪、春間可レ赴二五臺一者。答云、小師・通事欲三早帰二日本一。依レ之今年早々参者。(下略)

q『参記』巻六熙寧六年二月二十三日条

（上略）参向等及通事陳詠為㆑渡㆓日本㆒要㆓買小船㆒。因㆑之与㆓唐絹二十疋㆒了。交易銭廿貫買㆓麝香上品十三臍㆒了。日本定米五百石云々。（下略）

r『参記』巻八熙寧六年四月五日条

（上略）今為㆓通事陳詠㆒、近蒙㆓聖恩㆒降㆓到祠部一道㆒許㆑令㆘剃頭、与㆓成尋㆒為㆗弟子㆖。今来欲㆘候㆑到㆓明州㆒剃頭㆖、特乞㆓開壇受戒㆒、与㆓前来小師頼縁等五人㆒同覓㆓一船㆒往㆓帰日本㆒。所㆑貴㆓前達不虚約㆒、二年間却得㆓廻信㆒。（下略）

s『参記』巻八熙寧六年六月十一日条

（上略）通事陳詠於㆑京蒙㆓聖旨㆒、孫吉先賜㆓奉国軍牒㆒、如㆑此相論。今日未㆑下㆓定海県船㆒。明日相定五人僧可㆑下㆓定海㆒也。自沐浴了。

t『参記』巻八熙寧六年六月十二日条

天晴。卯時陳詠来相定、新訳経・仏像等買㆑船可㆓預送㆒并賜㆘預　大宋皇帝志㆓送日本㆒御筆文書㆖、至㆓于物実㆒者入㆓孫吉船㆒了。五人相共今日乗㆓孫吉船㆒了。

成尋の計画は五台山参詣が終了したら、頼縁・快宗・惟観・心賢・善久の五人は日本に帰国させ、自らは聖秀・長命の二人を手元に残し、天台山で三年間の修行後、再び五台山に登るというものであった（巻二熙寧五年六月七日条、巻六熙寧六年正月十三日条など）から、既に熙寧六年二月八日に五人は開封を辞して、明州に先行していた。その後、成尋の宮中での祈雨への招聘、新訳経の下賜と印板、そして皇帝の身辺護持の要請を天台山での修行成就後と約するなどの出来事を経て、漸く成尋も出京して、新訳経を携えて明州に下向し、これを五人に託して五人を見送るというところで『参記』の記述が終わるのである（t）。既に正月二十三日には「入唐日記」八巻が彼らに渡されていたが、その後の記述を含めて現行の『参記』として整備したものをこの時に改めて預けたのであろう。
今、p〜rによると、成尋は当初から陳詠を五人の弟子とともに日本に赴かせるつもりであったらしく、陳詠自身もそれを願っていたようであり、交易品の準備などに努めている。s・tは『参記』の最末尾であるが、明州では孫吉（孫忠・孫思文とも記される人物である）の船が準備されていたらしく、ここで陳詠と孫吉とどちらが渡海するかをめぐって議論が行われている。陳詠は「於レ京蒙二聖旨一」ことを楯に譲ろうとはせず、それだけ日本渡航への執念を窺わせるものと見ることができよう。結局、新訳経・仏像や宋皇帝の文書といった最も名分のあるものは陳詠が運ぶことにし、皇帝の信物などの物実や五人の僧侶については孫吉の船で運ぶことにするという内容で決着したようであり、彼ら宋商人が日本来航の名目を得るために様々な手段を尽くしていた様子が看取される。

u『百錬抄』承保三年（一〇七六）六月二日条

諸卿於二殿上一定二申大宋国返信物事一。或云、可レ遣二和琴一、或云、可レ遣二金銀類一、或云、可レ遣二細布・阿久也玉一。先於レ陣唐人孫吉・悟〔本脱カ〕対問事。

v『水左記』承保三年六月二日条

未時右大殿御共参内。大宋国方物使等悟本与二孫思文一告二対問之由一。或云、火取玉・水銀・美乃長絹・真珠、或云、長絹・細布・金銀類、或云、被二和琴相加一何事有哉。

u・vは、今回の日本渡航が引き起こした事態に対する日本側の応対が大いに遅延したことを示すものであるが、その問題点については別稿でも整理しておいたので[23]、ここでは省略する。ともかくも、この時に孫吉と悟本＝陳詠が日本に来航したのはまちがいなく、彼らは成尋の弟子を送り、宋皇帝の文書・賜物を届けるという名目で日本に滞在・交易することが可能であったと思われる[24]。唐・宋商人の来航に対しては、日本側は年紀制を設けて規制を加え、連年の来航は原則として認められなかったこと、唐・宋商人がこの原則をかいくぐって、連年来航を実現するために様々な手段を講じたことなどに関しては、別稿で触れた通りであった(25)。

以上を要するに、陳詠は日本に自由に渡航する手段として、出家して成尋の弟子になる道を選んだということも考えてみる必要があるということであり、宋商人としての彼の様態を窺わせるものではないかと思われる。勿論、成尋にとっても故国との頻繁な連絡には通事陳詠の存在が不可欠であり、彼の利用価値を充分に認識していたものと推定される。この陳詠の如き存在こそ、日宋間の通交を支えた影の主役であり、その動向には大いに留意せねばならないのである。

三　劉琨の動向

『参記』巻八煕寧六年五月二十一日条によると、帰国する五人の弟子を見送るために開封から明州に下向する成尋が杭州に着いた時、通事陳詠は日本から劉琨（錕）・李詮の船が来ていることを告げた。彼らは肥前国松浦郡壁島で成尋を見送った一乗房（永智）を伴っており、成尋宛の坐禅供奉・円宗房・清水禅師等の書状なども携えていた。成尋はしばらくぶりの再会、日本の情報に接して大いに悦んだという。その後、五月二十四日・二十七日・二十八日・三十日にも成尋と劉琨の接触があり、成尋は劉琨に物品を志与する、劉琨も霊隠寺での斎に成尋を招くなどの交流が行われ、成尋は劉琨に坐禅供奉・肥前々司への書状など日本への返書を託している。成尋と劉琨の関係は以上に尽きるが、この劉琨は第一節で取り上げた隆琨と同一人物であったと見るのがよいであろう(26)。

本章では第一節で劉（隆）琨が関与した契丹渡航事件を取り上げ、当時の日本人の海外渡航に果たした宋商人の役割に着目し、第二節では渡航・入国後の活動においても、通事としての宋商人の助力が重要であったことを明らかにした。そこで、再び論を劉琨に戻し、彼の日本との関係を整理することで、宋商人の処世の一端をまとめることにしたい。

まず劉琨の関連史料を掲げると、次の通りである。

w『帥記』永保元年（一〇八一＝宋・元豊四）二月二十八日条

終朝雨下。今日有㆓陣頭定㆒、申刻参内。（中略）秉燭以後被㆑披㆓文書㆒。（中略）大宋国商客劉琨参朝事。（下略）

x『水左記』永保元年十月二十五日条（尊経閣文庫所蔵自筆本写真帳にて校訂）

（上略）着㆓陣座㆒有㆓定事㆒。太宰府解四通〈一通二箇条。一今年春□〔迴カ〕却宋人黄政改㆓姓名㆒称㆓王瑞㆒□□彼朝明州牒書孫忠水手黄逢□来副明州牒一封、公文一通、人徒夾名注文一通、存問記三通〉。一同孫□去春分㆓遣水手於本朝㆒参来時欲㆑令㆑称㆓牒書使㆒□〔大カ〕略相叶状〈副㆓勾当官則重申文㆒〉。一通同孫忠申請蒙㆓裁定㆒早帰㆓参本朝㆒状〈副㆓孫忠申文㆒〉。一通同国商客劉琨申請且任㆓去承保四年官符㆒被催給管内□〔諸カ〕国返金米未済六百九十九石一斗七升□待□□□年三月上旬帰㆑唐状〈副㆓劉琨申文㆒〉。一通同国商客呉済参来状〈副㆓存問日記二通・貨物解文一通・劉琨別解一通・呉済申文一通・人徒夾名一通㆒〉。左大弁実政卿書㆓定文㆒。各定申旨見㆓件定文㆒。（下略）

y『帥記』永保元年十月二十五日条

（上略）次各定申。太宰府言上大宋国明州牒状事也。次左大弁書㆑之。（中略）大宋国明州〈牒㆓日本国㆒〉。当州勘会、先差㆓商客孫忠等㆒、乗㆓載日本国通事僧仲廻及朝廷廻賜副物色㆒前去、至㆑今経㆓隔歳月㆒、未㆑見㆓廻還㆒。訪聞得在㆑彼載、有㆓本朝商人劉琨父子㆒□□説事端勘（欺カ）、或本国致㆓遷延久㆒、不㆑為㆓発遣㆒。須㆑至㆓公文㆒。牒具如㆓前事㆒。須㆑牒㆓日本国㆒。候㆓牒到㆒請㆑状、捉逐人因商客舟船、伝送赴㆑州、以憑㆓依法㆒断遣㆑状。其孫忠等亦請㆓疾発遣回二帰本州一、不レ請二留滞一。謹牒。元豊肆年陸月初弐日牒。（署名略）付二牒商人王瑞一也。又存問日記・人徒交名府解、孫忠・劉琨・又呉済参来存問日記府解。《〔頭書〕件牒状幷定文詞雖レ有二裏書一、依レ為二規模一所レ書也。》予定申云、事趣同二右兵衛督源朝臣定申一。件孫忠持参錦綺返牒于レ今遅々、二箇度牒状所二持来一也。但今度牒状之中、依二孫忠訴一被レ捉二劉琨子族一者、遣二問此由於孫忠一。若無レ所レ陳者、付二他商客一可レ遣二返牒状一歟。

z『水左記』永保元年十月二十九日条

（上略）秉燭之後蔵人弁伊家来、下二昨日所レ奏之定文一〈副二本文書等一〉。仰下令三太宰府対二問孫忠・劉琨言上子細一、差二遣人徒於本国一旨上。幷黄政変二姓名一条問二孫忠・黄政等一。明州直牒本国幷返牒外題書緘等事、令三官勘二申先例一者。又下下可二答信一物文一通上、糸・綿支二配国々一。（下略）

α『渡宋記』永保二年九月五日条

於二筑前国博多津一、師弟三人乗二於唐船一。是大商客劉琨蒙二廻却宣旨一之便也。依レ恐二府制一、隠如二盛嚢一臥二舟底一、敢不二出嗟一。有二大小便利之障一、仍不レ用二飲食一。身惄々如レ経二三箇年一、無レ附二驥尾一。就レ中商人由来以レ利為レ先、然予全無二傭物之儲一、只有二祈念之苦一。今邂逅遂二本意一、豈非二文殊感応一乎。

β『渡宋記』元豊六年（一〇八三＝永保三）三月七日条

可レ帰二日本一之由同船唐人告来。仍欲レ附二消息一。双涙自落、忽課二和歌一聊以述レ懐。アカネサスアサケノソラヲミワタセハワカフルサトソオモヒテラル〻。

上掲『参記』の記述によって、劉琨はw～α以前から日本に往来していたことが知られるが、日本での事跡が判明するのはw～zの記事が初見になる。wによると、永保元年二月末におそらく大宰府から劉琨の来着が報告されている。その来日目的は、xに「任二去承保四年官符一被催給管内□〔諸カ〕国返金米未済六百九十九石一斗七升□待□□年三月上旬帰レ唐」とあり、承保四年＝承暦元年（一〇七七）の官符に依拠して、返金米未済を回収することにあったと見ることができよう。上掲『参記』によると、劉琨は延久五年に日本から杭州に戻った後、すぐに日本に再来しているようであり、その際にそのまま日本に留まったのか、あるいは何回かの往復を経たのかは不明であるが、承保四年頃にも日本に滞在していたことがあったようである。その時の交易代金の決済が未了であったので、ここで日本に来航したのであった。

承保四年官符の内容は不明であるが、宋商人との交易代金の決済をめぐる交渉としては、曾令文の事例が具体的な様相を教えてくれる。

①『権記』長保二年（一〇〇〇）七月十三日条

（上略）参二御前一奏二先日大宰大弐藤原朝臣申送商客曾令文所レ進和市幷貨物等直事一。依レ有レ所二申請一、以二管内所在官物一、且可レ充之由、令レ成二所牒一、但金直両別米一斛、京之定也。商客申下可レ充二三石一之由上、仍増二彼京定一、減二此客定一、相二定一石五斗一、可二充給一之由雖レ令レ仰、商客等猶不二甘心一者。以二一石五斗一為レ定、可レ給二御牒一之由、先日奉レ仰事了。而猶件数多減下、若充二二石一令レ給如何。但給米一色、其数可レ及二六千余石一。若以レ絹令二充給一如何。（下略）

②『権記』長保二年七月十四日条

詣二左府一、申二唐物直事一。以二二石一為レ定者。（下略）

③『権記』長保三年十月三日条[27]

（上略）又奉下小舎人真正所二持来一大宰府請文砂金五百両上〈加二令文請文一〉、詞多不遜也。令文奉二公家一之解文幷私送書状等付二頭中将一。（下略）

①〜③によると、大宰府では宋商人への交易代金支払い方法として、金を米に換算する交渉が進められていたことがわかり、換算レートをめぐる合意形成に辛苦したようである。この頃から対外交易の代価として用いられる金が不足しはじめ、こうした交渉が必要になってくるとされている。[28] とすると、xの承保四年官符は換算レートの決定後に大宰府管内諸国に米の供出を命じたものであり、今回の劉琨の来航＝未済の返金の受納になったと見ることができよう。

そして、劉琨に関してはやはり『参記』にも登場していた宋商人孫吉（孫忠）との間で何らかの紛争があったことが窺われる。yの明州牒は宋・元豊元年（一〇七八＝承暦二）に日本の通事僧仲廻を送って、文書・回賜物を携えて日本に渡航した（『宋史』日本国伝）ままになっている孫吉の消息を求めたものであるが、孫吉が長らく日本に滞留している原因として、劉琨との何らかの紛擾があったかに記されている。肝心の箇所が欠失しているので、文意は正確には理解できないが、「説事」には「事をとく」、「説事人」は「仲人、媒酌人」、「説事過銭」というと「胥吏が暗に他人に代って上官に気脈を通じ、賄賂を取り次ぐことをいふ」の意があり（諸橋轍次『大漢和辞典』）、y末尾の「今度牒状之中、依㆓孫忠訴㆒被㆑捉㆓劉琨子族㆒者」とあわせて、劉琨の何らかの仲介行為が孫吉の日本滞留の主因であったと考えられていたようである。

この場合、これ以上の具体的な究明はできないが、日本との交易をめぐる宋商人同士の紛擾としては、前節末尾で触れた成尋の弟子たちの帰国をめぐる陳詠と孫吉の間の論議も一例とすることができよう。ともかくも、結局のところ孫吉は漸く返牒を与えられ、宋に帰朝することになり（『百錬抄』永保二年（一〇八二）十一月二十一日条など）、一方、劉琨は大宰府から追却されたのであった。αによると、この時に日本の僧戒覚が劉琨の船で密航させてもらい、成尋に続いて天台山・五台山の巡礼を果たすことになる。[29] 成尋の場合とは異なり、戒覚は手元不如意であったらしく

（α）、『渡宋記』元豊五年十月五日条「当院学頭阿闍梨、以レ書相談曰、摩可止観者、章安大師後改ニ名摩訶止観論一、又阿弥陀十疑同名論ニ云々」によると、入宋後も通事を随行・雇用することができなかったようである（30）。

では、劉琨は何故このような戒覚らの渡航を手助けしたのであろうか。既に指摘されているように、βの「同船唐人」は氏名不明であるが、戒覚が入宋した「同船」の唐（宋）人＝劉琨と解されるので、劉琨はさらに戒覚の日本への消息を届ける仲介まで申し出てくれたことになる。βによると、劉琨はこの時にまたもや日本への来航を企図したことが知られ、その際に日本への入宋僧の消息などを齎したというのは、入国・滞在の認可を求める一つの根拠になったことと推定される。したがって劉琨は戒覚と日本との連絡の仲介により、連年の日本への来航の方便を得ようとしたと考えられるのである。ただ、今回の劉琨の来日については日本側に記録がなく、その成否は不明とせねばならない（31）。

以上、日本側の史料に登場する劉琨の動向を見た。劉琨は上述『参記』の記述にも窺われるように、日本と宋の間を往来し、対日交易の利を得るとともに、日本から宋への渡航者を乗せて渡海し、さらに宋から日本への消息を齎すという形で日宋間の架け橋となる活動を行ったのである。勿論、そこには宋商人として、日本側の年紀制の規制をくぐり抜ける方便を得て、交易の実現・利益の獲得を図るという最も重要な目的があってのことであろう。こうした劉琨の処世が第一節で見た日本の「商人僧」明範の契丹渡航の支援、武器の交易による利益の確保といった方向に展開していくのであり、契丹渡航事件の背景をなす歴史的構造はこのようなものではなかったかと考えられる。ちなみに、この事件以後も宋商人の来日は途切れることなく（32）、この間の日宋通交、情報・人・モノの伝達・往来を担ったのは正にこうした人々であったと評することができよう。

むすびにかえて

本章では近年読解を試みている『参記』の研究の予察として、この時期に活躍する宋商人の様態の一端に触れてみた。劉琨の検討においては、日宋間を往来する宋商人の処世のあり方を、陳詠については、入宋した日本人の現地での活動を支援する存在としての宋商人の役割などに言及したつもりである。特に入宋後の日本人の足跡が詳細に記述されている『参記』に関しては、日宋間の往来だけに留まらない宋商人の活動を知る上で有益であると思われる。

ところで、彼ら宋商人は何故このような様態を示さざるを得なかったのであろうか。日宋間の通交形態に関する日本側の外交方策はどのようになっていたのであろうか。密航して渡宋した成尋や戒覚、あるいは契丹渡航事件の明範や彼を渡航させた大宰府官人たちと中央政府との意識の差はどこにあったのであろうか。このような古代日本の外交システム面についての考察を今後の課題として、今はひとまず擱筆することにしたい。

註

（1）佐藤宗諄「寛平遣唐使派遣計画をめぐる二、三の問題」（『平安前期政治史研究序説』東京大学出版会、一九七七年）、佐伯有清『最後の遣唐使』（講談社、一九七八年）など。

（2）田島公『日本・中国・朝鮮対外交流史年表（稿）〔増補・改訂版〕』（二〇〇九年）、対外関係史総合年表編集委員会編『対外関係史総合年表』（吉川弘文館、一九九九年）など。

（3）拙稿「大唐通事張友信をめぐって」（『古代日本の対外認識と通交』吉川弘文館、一九九八年）。

（4）森克己『続日宋貿易の研究』・『続々日宋貿易の研究』（国書刊行会、一九七五年）、原美和子ａ「成尋の入宋と宋商人」

『古代文化』四四の一、一九九二年）、b「勝尾寺縁起に見える宋海商について」（『学習院史学』四〇、二〇〇二年）、河内春人「宋商曾令文と唐物使」（『古代史研究』七、二〇〇〇年）など。

（5）拙稿『「成尋―宋代中国への旅」（共同研究・アジア地域との交流史の一部）の試行・準備』（平成十年度高知大学教育改善推進費（学長裁量経費）研究成果報告書、一九九九年）。なお、共同研究の方は高知大学創立五〇周年記念事業の一つである二十一世紀地域振興学術プロジェクトに採択され、「前近代の環シナ海世界における交流とネットワークに関する史的研究」（代表・三木聰、大櫛敦弘）として進行し、二〇〇二年度には報告書が刊行された。

（6）榎本淳一「律令国家の対外方針と「渡海制」」（『唐王朝と古代日本』吉川弘文館、二〇〇八年）。

（7）利光三津夫「衛禁律後半写本における条文脱落の存否について」（『常葉学園富士短期大学研究紀要』三、一九九三年）、大津透「摂関期の律令法」（『山梨大学教育学部研究報告』四七、一九九六年）、榎本淳一「広橋家本「養老衛禁律」の脱落条文の存否」（註(6)書）、森哲也「唐衛禁律越度縁辺関塞条の日本への継受に関する覚書」（『前近代東アジア海域における交易システムの総合的研究』二〇〇〇年）など。利光氏が存在説、榎本氏が存在否定説を出張する。森氏は史料bの「越土」＝「越度」の語句は唐・衛禁律相当条文の存在を意識したものであるとして、存在説を支持している。

（8）拙稿「古代日本における在日外国人観小考」（註(3)書）。

（9）榎本註(7)論文。

（10）榎本註(6)論文。

（11）i・jは『遼史』巻七十表第八属国表に太安七年九月「日本国遣鄭元等二十八人来貢」、太安八年九月条「日本国遣使来貢」とあるのと対応している。なお、中華書局本はiの「応範」について、「此似避穆宗明名改」と校勘している。

（12）『遼史』巻二太祖本紀下天賛四年（九二五＝延長三）十月庚辰条に「日本国来貢」とある（巻七十属国表にも見える）が、日本側の該当記事は不明である。そもそも日本はこの時期は渤海と通行中であり、渤海が滅亡し、「東丹国使」が来日するのは延長七年末〜八年にかけての出来事になり、またこの時期日本は送使を渡海させていないから、この契丹との通交の有無については不詳とせねばならない。

（13）『朝野群載』巻二十長治二年（一一〇五＝宋・崇寧四、遼・乾統五）八月の大宰府における宋商人存問の記録に引載された宋の公憑（崇寧四年六月付）には、「即不レ請二公拠一而擅行、或乗レ船自二海道一入二界河一、及往二登・萊州界一者、徒二年〈不レ請二公拠一而未レ行者減二貢〔弐カ〕等一〉、往二大遼国一者、徒参年」、「不レ許下典〔興カ〕二販兵甲器仗一及将中帯女口奸細并逃亡軍人上」、「前二去諸国一、並不レ得下妄称作二奉使名目一及妄作二表章一、妄有中称呼上」といった規制が見えている。また『全宋文』巻一八七六蘇軾の「乞レ禁三商旅過二外国一状」によると、元祐五年（一〇九〇＝寛治四）頃にも遼との交易が問題とされる事例があったことが知られる。

（14）　島田正郎『遼朝史の研究』（創文社、一九七九年）一〇頁。

（15）　島田正郎「日遼交渉」（註（14）書）は、この「明範日記」を寛治八年成立の永超の『東域伝灯目録』に見える「隨函音疏九十九巻〈諸経難字等釈之云々。法成寺蔵。遼代帰日記云、隨函音義冊云々〉」（『続群書類従』第二十八輯下による。『大日本仏教全書』本は若干文字配列が異なるが、文意は同じである）の「遼代帰日記」に比定し、これは明範の日記であり、明範の渡航に仏教を介した日本と契丹との関係を読み取ろうとしている。『隨函音疏』は契丹版大蔵経（高麗に伝来し、高麗版大蔵経になる）の基礎をなす後晋の可洪撰『新集蔵経音義隨函録』三十巻に関連するものであるようだが、ここの「明範日記」は明範の勘問記録であって、所謂日次記ではないので、「遼代帰日記」と明範とを結びつけてよいか否かは疑問としておきたい。なお、劉琨については、原美和子「宋代海商の活動に関する一試論」（『中世の対外交流』高志書院、二〇〇六年）も参照。また保立道久「院政期の国際関係と東アジア仏教史」（『歴史学をみつめ直す』校倉書房、二〇〇四年）は、藤原伊房の経歴・人脈を精査し、伊房が行成の孫で、大宰権大弐就任を希望していたこと（『平安遺文』一一九五号文書）、伊房の妻は大宰大弐高階成章の女で、伊房の母は光孝源氏の源貞亮の女であるが、貞亮の叔母は倫子の従兄弟源道房の妻になっており、伊房は母方を通じて、大宰権大弐を歴代にわたって輩出した宇多源氏の道方—経信—基綱の家系と関係を有し、基綱の女を嫁に迎えていることなどを明らかにしている。伊房は三条天皇の蔵人頭として立身したが、藤原頼通の女で、故後冷泉天皇の妻四条宮寛子の家司を長く務め、唐物の目利きができる対外知識を得ていたこと、成尋も寛子の付託品を持参して五台山参詣を行っていることを考えると、藤原伊房—四条宮寛子—藤原頼通—後冷泉天皇—源隆国—成尋—劉琨というつながりが復原でき、今回の事件まで四半世紀近くの間、四条宮寛子のサロンには唐物が飾られ、海外交易のルートが保持されていたといい、白河院は今回の事件によりこうした摂関家の動きを封じて、以後、海外交易ルートの掌握を確立することが可能になった（続蔵経の輸入など）と理解できるとされている。

（16）石井正敏「入宋巡礼僧」（『アジアのなかの日本史』V、東京大学出版会、一九九三年）二八六頁註（32）による。

（17）東野治之「平安時代の語学教育」（『新潮45』一二の七、一九九三年）。『宋史』日本国伝によると、成尋以前の入宋僧である奝然や寂照なども同様であったことがわかる。

（18）『参記』は入宋後は宋の年号で綴られているので、中国の年号で表示することにしたい。なお、『参記』は東福寺本の影写本に依拠し、適宜現行の諸活字本の校訂などを参照した文字を掲げた。

（19）『参記』の概要については、森克己「参天台五臺山記について」（『続日宋貿易の研究』国書刊行会、一九七五年）が簡にして要を得た紹介を行っている。その他、平林文雄『参天台五臺山記　校本並に研究』（風間書房、一九七八年）、伊井春樹『成尋の入宋とその生涯』（吉川弘文館、一九九六年）なども参照。

（20）『朝野群載』巻二十には、長治二年（一一〇五）に大宰府に来航した宋人李充らが提挙両浙路市舶司発給の公憑を携えていたことが知られる。宋側の制度がこのように整備されていたものであるとすると、密航者である成尋らが何故簡単に宋に入国できたかは今後の検討課題としておきたい（あるいは聖地である天台山参詣のみということで許されたのか）。なお、杭州における貿易管理については、藤田豊八「宋元時代海湊としての杭州」・「宋代の市舶司及び市船条例」（『東西交渉史の研究』南海篇、荻原星文堂、一九四三年）を参照。

（21）唐・宋商人が様々な技芸を有したことは、註（3）拙稿でも触れておいた。

（22）伊井註（19）書。なお、『入唐記』には「慶盛。永承四年申二給官符一入唐。後冷泉院御代也」とあり、あるいは陳詠の最初の来日の帰国時に随伴して入宋したことも想定できる。

（23）拙稿「平安貴族の国際認識についての一考察」（註（3）書）。

（24）孫吉に関しては、原註（4）論文aも参照。

（25）『宋史』日本国伝「（上略）元豊元年《一〇七八＝承暦二》、使通事僧仲回来、賜二号慕化懐徳大師一。明州又言、得二其国太宰府牒一、因二使人孫忠還一、遣二仲回等一、貢二絁二百匹・水銀五千両一。以下孫忠乃海商而貢礼与二諸国一異上、請下自移二牒報一而答二其物直一、付二仲回一東帰上。（下略）」によると、「通事僧」仲回の存在を利用して、孫忠＝孫吉が再度口本に渡航しようとした手口が窺われる（なお、『師記』永保元年十月二十五日条（史料y）にこの時の明州牒が掲載されており、「日本国通事僧仲廻」が見える）。ちなみに、王麗萍「成尋をとりまく人々」（『宋代の中日交流史研究』勉誠出版、二〇〇二年）は、陳詠＝悟本は日本から帰国後に貿易から手を引き、商人から僧侶に転身したと見るが、本章のような視点も考慮すべきであろう。また年紀制の年限については、渡邊誠「年紀制と中国海商」（『平安時代貿易管理制度の研究』思文閣出版、二〇一二年）に依拠して再検討すべきであると考えており、後考に俟ちたい。

(26) 森克己「戒覚の渡宋記について」（『続日宋貿易の研究』国書刊行会、一九七五年）。

(27) 『権記』長保五年七月二十日条には、「左大臣於レ陣被レ定二申大宰府言上大宋福州商客上官用銛来朝事一。定申云、同人有二年紀一、而前般商客曾令文未二帰去一之間（下略）」とあり、曾令文はなお留滞を続けたようである。

(28) 河内註(4)論文。

(29) 『渡宋記』については、森註(26)論文、橋本義彦「『渡宋記』―密航僧戒覚の日記―」（『平安の宮廷と貴族』吉川弘文館、一九九六年）などを参照。

(30) 但し、『渡宋記』元豊五年九月二十九日条では明州から「有二府供養一、毎日銭百文云々」とあり、一定の供給は得ていたことがわかる。また十二月十一日条によると、五台山巡礼のための上洛途次に日供銭が支給されていたことが見える。

(31) 『渡宋記』末尾には「元豊六年六月十五日記訖（割書略）。我願、以二此記一置二於日本国播磨国綾部別所引摂寺頻頭盧尊者御前一、敢不レ出二山門一、備二来住人之道心一焉」とあり、現行写本の奥書にも播磨国飾西郡実報寺で戒覚の自筆本を書写したと記されているので、戒覚の渡宋記録が日本に齎されたのはまちがいない。その将来はやはり関係の深かった劉琨によって行われたと推測できよう。

(32) その後の日宋交通における宋商人の動向については、榎本渉「宋代の「日本商人」の再検討」（『東アジア海域と日中交流』吉川弘文館、二〇〇七年）、渡邊註(25)書などを参照。

第二章　入宋僧成尋とその国際認識

はじめに

十一世紀末の入宋僧成尋の渡宋記録『参天台五臺山記』八巻は、かつてＥ・Ｏ・ライシャワー氏がマルコ・ポーロの『東方見聞録』を凌駕する世界史上有数の旅行記と評した、九世紀中葉の入唐僧円仁の渡唐記録『入唐求法巡礼行記』四巻に優るとも劣らない史料である。ライシャワー氏は成尋やそれ以後の日本僧が語る中国史の諸段階は、円仁の語る九世紀の中国についての場合と異なり、中国の資料からより一層はっきりした事情が判明すること、円仁の業績は中国の生活様式に関する最初の綿密な記録であることを指摘し、『入唐求法巡礼行記』を高く位置づけている。(1)円仁は本来短期滞在の遣唐請益生として入唐しながら、一人遣唐使一行を離れて中国に残り修行を続け、また会昌の廃仏を経験するなど、その波瀾万丈さは確かに『参記』にはない。『参記』の文体は変体漢文であり、平安貴族の日記などを読解する素養が必要である。これが中国宋代史の重要文献として掲げられながらも、(2)中国史の側から研究が少ない一因であろう。一方、その内容は中国での出来事であり、宋の公文書・書簡なども多く引載されていて、宋代中国史の知識がないと正確な理解が難しいこと、また遣唐使停止以後の外交史に対する関心は必ずしも充分ではなかったことなどにより、日本史の側からの研究も多いとは言えない状況である。

しかしながら、ライシャワー氏も認めているように、『入唐求法巡礼行記』を凌ぐ量とその内容の克明さには瞠目すべきであり、上述のように宋代の生の文書を多数掲載している点など、中国宋代史の史料として重視される所以であろう。また成尋は入国して天台山国清寺に参詣した後、皇帝の指示で上京し、皇帝と面謁しており、遣唐使に関しては不明な部分が多い皇帝との謁見場面がわかるなど、外交史の史料としても興味深いものがある。その他、五台山参詣の様子や宮廷での祈雨の修法など、入宋僧の足跡を辿る上でも豊富な材料を有している。(3) 本章ではそうした様々な視点からの検討の可能性の一例として、外交形式や対外観に関わる研究の上での『参記』の有用さを呈示してみたいと思う。

遣唐使が国書を携行したか否か、その対外観は如何なるものであったか、また平安貴族の国際認識のあり方などについては別に考究したところであり、(4) ここではその知見を補訂するものとして、『参記』に描かれた皇帝との謁見の場面や問答の様子、平安時代後期の人物である成尋の持つ対外観如何等の点に言及し、外交史の史料としての『参記』の分析に努めたい。

一　皇帝との謁見

延久四年（一〇七二）＝宋・熙寧五年三月十五日に肥前国松浦郡壁島で宋人曾聚らの船に乗り込んだ成尋一行は、既に延久二年正月十一日に呈していた渡宋申文（『朝野群載』巻二十）に朝廷の認可を得ることができないまま、いわば密航という形で宋に渡ることになった。申文には「巡㆓礼五臺山幷諸聖跡等㆒」、「遂㆓聖跡巡礼之望㆒」とあり、『参記』の表題通り、彼らは天台山国清寺や五台山の巡礼を遂げるのであるが、宋商人の助力が大きかった宋への入国、国清寺への参詣まではともかくとして、そこから中国国内を旅行して五台山参詣を実現する上では、やはり皇帝からの上京と面謁の指示が届いたことが決定的な原動力となるのである（『参記』巻二熙寧五年（一〇七二）閏七月六日条）。上京、五台山行きともに皇帝の使臣がつき、沿路盤纏宣旨・州県伝馬宣旨・州県兵士宣旨などの保障により、成尋一行は円滑な旅を進めることができた。

上京の時点、および五台山参詣を終えた成尋が天台山に戻って修行するために下向する際の辞見と、成尋は二度にわたり宮中で皇帝に謁見し、その作法などを『参記』に書き残している（後掲史料n・o）。「はじめに」で触れたように、遣唐使に関しては唐の宮中での行事の詳細がわかる例は少なく、皇帝との問答の様子なども情報が乏しい。唐代と宋代という違いはあるが、日本人が対中国外交の最も重要な場でどのような行動をとったのか、あるいは如何なる外交意識を持っていたのかなどを知ることができれば、日本の外交姿勢、対外観を理解する上で興味深い知見になろう。

ここでは断片的ながら、まず遣唐使の宮中での行動が判明する事例を整理して、宋代の成尋の場合と比較検討する材料としたい。

a『隋書』巻八一東夷伝倭国条（参考）

開皇二十年、倭王姓阿毎、字多利思比孤、号阿輩雞弥、遣レ使詣レ闕。上令三所司訪二其風俗一。使者言、倭王以レ天為レ兄、以レ日為レ弟。天未レ明時、出聴レ政、跏趺坐。日出便停二理務一、云レ委二我弟一。高祖曰、此太無二義理一。於レ是訓令レ改レ之。

b『日本書紀』白雉五年（六五四）二月条

（上略）遂到二于京一奉レ覲二天子一。於レ是、東宮監門郭丈挙悉問二日本国之地理及国初之神名一。皆随レ問而答。（下略）

c『善隣国宝記』白雉五年条所引「唐録」（『新唐書』巻二二〇東夷伝日本条も参照）

高宗永徽五年、倭国使献二虎珀・馬脳一。高宗慰二撫之一。仍云、王国与二新羅・高麗・百済一接近、若有二危急一、宜二遣レ使救一レ之。

d『日本書紀』斉明五年（六五九）七月戊寅条

遣二小錦下坂合部連石布・大仙下津守連吉祥一。使二於唐国一。仍以二道奥蝦夷男女二人一示二唐天子一。〈伊吉連博徳書曰、（中略）潤十月一日、行到二越州之底一。十五日、乗レ駅入レ京。廿九日、馳到二東京一。天子在二東京一。卅日、天子相見問訊之。日本国天皇平安以不。使人謹答、天地合レ徳自得二平安一。天子問曰、執事卿等好在以不。使人謹答、天皇憐重亦得二好在一。天子問曰、国内平不。使人謹答、治称二天地一、万民無レ事。天子問曰、此等蝦夷国有二何方一。使人謹答、国有二東北一。天子問曰、蝦夷幾種。使人謹答、類有二三種一。遠者名二都加留一、次者麁蝦夷、近者名二熟蝦夷一。今此熟蝦夷、毎レ歳入二貢本国之朝一。天子問曰、其国有二五穀一。使人謹答、無レ之。食レ肉存活。天子問曰、国有二屋舎一。使人謹答、無レ之。深山之中止二住樹本一。天子重曰、朕見二蝦夷身面之異一、極理喜恠。使人遠来辛苦、退在二館裏一、後更相見。十一月一日、朝有二冬至之会一。々日亦覲。所レ朝諸蕃之中、倭客最勝。後由二出火之乱一、棄而不二復検一。（下略）〉。

e『旧唐書』巻一九九上東夷伝日本国条（『新唐書』巻二二〇東夷伝日本条も参照）

長安三年、其大臣朝臣真人来貢二方物一。朝臣真人者、猶二中国戸部尚書一。冠二進徳冠一、其頂為レ花、分而四散。身服二紫袍一、以レ帛為二腰帯一。真人好読二経史一、解レ属レ文、容止温雅。則天宴二之於麟徳殿一、授二司膳卿一、放二還本国一。

f『冊府元亀』巻九七四外臣部褒異・開元五年（七一七）十月戊辰条

勅曰、日本国遠在二海外一、遣レ使来朝、既渉二滄波一、兼献二邦物一。其使人真人莫（英）問等、宜下以二今月十六日一、於二中書一宴集上。

g『続日本紀』勝宝六年（七五四）正月丙寅条

副使大伴宿禰古麻呂自㆓唐国㆒至。古麻呂奏曰、大唐天宝十二載、歳在㆓癸巳㆒、正月朔癸卯、百官・諸蕃朝賀。天子於㆓蓬萊宮含元殿㆒受㆑朝。是日、以㆑我次㆓西畔第二、吐蕃下㆒、以㆓新羅使㆒次㆓東畔第一、大食国上㆒。古麻呂論曰、自㆑古至㆑今、新羅之朝㆓貢大日本国㆒久矣。而今列㆓東畔上㆒、我反在㆓其下㆒、義不㆑合㆑得。時将軍呉懐実見㆓知古麻呂不㆑肯色㆒、即引㆓新羅使㆒、次㆓西畔第二、吐蕃下㆒、以㆓日本使㆒次㆓東畔第一、大食国上㆒。

h『東大寺要録』巻一所引延暦僧録第二勝宝感神聖武皇帝菩薩伝

又発㆑使入㆑唐。使至㆓長安㆒、拝㆑朝不㆑払㆑塵。唐主開元天地大宝聖武応道皇帝云、彼国有㆓賢主君㆒、観㆓其使臣㆒趍揖有㆑異。即加㆓号日本㆒為㆓有義礼儀君子之国㆒。復元日拝朝賀正、勅㆓命日本使㆒可㆔於㆓新羅使之上㆒。（中略・朝衡の案内による三教殿の巡覧）皇帝又勅、模㆓取有義礼儀君子使臣大使・副使影㆒於㆓蕃蔵中㆒以記送遣。（中略・使人への官賞）開元皇帝御製詩。送㆓日本使㆒〈五言〉。日下非㆓殊俗㆒、天中嘉㆓会朝㆒、朝尓懐㆓義遠㆒、矜爾畏㆓途遥㆒、漲海寛㆓秋月㆒、帰帆駛㆓夕颷㆒、因声㆓彼君子㆒、王化遠昭々。（下略）

i『唐大和上東征伝』……延光寺での遣唐使一行の鑑真に対する報告

弟子等先録㆓和上尊名幷持律弟子五僧㆒、已奏㆓聞主上㆒、向㆓日本㆒伝戒。主上要㆑令㆘将㆓道士㆒去㆖。日本君主先不㆑崇㆓道士法㆒。便奏留㆓春挑原等四人㆒、令㆑住㆓学道士法㆒。為㆑此和上名亦奏退。

j『続日本紀』宝亀九年（七七八）十月乙未条……遣唐使判官小野滋野の報告

（上略）正月十三日、到㆓長安城㆒、即於㆓外宅㆒安置供給。特有㆓監使㆒、勾㆓当使院㆒、頻有㆓優厚㆒、中使不㆑絶。十五日、於㆓宣政殿㆒礼見。天子不㆑御。是日、進㆓国信物及別貢等物㆒。天子非分喜観、班㆓示群臣㆒。三月廿二日、於㆓延英殿㆒対見。所㆑請並允。即於㆓内裏㆒設㆑宴、官賞有㆑差。四月十九日、監使揚光耀宣㆓口勅㆒云、今遣㆓中使趙宝英等㆒、将二答信物一、往二日本国一。其駕船者仰二揚州一造。卿等知レ之。廿四日、事畢拝辞。奏云、本国行路遥遠、風漂無レ准。今中使云レ往、冒二渉波濤一、万一顚躓、恐乖二王命一。勅答、朕有二少許答信物一。今差二宝英等一押送、道義所レ在、不二以為一レ労。即賜二銀鋺酒一以惜レ別也。（下略）

k『続日本紀』宝亀九年十一月乙卯条……遣唐使判官大伴継人の報告

（上略）正月十三日、到二長安一。即遣二内使趙宝英一、将レ馬迎接、安二置外宅一。三月廿四日、乃対二龍顔一奏レ事。四月廿二日、辞見首路。（下略）

l『日本後紀』延暦二十四年（八〇五）六月乙巳条……遣唐使藤原葛野麻呂の報告

（上略）十二月廿一日、到二上都長楽駅一宿。廿三日、内使趙忠将二飛龍家細馬廿三匹一迎来、兼持二酒脯一宣慰。駕即入二京城一、於二外宅一安置供給。特有二監使一、高品劉昴勾二当使院一。（中略）廿四日、国信・別貢等物、附二監使劉昴一、進二於天子一。劉昴帰来、宣レ勅云、卿等遠慕朝貢、所レ奉進物、極是精好。朕殊喜歓。時寒、卿等好在。廿五日、於二宣化（政）殿一礼見。天子不レ衙。同日、於二麟徳殿一対見。所レ請並允。即於二内裏一設レ宴、官賞有レ差。別有二中使一、於二使院一設レ宴。酣飲終日。中使不レ絶、頻有二優厚一。廿一年正月元日、於二含元殿一朝賀。二日、天子不予。廿三日、天子雍王适崩。春秋六十四。廿八日、臣等於二承天門一立レ仗、始着二素衣冠一。是日、太子即二皇帝位一。諒闇之中、不レ堪二万機一。皇太后王氏臨期称制。臣等三日之内、於二使院一朝夕挙哀。其諸蕃三日、自余廿七日而後就レ吉。二月十日、監使高品宋惟澄、領二答信物一来、兼賜二使人告身一。宣レ勅云、卿等銜二本国王命一、遠来朝貢。遭二国家喪事一、須二緩々将息帰郷一。縁三卿等頻奏二早帰一、因レ茲賜二纏頭物一、兼設レ宴。宜レ知レ之。却二廻本郷一、伝二此国喪一。擬レ欲二相見一、縁二此重喪一、不レ得レ宜レ之。好去好去者。事畢首途。（下略）

m『入唐求法巡礼行記』巻一開成四年（承和六＝八三九）二月二十七日条

（上略）官人等従₂在₁京之日₁、沈病辛苦。然去月十三日、入₂内裏₁廿五人。録事不₂得₁従。会集諸蕃惣五国、南照国第一位、日本国第二。自余皆王子、不₂着₁冠、其形躰屈醜、着₂皮氈等₁。（下略）

ここでは次節で検討する日本情報の伝達に関わる史料も掲げたが、別稿で考究した日本の遣唐使に対する唐朝廷の賓礼のあり方を参照して、(5) 知見をまとめてみよう。遣唐使に対する唐の賓礼は、A到着地での行事、B京上までの過程、C入京時の郊労、D館への安置、E皇帝との会見、F諸行事への参加、G饗宴・官賞、H交易その他、I辞見、J送使の派遣という流れになっており、E〜G、Iが宮中での行事に関わる事項である。Eはi国書・国信物の奉呈、ii礼見、iii対見という三つの場に分けることができるが、元来は使旨奏上の正式な会見の場が礼見であって、実例の上では皇帝不出御が多いため（j・l）、i・iiの二つに区分されるものの、i・iiは礼見としてひとまとまりの儀礼と解するのがよいであろう。この礼見は大明宮の中朝にあたる宣政殿で行われている事例が知られ（j・l）、皇帝から慰労の言葉や国信物に対する感想が示されたのである。但し、正式の会見の場ではあったが、儀礼的・形式的な場であったためか、上述のように、皇帝が不出御となる例も多かったらしい。

したがって、実質的な謁見の場としてはむしろ対見の方が重要であったと思われる。礼見に不出御でも、同日に行われた対見には出御するという事例があり（l）、皇帝も対見の方を重視していたことが窺われよう。対見の場は延英殿・麟徳殿など大明宮の内朝にあたり（e・j・l）、日本側の認識として「内裏」と記される内々の場所であった（j・l・m）。この対見では遣唐使から様々な奏請が行われ、その諸否が示されるとともに（i・j・k・l）、皇帝側から質問・指示などがなされたものと思われる。cの新羅救援の指示はこの内々の場である対見において行われたと推定される。そして、次節で取り上げる日本の国情下問も対見の際の行事であった（a・b・d）。またFに関連する朝賀儀や冬至会が多くの諸蕃国の参集の下に挙行されていたのと同様に（d・g・l）、内々の会見とはいえ、対見も複数の諸蕃国が同席して行われていることに留意しておきたい（m）。

以上の礼見・対見とともに、皇帝に謁見する場としてはIの辞見が存した。『大唐開元礼』巻七九では「蕃主奉見〈奉辞礼同〉」とあり、礼式は同様の形をとったようである。この辞見では、送別の宴が催され、皇帝の礼辞・指示が下付された（j・l）。hの玄宗の「送二日本使一」の御製詩は、その内容から見て、この辞見の宴の際のものと推定することができ、辞見の儀の具体的様相を教えてくれる。

日本の遣唐使が中国皇帝と謁見する場面に関する知見は、概ね以上の如くである。『大唐開元礼』巻七九「遣使戒蕃主見日」、「蕃主奉見」、「受蕃国使表及幣」、巻八〇「皇帝宴蕃国主」、「皇帝宴蕃国使」などには儀式の設営や礼式の所作・手順等が規定されており、その検討も試みられているが(6)、日本使人の具体的行動を知る材料は少なく、礼式の所作・手順の細部までは解明できない。円仁が残した『入唐求法巡礼行記』においても、円仁は遣唐使一行の上京には同行していないので、mは伝聞を書き留めたものであり、その後も円仁本人が皇帝と謁見することはなかったので、この核心となる礼式については情報がない訳である。

そうした中で、宋代の事例ではあるが、奝然—寂照—成尋と続く入宋僧は皇帝と会見しており、皇帝との謁見の場を実体験することができた。奝然の入宋と皇帝との対問の様子は『宋史』巻四九一日本国伝に詳細な記事が存し、その日本情報は『新唐書』や『宋史』の日本国伝執筆の基本史料になったことが窺われる。しかし、奝然の場合、また寂照に関しても、渡宋日記が逸文や要約文でしか残っていないので(7)、日本情報伝達のあり方はわかるが、皇帝との謁見の際の具体的な礼式は不明とせねばならない。そこで、古代にあって唯一日本人と皇帝謁見の実際の礼式を伝える史料として、『参記』の記述が注目されるのである。

n『参記』巻四熙寧五年十月二十二日条

寅時行法二時了。卯一点借二馬九疋一、八人幷通事参レ内。①先入二一大門一、至レ廊下レ馬。有二安下所一。懸レ幕。暫逗留。②客省官人引二入第二門一間、乗レ馬人数百入レ門。昇殿拝礼之人等也。次入二第三大門一、経二数里一入二東花門一、南廊安下。懸二幕・簾一立二倚子一。且備二饗膳一間、数千人来見。③辰二点客省官人一人来教下立二御前一呼二万歳一作法上。④辰三点以二客省官人幷通事一為二前立一入二第四門一。漸出レ庭見二拝人二人一、並舞倒二拝、次三拝、次三拝、東方一人進出引声呼、随レ其各三拝也。共着二赤衫一。諸州通判歟。⑤聖主居二延和殿一北面。後左右数百人並立。其中有下負二胡録一人数十人上。聖主坐二銀倚子一踏二銀床一、着二赤衫衣一。日本一行庭中向レ南対二御立一、以レ西為レ上並二立八人一。次有二一人引声一云、引見。次通事進出敬屈呼二聖躬万宝一。次諸僧低頭呼二万歳万々歳一。次引声云、賜二例物一。次従二西方一経二僧前一担二渡東方一、賜二衣絹等一。即諸僧呼如レ前。次引声称レ却。祗候諸僧呼如レ前。⑥次勅使御薬従二御前一来仰下参二諸寺一可二焼香一宣旨上。次他勅使従二御前一来仰レ可レ参二五臺山一了。⑦即退出畢。至二安下所一喫レ斎。種々珍菓・菜飯不レ可二記尽一。勅使上卿一人来対坐、同喫レ斎畢。⑧如レ本出二門一乗レ馬帰二本院一。（下略・賜物は車にて伝法院に送付される）

○『参記』巻八熙寧六年四月二日条

（上略）①・②卯二点借二馬四疋一、参二東華門一。途中客省使三人来向。入二三重門一、従二第四門廊一東面有二休息処一、曳レ幕立二倚子一装束。備二斎四前一。以二銀器一盛二珍菓・美菜一多以調備。待二御出一間一時許休居。荘厳車数百出入。其中以二黄金一装束車入。皇帝妹入内云々。黄金洗手幷金踏床七宝具足、在二御車前後一。婇女車七八両相烈。⑤辰三点依レ催入レ門。南庭数百人並立、殆及二千人一歟。有二御出一、着二白衫一用二常冠一有二銀踏床一。於二崇政殿一南面坐。延和殿北殿也。官人各拝謝了。申二慶賀由一、各一人出拝謝。三面立兵士拝謝了。依レ催僧少進向レ御並立。如レ前三度呼二万歳一。退帰之処有下小師二人賜二紫衣一宣旨上。即於二御前一着二三件一、又出二進御前一両人呼二万歳一。此間成尋頗東退立。以二御薬一為二勅使一有下両年後必可二参来一宣旨上。可レ参由奏了。於二御前一賜二絹三十疋・銭等一。至二ム銭一者、絹上置二三貫許一。⑦即退二出安下処一、有二舎人一人一為二斎伴一喫レ斎了。⑧帰二本院一了。祇二候庫々一三人、車入二絹三十疋・銭六十貫一来。成尋絹十疋・銭三十貫、聖秀・長命各絹十疋・銭十貫、通事陳詠銭十貫也。与二庫子銭九百文一。三人各三百文、三僧各三也。通事与二百文一了。（下略）

全体の礼式・手順が詳しいnによると、皇帝との謁見は、①入門・下馬して安下所にて待機、②客省官人の引導で進み、安下所にて饗膳に与る、③客省官人による御前での礼式の教授、④皇帝との謁見の場に入場、⑤皇帝との対面、賜物、⑥勅使による様々な事項の伝達、⑦安下所に戻って再び饗膳、勅使による共食、⑧退下、と区分することができ、oについても同様の番号で区切ってみた。nは延和殿、oは崇政殿での行事で、場所が異なるが、両者は隣接する殿舎で、東華門と西華門を結ぶ道路で宮城と皇城に二分される開封宮城の宮城部分に存する。開封城の右街太平興国寺伝法院に滞在していた成尋らが東華門に至るまでには、①・②によると三つの大門を経過せねばならなかったようであるが、残念ながら、図1によってもその経路は不明である[8]。

ともかくも東華門に着くと、一旦ここで休息・饗膳をとるのであるが、n・oともに数多くの人々が皇帝との謁見のために宮城区内に入って行く様子が描かれており、多数の拝謁者と次々に謁見する方式であったことがわかる。そして、③では拝礼作法の練習が行われていることが注目される。『大唐開元礼』巻七九・八〇では、典儀の指示と賛者の介助による儀礼が進行していくことが読み取れるが、ここでは引声による指示はある（⑤）ものの、直前になって教えられた拝礼を行うことが求められる訳である。その際に、④ですぐ前のグループの拝礼の様子を観察することができたのは、自分の番の心構えとして有効であったと思われる。

次に、いよいよ⑤皇帝との対面である。n・oでは、皇帝の座席や衣服の描写（服色は異なる）は共通しており、

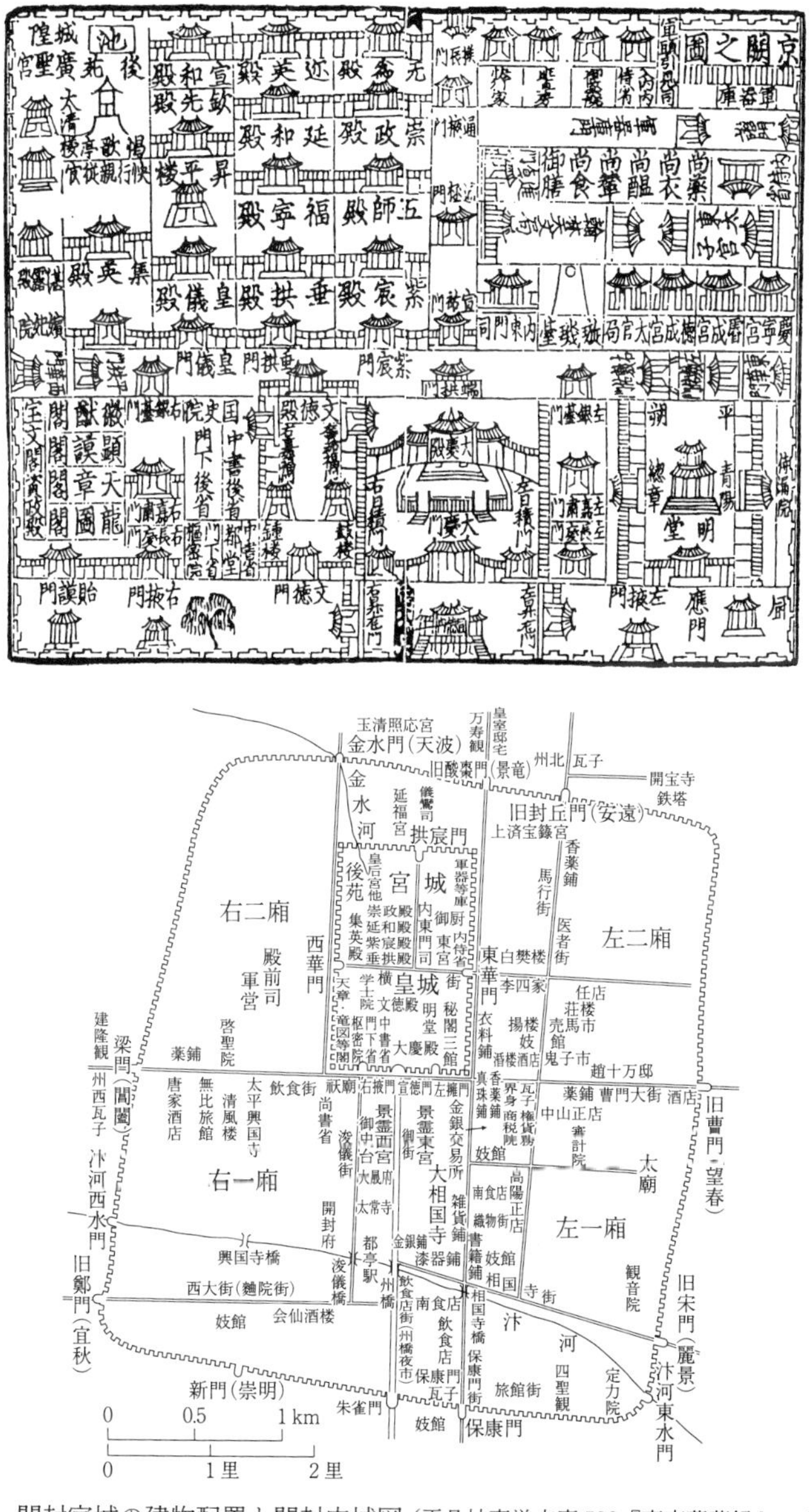

図1　開封宮城の建物配置と開封内城図（平凡社東洋文庫598『東京夢華録』による）

礼式の場はnが延和殿、oが崇政殿であったという。清代の周城撰『宋東京考』（中華書局、一九八四年）によると、「宮後有二崇政殿一、閲事之所也。殿後有二景福殿一、殿西有レ殿北向、曰二延和一、便坐殿也」と説明されており、崇政殿と延和殿の関係は図1と合致しているが、oで崇政殿を「延和殿北殿也」と記しているのとは齟齬がある。この点についてはoの記述の正誤を確定できないが、『宋東京考』が延和殿を「北向」とすることには注目される。

即ち、oでは皇帝が「南面坐」とあり、通常の皇帝南面の原則に適っているが、nでは皇帝が北面し、成尋らは「向レ南対二御立一」とあるので、南面しており、ここには写本による異同は見られず、記述通りであったと思われる。とすると、延和殿では皇帝北面の礼式がとられたことになり、nにはこの点について特別な説明はないので、特に違例の礼式であった訳ではなく、「北向」という特殊な構造をとる延和殿の建物配置に規定されたものであったと考えることができよう。この点でnは『宋東京考』の叙述を如実に裏付けるものとして重要である。

上述のように、皇帝との対面は複数の拝謁者と一緒に行うものであり、n・oでも多くの人々とともに列立した旨が記されている。ただ、その中で各拝謁者の組が別々に皇帝と対面するしくみになっていたようである。nによると、成尋ら一行八人は南面西上で列立し、通事の敬屈後に低頭して万歳を唱したと見える。そして、皇帝から賜物が下されて謁見は終わるのであるが、n⑥・o⑥によれば、請願に対する皇帝の返答・指示や皇帝からの特別の賜与などは別に勅使が拝謁者個々に伝達することになっていたようである。したがって皇帝側では対面する人々個々への対応には充分に意を尽くしていたことが看取されよう。対面の儀終了後にはn⑦・o⑦の如く、再び饗膳が供され、oによると、舎人が派遣され共食しており、共食者が相伴するのであった。

以上、n・oにより皇帝との対面の礼式の要点を見た。遣唐使の皇帝との対面の史料では不明の細かな手順や所作を知ることができたところもあり、上述のように、唐代と宋代の相違は考慮しておく必要があるが、日本人の中国皇帝への拝謁の具体像を明示する材料として、『参記』の記事の有用さを物語るものと言えよう。では、その際に成尋も伝えたであろう日本情報の伝達については如何であろうか。皇帝との謁見に関連して、上掲の唐代の史料にもいくつか事例が存する日本情報の伝達のあり方に関して、その内容や特色の検討を試みたい。

二　日本情報の伝達

宋代の日本情報の伝達としては、『宋史』日本国伝の奝然の事例が著名であるが、成尋もそれに優るとも劣らない詳細な情報を伝えている。(9)

p『参記』巻四熙寧五年十月十四日条……勅使御薬との問答

⑨又被レ問云、日本自来為甚不下通二中国一入唐進奉上。答云、滄波万里、人皆固辞、因レ之久絶也。⑯又被レ問、即今国主姓甚。答、日本国主無レ姓。雖レ聞二有レ名由一庶人不レ知レ之。⑩又問云、日本近上官人員呼レ甚、有二多少来一。答、太政大臣兼関白従一位藤原某、乃至参議位階姓名依レ員書進了。

q『参記』巻四熙寧五年十月十五日条……皇帝との謁見は十月二十二日

午時三蔵来請、即向レ房令レ見二皇帝問一。①日本風俗。答、学二文武之道一以二唐朝一為レ基。②一問、京内里数多少。答、九条三十八里也。以二四里一為二一条一、三十六条、一条北辺二里。③一問、京内人屋数多少。答、二十万家。西京・南京不レ知二定数多々一也。④一問、人戸多少。答、不レ知二幾億万一。⑤一問、本国四至、北界。答、東西七千七百里、南北五千里。⑥一問、国郡邑多少。答、州六十八、郡有二九百八十一。⑦一問、本国王甚呼。答、或称二皇帝一、或号二聖主一。⑧一問、有二百姓号一。答、有二百姓号一。以二藤原・源・平・橘等一為二高姓一。其余百姓不レ遑二委記一。⑨一問、本国相二去明州一至近、因レ何不レ通二中国一。答、本国相二去明州海沿一之間不レ知二幾里数一、或云七千余里、或云五千里、波高無レ泊、難レ通二中国一。⑩一問、本国貴官有二是何名目一。答、太政大臣一人、左大臣一人、右大臣一人、内大臣一人、大納言四人、中納言六人、参議八人、是名二上卿一。⑪一問、本国世系〈三蔵云、神代・人代名二世系一〉。答、本国世系神代七代、第一国常立尊。第二伊弉諾・伊弉冊尊。第三大日霊貴。亦名天照大神、日天子始生為二帝王一、後登二高天一照二天下一、故名二大日本国一。第四正勝尊。第五彦尊。治三十一万八千五百四十二年、前王太子也。第六彦火火出見尊。治六十三万七千八百九十二年、前王第二子也。第七彦斂尊。治八十三万六千四十二年。次人代第一神武天皇。治八十七年、前王第四子也。第七十一代今上国王。皆承二神氏一。⑫一問、本国四時寒暑、与二中国一同不レ同。答、本国四時寒暑与二中国一同。⑬一問、自二明州一至二日本国一、先到二何州郡一、去二国王所レ都近遠。答、自二明州一至二日本国大宰府筑前国博多津一、従レ津去二国王所レ都一二千七百里。⑭一問、本国要二用漢地一是何物貨。答、本国要二用漢地一香薬・茶垸・錦・蘇芳等也。⑮一問、本国有二是何禽獣一。答、本国無二師子・象・虎・羊・孔雀・鸚鵡等一、余類皆有。⑯一問、本国王姓氏。答、本国王無レ姓。⑰一問、本国去二毛国一近遠。答、去二毛国一近遠不レ知。未時御薬来、預二院書生一令二清書一、来日可二進奉一由示了。唐朝郡即州名、邑即県名、村即郷名也。答三郡有二九百八十一以為二小州名一、是為二本国一最善。日本郡唐朝名レ県也。

まず『宋史』日本国伝に記された奝然の日本情報伝達の様子は、「雍熙元年、日本国僧奝然与二其徒五六人一、浮レ海而至、献二銅器十余事幷本国職員令・王年代紀各一巻一」とあり、「善二隷書一而不レ通二華言一」という奝然に「問二其風土一」ったところ、書を以て「国中有二五経書及仏経・白居易集七十巻一、並得レ自二中国一。土宜二五穀一而少レ麦。交易用二銅銭一、文曰二乾文（元カ）大宝一。畜有二水牛・驢・羊一、多二犀・象一。産二糸蚕一、多織レ絹、薄緻可レ愛。楽有二中国・高麗二部一。四時寒暑、大類二中国一。国之東境接二海島一、夷人所レ居、身面皆有レ毛。東奥州産二黄金一、西別島出二白銀一、以為二貢賦」。国王以レ王為レ姓、伝襲至二今王一六十四世、文武僚吏皆世官」と答えたという。これが奝然と皇帝の問答の内容であり、『宋史』ではこの次に王年代紀が引用され、天御中主以下の歴代の「王」名や中国との通交の様相が記されている。そして、次に畿内以下の国名が掲げられ、「是謂二五畿、七道、三島一。凡三千七百十二都（郡カ）、四百一十四駅、八十八万三千三百二十九課丁。課丁之外、不レ可二詳見一。皆奝然所レ記云」とあるので、これも奝然の筆言によったものであろう。以上が奝然の場合であるが、問答の一々を記したものではなく、全体を摘記しているので、皇帝との一問一答の様子が充分には窺えないようになっている。

次に寂照に関しては、『宋史』に「不レ暁二華言一、而識二文字一、繕写甚妙、凡問答並以二筆札一」とされているが、問答の様子は伝えられていない。但し、『参記』巻五熙寧五年十二月二十九日条所引『楊文公談苑』には寂照と皇帝との会見の描写があり、「不レ通二華言一、善二書札一、命以レ牘対云」として、「国王年二十五。大臣十六七人、群寮百許人。毎レ歳春秋二時集二貢士一、所レ試或賦或詩、及第者常三四十人。国中専奉二神道一多二祠廟一。伊州有二大神一、或託二三五歳童子一降言二禍福事一。山州有二賀茂明神一、亦然。書有二史記・漢書・文選・五経・論語・孝経・爾雅・酔郷日月・御覧・玉篇・蔣魴歌・老列子・神仙伝・朝野僉載・白集六帖・初学記一。本国有二国史・秘府略・日本記・交観詞林・混元録記等書一。釈氏論及疏鈔伝集之類多有不レ可二悉数一。寂照領二徒七人一、皆不レ通二華言一。国中多有二王右軍書一、寂照頗得二其筆法一」といった模様が知られるので、寂照も皇帝に日本情報を伝えていたことがわかる。

以上の奝然・寂照の日本情報伝達に関して、情報の種類は少ないが、話の順序が整っている寂照の方の順序によって整理すると、（イ）国王に関する事柄（姓、歴代、現国王の年齢など）、（ロ）群臣の数・登用のあり方、（ハ）宗教、（ニ）書物の存在、書法、（ホ）農耕に関する事柄、（ヘ）交易の様子、（ト）畜類のあり方、（チ）産業・特産品、（リ）音楽、（ヌ）気候、（ル）毛人国、（ヲ）日本の地理などの項目を挙げることができよう。

仁田陞著・池田温編集代表『唐令拾遺補』（東京大学出版会、一九九七年）によると、公式令補遺二一〔唐〕は、「凡蕃客至、鴻臚訊二其国山川風土一、為レ図奏レ之、副二上於職方一。殊俗入朝者、図二其容状・衣服一以聞」と復原されており、『唐会要』巻六三「諸司応レ送二史館一事例」にも、「蕃国朝貢〈毎二使至一、鴻臚勘二問土地・風俗・衣服・貢献道里遠近、幷其主名字一報〉」とあって、唐代においては外国使来航の際に様々な情報を聴取することになっていた。

実例の上でも、前節で掲げた史料b・dに遣唐使の問答の様子が存し、（イ）に相当する国王の安否、国初之神名、（ロ）群臣の様子、（ル）蝦夷、（ヲ）日本国之地理などが尋ねられている。その他、『入唐求法巡礼行記』巻一開成三年（八三八）十一月十八日条にも、「相公対二僧等一近坐、問三那国有二寒否一。留学僧答云、夏熱冬寒。相公導、共此間一般。相公問云、有二僧寺一否。答云、多有。又問有二多少寺一。答、三千七百来寺。又問、有二尼寺一否。答云、多有。又問、有二道士一否。答云、無二道士一。相公又問、那国京城方円多少里数。答云、東西十五里、南北十五里。又問、有二坐夏一否。答、有」という記事が見え、円仁に対して（ヌ）気候、（ハ）宗教や都の大きさなどが問われていることが知られる。

宋代においても唐令の原則は継受されていたと考えられ、『慶元條法事類』巻七八蛮夷門の進貢令には、「諸蕃蛮入貢初至州具録二国号・人数・姓名・年甲及所レ齎之物名数一申二尚書礼部鴻臚寺一」とあるので、その容状などが照会されたのであろう。何よりも実例として奝然や寂照に対する日本情報の聴取が行われており、宋の朝廷においても同様の努力が払われていたことはまちがいないのである。但し、日本に対しては、『旧唐書』日本国伝の倭国から日本国への国号改称理由について「其人入朝者、多自矜レ大、不二以レ実対一、故中国疑焉」とする疑問、また奝然が齎した日本情報や王年代紀なども利用されたと思われる『新唐書』日本伝の同じ部分に関する「使者不レ対レ情、故疑焉」という記述や「又妄夸二其国都方数千里一」という評言などに窺われるように、中国側にはいくつかの不審な点も残っていたようである。

では、成尋の日本情報伝達については如何であろうか。『参記』によると、p・q以前に、既に成尋は日本の国情に関していくつかの質問を受けていた。まず天台山国清寺への滞在を許可してもらうために天台県に赴いた際、「問二日本皇帝姓名一。答二帝王無レ姓、雖レ有レ名庶人不レ知」という（イ）に関連する問答が行われている（巻一熙寧五年五月二十日条）。次に景徳寺の禅院住持伝教比丘惟果との間には、「惟果云、日本国東過二三万里一有二仙集山一云々、実否何。答云、先年日本東夷名二俘囚一、其中僧念久来云、東過二数万里一有二羅漢住処一、造二仙宮一不レ知レ数者、若此山名二集山一云々」という（ハ）や（ヲ）に関わる問答を交わしている。ここでは俘囚僧念久の最新情報が伝達されていることになる。そして、開封への入京後、中央で行われたのがp・qの問答である。pは皇帝への献上品などを下見に来た勅使御薬との問答、qは前節で見たnの皇帝との対面に備えた「皇帝問」であり、両者には共通する部分が存するので、詳細なqの番号に従って、pにも同様の番号を付してみた。

そこで、以下、p・qによって成尋の齎した日本情報の内容とその特色、また宋側の関心の所在などを検討して行きたい。まず①は中国との文化的通有を示したものである。史料eの粟田真人に関する描写や評言、hの「君子国」の評価、奝然・寂照の日本情報の（ニ）などにも、中国が日本を中国文化と共通する基盤を持っていると見なしていたことが窺われる。またmの「会集諸蕃」に対する円仁のまなざしは、中国文化と異質な存在に対する日本人の認識を反映していると言ってよいであろう。

次に、②〜④は『新唐書』で疑問が呈されている日本の首都に関する情報である。②の「九条三十八里」という答えは、九条×四坊＝三十六里＋北辺坊二里＝三十八里という計算であり、平安京のうち左京域のみを示したものということになる。左京＝東京に対して、②の西京が右京、南京は南都＝奈良を指したものと解することができ、平安京の中の左京のみを条坊で数えたのは、『本朝文粋』巻十二天元五年（九八二）十月慶滋保胤「池亭記」の「予二十余年以来、歴二見東西二京一、西京人家漸稀、殆幾二幽墟一矣、人者有レ去無レ来、居者有レ壊無レ造」という右京衰退の実情をふまえたものと見なされる。とすると、③の京の家屋を二〇万、④の人口（これは日本全体に関する質問かもしれないが、やはり③に続いて京内について尋ねたものと思われる）を「不レ知二幾億万一」と述べるのは誇張があり（億には一万の一〇倍の意もあるが）、『新唐書』の疑義を解消するものにはならなかったと考えられる。都の大きさについては、円仁の東西十五里・南北十五里、②の左京域で三十八里（坊）というのは実数に近いものであり、『新唐書』の「方数千里」という数値は正されているが、戸数・人口に関しては相変わらず数字を誇張しようとする様子が看取されるのである。[10] この点は⑤・⑥の日本の国土や地方行政区画に関する事柄にも該当し、国土の面積については両唐書の「其国界（其地）、東西南北（各）数千里」（括弧内は『新唐書』による）に対して正確な数値を示し、六八州（国）も奝然の情報と合致しているが、奝然の情報では管郡数は五八九、『和名抄』では五九一となるところを九八〇郡と述べているのは、誇張、または書写の際の誤りなどを想定すべきであろう。

⑦・⑧は日本の国王の称号や人民の姓に言及したもので、国王の姓に関しては⑯で尋ねられている。人民の姓については、『隋書』百済伝には八つの大姓が記されており、中国王朝はこうした姓の存在に無関心ではなかったようであるが、日本に関しては、遣唐使段階では大宝度の押使粟田真人の印象が強かったためか、日本の使人はいずれも「真人」姓と解されていた（『旧唐書』・『新唐書』日本国伝、『冊府元亀』巻一七〇帝王部来遠・巻九七一外臣部朝貢四開元二十一年（七三三）八月条）。『新唐書』日本伝には「真人、蓋因レ官而氏者也」と記されているが、それ以上の探求はなかったようである。『宋史』日本国伝によると、奝然は「自云姓藤原氏、父為二真連一、真連、其国五品品官也」と申告していることが知られ、⑧の四姓の存在の明示に至るのであろうが、『宋史』日本国伝には人民の姓については記載さ

れていない。

この姓に関連して、⑯の天皇の姓の問題に触れておくと、⑯はp・qの他にも、上述の天台県での問答にも出て来ており、中国側の一つの関心事であったが、成尋の返答はすべて同じであった。但し、姓がないということは中国側には理解し難い事柄であり、『冊府元亀』巻九五九外臣部一風土には「其王阿母氏」という『隋書』に依拠した見解、『宋史』日本国伝でも上述の奝然が齎した「国王以レ王為レ姓」という情報を掲載しているのである。

この⑦・⑧・⑯に関しては、国王の称号をめぐってさらに興味深い事柄が指摘できる。別稿で触れたように、『新唐書』・『宋史』では奝然が伝えた「王年代紀」により天皇号が記されているが、唐代には天皇号使用を明示したことはなかった(11)。ところが、⑦で成尋は皇帝号・聖主号が用いられている旨を答えている。『参記』に引載された宋の文書によっても、宋の皇帝の命令を「聖旨」と称することは充分に認識されていた筈であり、日本側の事例でも、高麗の医師派遣要請への対応の中で(12)、高麗の牒に使用されていた「聖旨」(『朝野群載』巻二十承暦三年(一〇七九)十一月高麗礼賓省牒)に関して、「聖旨者宋朝所レ称也」(『水左記』承暦四年九月四日条)、「曰二聖旨一、非三蕃王可一レ称」(『朝野群載』巻二十承暦四年日本国大宰府牒)と述べられており、「聖旨」は宋の皇帝のみが用いるべきことになっていたのである。

⑦の成尋の返答がどのように取り扱われたかは不明であるが、q末尾の記述によると、⑥に関しては宋と日本の行政区画の相違から「答三郡有二九百八十一以為二小州名一、是為二本国一最善」と指導されているのに対して、⑦については何も注文がつけられていないので、宋は君主号などにあまり頓着しなかったのであろうか。しかし、⑦・⑯では宋としては「王」として扱っており、『宋史』日本国伝でも一貫して「王」と記されているので、皇帝や聖主と名乗るのはやはり驚くべきことではなかったかと思われる。残念ながら宋側の反応が不明なので、この問題の行方は不詳であるが、そのような回答をした成尋の認識には留意しておきたい(13)。

⑨は日本が宋に頻繁に入貢しない理由を問われたものである。この点については唐代に問題にされた形跡がなく、日本が公的通交関係を結ばなかった宋代になって、公式の入貢がないことが問題とされたのである。『宋史』日本国伝によると、日本から宋への来航は次のように整理される。

雍熙元年（九八四）……奝然　〈太宗（九七六～九九七在位）〉
端拱元年（九八八）……奝然の弟子嘉因
景徳元年（一〇〇四）……寂照　〈真宗（九九七～一〇二二）〉
天聖四年（一〇二六）……明州に大宰府の使者が来るも、「而不レ持二本国表一、詔却レ之」〈仁宗（一〇二二～一〇六三）〉
《「其後亦未レ通二朝貢一、南賈時有下伝二其物貨一至二中国一者上」》
熙寧五年（一〇七二）……成尋　〈神宗（一〇六七～一〇八四）〉
《「是後連貢二方物一、而来者皆僧也」》
元豊元年（一〇七八）……使通事仲回

この年表によると、成尋の入宋は寂照から約七〇年ぶり、追却されたという大宰府使者からでも約五〇年ぶりのものであり、日本からの来貢を期待する宋にとってみれば、⑨の如き質問をしたくなるのも当然のことであったと思われる。但し、その後も日本からの来貢は頻繁ではなく、『善隣国宝記』元永元年（一一一八＝宋・徽宗代〈一一〇〇～一一二五在位〉）条に、「宋国附二商客孫俊明・鄭清等一書曰、矧爾東夷之長、実惟日本之邦、人崇二謙遜之風一、地富二珍奇之産一。曩闊弥レ年、久缺二来王之義一。遭二逢熙旦一、宜レ敢〔敦カ〕二事大之誠一云々」とあって、ここでも来貢のないことが問題にされている。しかしながら、成尋の弟子たちの帰国に際して付託された宋の国書や信物の受納と返礼をめぐる日本側の議論を見ると[14]、『百錬抄』承暦二年（一〇七八）十月二十五日条「唐朝与二日本一和親久絶、不レ貢二朝物一。近日頻有二此事一、人以成二狐疑一」とあり、これが当時の日本側の日宋関係に対する認識だったのである。

そこで、⑨のように、日中間の距離の遠隔なことや途中に寄港すべき場所がないことを訴えねばならないことになる。奝然の弟子嘉因が入宋した際に託された奝然の上表文にも、「奝然附二商船之離岸一、期二魏闕於生涯一、望二落日一而西行、十万里之波濤難レ尽、顧二信風一而東別、数千里之山嶽易レ過、妄以二下根之卑一、適詣二中華之盛一」（『宋史』日本国伝）とあり、中国との遠隔さが強調されている。この中国との距離感については、『弘仁私記序』分註に「日本国自二大唐一東去万余里、日出二東方一昇二于扶桑一故云二日本一」と記されており、日本側の観念にもなっていたことが窺われるが、一方で『参記』巻一熙寧五年三月二十五日条には空海の入唐記録を参考にしたものか、割書で「弘法大師云、海路間三千里至二蘇州一」と見え、本文にも「従二日本国一至二大唐蘇州一三千里」と述べられているから、成尋の如き渡宋者には正確な距離が認識されていた筈である。また、日宋間を実際に往来する宋商人にも海路の正確な知識が存したものと思われる。

このように、中国との遠距離を強調することは、⑬の明州から日本に向かう時に最初に到着する日本側の場所と、そこから都までの距離を尋ねた問いに対する回答にも見られる。明州には市舶司が置かれており[15]、⑨にも明州からの距離が不明である旨を答えていることや日本には明州からの文書が齎される例が散見することなどによって、宋の対日の窓口として明州が存したことがわかる。

この⑬では成尋は博多津から都までを二七〇〇里と答えているが、『延喜式』巻二十四主計上では「大宰府〈行程上廿七日、下十四日〉、海路卅日」とあり、巻二十九刑部省で近流として挙げられる安芸国が都から四九〇里で、主計上式では「安芸国〈行程上十四日、下七日〉、海路十八日」と記されており、瀬戸内海交通では約半分の距離であったから、二七〇〇里というのはかなり誇張された数値ということになろう[16]。即ち、⑨・⑬では日本と宋の遠隔さを強調した回答になっており、⑨の宋への入貢の少なさの原因として、宋と正式の外交関係を結ぶつもりがない日本側としては、距離や航海の困難さなどの物理的条件を掲げておくことで軋轢の少ない返答を示したものと位置づけることができる。

成尋のp・qの問答には、その他にも⑪の神武以前の三代の治世数は『日本書紀』神武即位前紀の「自二天祖降跡一以逮、于レ今一百七十九万二千七十余歳」という数字が、「中世日本紀」では一七九万二四七六年と正確に計算されているのと合致しており（『倭姫命世紀』、『帝王編年記』など）、そうした先駆的史料として重要であること(17)、宋の日本が中国に求める物品への関心のあり方や日本側の希求品例との照合（『小右記』長元二年（一〇二九）三月二日条、『新猿楽記』八郎真人条、『徒然草』第百二十段「唐物は、薬の外はみななくとも事欠くまじ」など）、⑮の日本の動物相に関しては、歴代東夷伝では次第に関心が低下していたのが、ここで詳細になっていることや『宋史』日本国伝の奝然の返答（上掲）との相違など、興味深い点が多々あるが、特に日宋関係のあり方に関連して、成尋の返答の背景に存した日本認識や対中国観などの問題の検討に進みたいと思う。

三　日本中心主義的立場の発露

八世紀における日本の対中国観としては、日本が唐の諸蕃としてふるまうべきか（事大主義）、唐も日本の諸蕃として扱うべきか（日本中心主義）という二つの立場が存した。但し、実際の対唐外交では事大主義的立場が顕現しており、日本中心主義的立場が表面化することはなかった。しかし、国内的には日本中心主義的立場に立った対唐観が顕現する場面もあり、特に九世紀後半以降は、唐の不安定な政情を一つの要因とする遣唐使中止への過程の中で、唐に対する尊崇の念を支える要素であった学芸・技能の面で唐と対等あるいは優位にあるとする意識が登場するのであった。そうした中で日本中心主義的立場が定立されていくのであるが、この段階においても国際的な場では日本中心主義的立場が表明されることはなく、事大的立場が表に出ているのであって、日本中心主義的立場はあくまで国内的に有力な国際認識として、むしろ主観的な外交観の確立につながっていくと見るべきであると思われる。(18)

とすると、そうした環境の中で六〇歳まで日本で過ごした成尋は、(19)どのような対外認識を有していたのであろうか。またその対外観は実際の宋での行動の中に如何なる形で反映されているのであろうか。以下、『参記』の中に関係記事を探ってみたいと考えるが、事例は多数にわたるため、まずそれらをいくつかの項目に整理して、認識のあり方を結論的に示せば、次のようになろう。

i　宋＝「大国」

ii　宋僧の学識を評価

iii　「如日本〇〇」として、日本の事象と比べて説明を加える

iv　「日本の恥」

i 宋＝「大国」観は伝統的な事大主義的立場に基づく対中国認識であるが、『参記』の中では巻四熙寧五年十月二十七日条の一ヵ所にしか登場しない。それも皇帝が使臣を派遣して五台山巡礼を行わせようとした際に、成尋は通事陳詠の同行を強く求めており、その陳詠同行に関する牒状の中で、「伏縁下成尋等乍レ到二大国一言語不上レ通、今欲レ乞下将二同来通事人陳詠一往上レ彼」と述べたものであった。これは些か修辞的な用法であって、この事例によって成尋の事大主義的立場を云々するのは早計とせねばならない。

熙寧六年三月に皇帝の祈雨修法への参加を打診された時、成尋は「偏為下求二菩提一巡二礼聖跡一尋中勝地上来、須二固

辞一。而蒙二無涯朝恩一、将何以報。依二此事一愁所二受申一也」（巻七熙寧六年三月二日条）とその心情を記しており、その他皇帝の広大な恩義に感謝の念を示している箇所は多い。また皇帝の命令を「聖旨」と奉り、王者に対する礼を尽くしていることはまちがいない。但し、iiの宋僧の学識を評価する場面では、巻二熙寧五年閏七月十六日条「申時白蓮院首座僧与二処州備師一共来礼拝。重々問二答理即覚義幷修性不二旨一。件僧頗知二天台教一」という具合であり、その学芸・技能の優秀さを尊崇するという趣きではないのである。

iiに関しては、例えば巻一熙寧五年四月三十日条で「未時天台国清寺僧四人到来。其中一人僧名允初云、赤城処咸教主通二天台教一、余人不レ能レ了二深旨一云々」と告げられて、大いに期待していた赤城寺の処咸について、詳しい事情は不明であるが、巻二熙寧五年七月三十日条では「見二咸教主答一最以不レ許也」と記されており、処咸の学識を批判したものと思われ、宋僧の学識の程度を問題にする場合が存している。

r『参記』巻二熙寧五年六月十二日条……天台山国清寺

日宣闍梨借二送杭州孤山智円闍梨作弥陀経疏一巻・鈔一巻一。披二見之一。自二日東一伝来弥陀疏一巻、智者説非也。詞俚義疏、日本作偽称二智者説一欲二伝行一之。予見レ之最可レ云二誤謬一。伝教大師円宗目録百四十四巻六千八百九十七紙内、弥陀経疏一巻五紙、智者出者。何称二日本作一乎。智円、源清弟子、天禧五年作二此疏一、経二五十二年一。

s『参記』巻三熙寧五年八月十四日条……越州景徳寺

於二景徳寺一斎。予・頼縁供奉・快宗供奉乗二一乗一、与二崇班一共向レ寺。客人人有二管内僧正賜紫大師一。筆言問二寺主闍梨良諝和尚入滅日一、答二不レ知由一又問二涅槃経私志百巻事一、問答〔同カ〕二不レ知由一。極無二本意一。

t『参記』巻三熙寧五年九月二十一日条……泗州普照王寺

講堂点茶之次以二通事陳詠一、問二寺主一、泗州大師入滅経二幾年一、入滅月日何。答、経二多年一無二知人一云々。予乞二硯筆一書レ之、中宗孝知皇帝景雲元年三月二日日入滅、至二今年一三百六十三年者。寺主見称レ知也。頗前後相違。

これらはいずれも地方での事例であり、上京して当代の名僧たちと交流する場面ではこのような評言は出てこないが、それでもｒは天台山国清寺での出来事であった。ｒでは五代の混乱により中国では経典の失われたものもあったという事情が存したが、経疏の作者に対する誤解が生じており、その誤りを指摘している[20]。ｓ・ｔは宋僧の無知や当初は知らないと言いながら、成尋の知見披露を受けて知っていたと称する狡猾さを慷慨したものであり、地方の僧侶の学識・行動とはいえ、いずれの場合も当地の有力な僧であった筈だから、成尋が宋僧の平均像を得るには充分な体験であったと思われる。ただ、こうした種類の学識は宋では重視されておらず、独自に展開した日本の天台宗と宋の天台宗や仏教界との齟齬に成尋が気づかなかった（気づこうとしなかった）ことによるもの、という可能性も考慮しておくべきであろう[21]。

では、このような評言を行う成尋の日本認識はどのようなものであったのだろうか。まず宋の諸事象を「如日本〇〇」、「全異日本〇〇」などと記して、日本を中心に据えて説明する成尋の観点を検討してみたい。上述のように、成尋の渡宋は密航という形で成就されたが、成尋自身は自己の宋での足跡を日本に伝えようとしており、『参記』の原形になる「入唐日記八巻」は先行して帰国する五人の弟子に付託され、石蔵経蔵、即ち成尋の住寺たる京都岩倉の大雲寺に納めるように指示されていた（巻六熙寧六年正月二十三日条）。現行『参記』にはそれ以降の記事も存しているので、六月十二日に明州で五人の弟子の帰国を見送った際に、『参記』の最終形態が付託されたのであろう。この成尋の入宋は永保二年（一〇八二）に渡宋した戒覚の『渡宋記』にも「窃以遠方異俗来朝、入觀巡二礼聖跡名山一例也、近則阿闍梨成尋、去熙寧五年賜二宣旨一、遂二心願一先了」と記されており（永保二＝宋・元豊五年十月二日条の上表文）、播磨国の引摂寺という地方寺院に居住していた戒覚でさえも周知の事柄だったのである。したがって『参記』には、中国の情報や見聞を出来るだけわかり易い形で伝えるための日本の事象への比定という配慮が施されていたのではないかと思われる。

この「如日本〇〇」、「全異日本〇〇」の中には、中国の食物や動物に関して、「李思愷買二作飯一志与。味如二日本餅一淡、大如レ茄、頂頗細」（巻一熙寧五年四月十五日条）、「見二兎馬二疋一。（中略）馬大如二日本二歳小馬一」（同四月十七日条）のように描写したものがある。また中国の年中行事や朝廷での儀式、法会などについて、「名二上元節一、正月例事也。又始レ自二十三日夜一京内灯如二日本十二月晦夜一」（巻六熙寧六年正月十八日条）、「三后各五六十人以上。令レ持二葉円扇一如二日本儀式一」（皇后らの行啓、巻六熙寧六年正月十五日条）、「午前真言供二養仏牙一、午後講。五人並坐二高座一、次第説経、各読二一巻文字一。全異二日本作法一」（巻七熙寧六年三月二十四日条）と述べたもの、また中国の用語を「駕出〈日本行幸名也〉」（巻六熙寧六年正月十四日条）、「供奉官一人〈日本蔵人〉」（巻七熙寧六年三月二日条）の如くに解説した事例も存する。これらは一応客観的事実を日本の人々にも理解し易いように伝えようとしたものと言えよう。

しかし、杭州湊口の描写で「大橋亘レ河如二日本宇治橋一」（巻一熙寧五年四月十三日条）と記すこと、杭州府や越州府について「見二都督門一如二日本朱（雀脱ヵ）門一。左右楼三間、前有二廊幷大屋一」（同四月十四日条）、「迎恩門如二日本朱雀門一、大五間、左右有レ廊」（同五月七日条）と述べるのはまだしも、首都開封の皇城門を「見二皇城南門宣徳門一。七間門、楼門也。左右有二二楼一、各重々五尺許、高頗下、内面左右楼廊造烈。外面有二左右会一、如二日本朱雀門一。（中略）今日廻二皇城四面一、大略九町許、如二日本皇城一」（巻四熙寧五年十月二十四日条）と評することなどは、規模の点において懸隔があると思われるのであるが、如何であろうか。

そこで、こうした成尋の視線の背景として重要なのが、ⅳ「日本の恥」の観念である。「日本の恥」とは、別稿で述べたように(22)、中国と匹敵ないしは凌駕するという意識があってこそ発露する立場であると思われる。この観念に関連して、まず『参記』の中では日本人の著作や学芸が評価されたことを特記する事例が散見することを示しておきたい。

例えば『参記』巻二熙寧五年七月十日条では、天台山国清寺の寺主仲芳と鴻植闍梨が「感二安院養集一無レ極」と記されている。『安院養集』は『安養集』とも称されるもので、(23)成尋の母の兄弟源隆国の作であった。『朝野群載』巻二十承保四年(一〇七七=承暦元)三月付の「宇治大納言遺二唐石蔵闍梨許一」書状にも、「彼安養集称揚之由、随喜無レ極」とあり、『明匠略伝』日本下所載の熙寧六年五月十七日付の成尋から隆国宛の書状によって、『安養集』が宋において賞賛されたことが隆国に伝えられていたことがわかる。

また『参記』巻四熙寧五年十月十四日・十八日条、巻五十二月二十八日条には、三井寺の慶耀供奉が書いた梵字を見せたところ、太平興国寺伝法院の宋僧で能筆の定照、さらには伝法院に滞在・居住して訳経に与っていた梵僧たちにも大いに感歎されたとあり、「梵漢両字共以称レ美。慶耀供奉震旦振レ名了」(十月十八日条)と強調されている。そして、成尋一行が受けた待遇についても敏感であった。

u『参記』巻六熙寧六年正月十三日条……皇帝が伝法院に行幸

未時従レ内有二御使一、賜二茶菓一。入二銀八角筥一、盛二鍮石盃一。(中略)他僧無二此茶菓一、日本僧施二面目一耳。

v『参記』巻六熙寧六年正月二十七日条……成尋の五人の弟子に皇帝が紫衣を賜与

五人賜紫院内諸僧感歎無レ極、是只被レ響二応大師一故也者。院内老宿等多着二黄衣一、今小師五人着レ紫、是希有事也。(中略)引二見楊文公談苑一、円通大師従衆賜二皆以紫衣一。依二其例一所レ賜歟。

w『参記』巻六熙寧六年二月二十九日条……成尋の弟子沙弥長命の聖節投壇受戒の様子

聖秀行見還語云、諸寺沙弥百余人並立、礼仏五十遍、其後有二官人一各与二戒牒一。尚書官人云々。有二僧三人一、教二種々事㆒云々。以㆓日本沙弥㆒為㆓上臈㆒云々。

x『参記』巻七熙寧六年三月八日条……皇帝への巻数奉見

僧録以㆓御巻数㆒令㆑見。口径五寸、純銀花軸以㆓金銀薄押紙㆒為㆓標紙㆒。以㆓日本僧巻数㆒為㆑初、次十人大乗師、次道場衆列㆑之。

u〜xはいずれも成尋らが宋で高い処遇を受けたことを誇るものであり、宋僧よりも上位に位置づけられていた旨を記している。それ故に、vで先行帰国する五人の弟子たちが皇帝に辞見して、紫衣を賜与されたことは大変名誉な事柄であり、伝法院の僧たちからも「是只被㆑響㆓応大師㆒故也」ともてはやされて大いに満足したのであるが、『楊文公談苑』を参照したところ、単に寂照の弟子たちへの賜与の先例によったものであることが判明すると、やや気落ちした叙述になっているように思われる次第である。このような成尋の姿勢の根底にあるのが、uの「施㆓面目㆒」や皇帝の祈雨修法への参加に臨んだ際の「日本の恥」（y）という意識であった。

y『参記』巻七熙寧六年三月三日条

前々大師等従㆓日本㆒来給未㆑有㆓如㆑此事㆒、小僧始有㆓此事㆒、為㆓本国㆒無㆑験大耻也。依㆓此事㆒致㆑誠修行三日之内欲㆑感㆓大雨㆒。

この祈雨修法への参加とその成功は成尋の事跡として著名なものであり、『参記』以外の諸書にも特記されている（『続本朝往生伝』、『真言伝』巻六、『明匠略伝』日本下、『元亨釈書』巻十六、『本朝高僧伝』巻六十七など）。伝説的な内容ではあるが、成尋以前においても、寂照が宋の皇帝の斎会に招かれた際に、その法力を試すために、飛鉢法を競わされた。寂照はそのような修行を行っておらず、大いに困惑したが、「本国の三宝助けたまへ、われもし鉢を飛ばしめずは、本国のために極めて恥なり」と念じたところ、先行していた宋の僧侶たちの鉢を追い越して、寂照の鉢が一番最初に到着したので、皇帝の心服を得たという話が存する（『今昔物語集』巻十九第二話）。但し、『続本朝往生伝』では「寂照心中大耻、深念二本朝神明仏法一、食頃観念。爰寂照之鉢飛二繞仏堂一三匝、受二斎食一而来。異国之人悉垂二感涙一」と記されており、「日本の恥」云々の話にはなっていない。したがって実話としてはyの成尋の認識が「日本の恥」という観念を表明した確実な事例になり、しかもy掲載部分に続く同日条の記述によると、皇帝に夢想の有無を尋ねられた成尋は、「答申云、今朝後夜時護摩間如レ夢人告云、四金剛隠二日月光一、三日之内必可レ下レ雨云々」と、三月二日の修法開始から三日以内の祈雨成功を明言しているのであった。そこで、三月四日条では「今日已及二三日一、而天晴無二雨気一、本尊諸尊可二助成給一」と願う仕儀になる訳であり、結局この日から雨が降りはじめ、成尋の自意識は維持されるのである。

以上を要するに、『参記』に窺われる四つの認識のうち、成尋の意識としては日本が中国と匹敵ないしは凌駕するという観念が強く、その立場に立って中国の事象や諸人士・僧侶の行動を評することができたと言えよう。即ち、成尋は中国皇帝の恩義に感謝し、中国の王者である皇帝への礼に従いながらも、日本中心主義的立場に基づく行動を実際の「外交」の場でとったとまとめることができるのである。

むすびにかえて

本章では入宋僧成尋の皇帝との謁見の様子、日本情報伝達のあり方とその特色、そしてこれらの行動の背景にある国際認識などについて検討を加え、別稿で明らかにした日本中心主義的立場の発露の場面に触れてみた。では、このような国際認識は客観的にはどのように評価されていたのであろうか。ここで、日中間の認識の齟齬を示す事例を見ておきたい。

α『仏祖統記』巻十二源信伝

咸平六年、遣二其徒寂照一、持二教義二十七問一、詣二南湖一求レ決。法智為二一一答釈一。照欣領帰レ国。信大服二其説一、西向礼謝。

β『元亨解書』巻五安海条

当時源信・覚運、為二台門両輪一。海常曰、慧心浅広、掲厲可レ渡、檀那深狭、不レ過二踰跨一。信法師作二二十七疑一、問二宋之知礼法師一。海見二問目一曰、是等膚義豈須二遠問一。及作二上中下三答一曰、宋国答釈不レ出二我三種一而已。及二礼答来一、海已死。台徒曰、礼之決釈、多海之中下義也。海之徒便持二宋答及海釈一、如レ墓読祭。時人曰、海骨放レ光。

γ『参記』巻四熙寧五年十月二十五日条

借二献往生要集三帖一了。為レ令レ知二源信僧都行業一自持下向源信僧都行状一巻・唐務州七仏道場行辿和尚請二納往生要集一返事一通・日本諸儒生参二源信僧都房一作詩一巻、於中文慧大師房上、而次在二三蔵房一者、即向二三蔵房一。二人共見感可二写留一由各示了。始レ自二国清寺一諸州諸寺往生要集不二流布一由聞レ之。大略務州請納不二流布一歟。於二日本一所レ聞全以相違。

α・βは寂照入宋に際して源信が付託した「天台疑問二十七箇条」に対する宋僧知礼の答釈をめぐる評価に関する史料である。αの中国側の史料では、知礼の答釈は源信らを心服せしめるものであったと記されているが、日本側の受けとめ方は異なっていたようであり、βによると、安海が予測していた中・下義の釈が多かったという仕儀になっている。その他、『元亨釈書』巻四慶祚条にも「長徳三年四月、宋国送二新書五部一、其文膚浅。朝廷勅二慈覚・智証両家二質破。其内龍女成仏義一巻、祚預焉」とあり、日本の天台教学にとって宋の仏教理解はあまり評価できないものであったことが窺われる。

そして、γに見える源信の『往生要集』の評価である。γに掲げられる「唐務州七仏道場行辿和尚請二納往生要集一返事一通」とは、『朝野群載』巻二十「恵心僧都贈二往生要集於大宋国一書」の次に「返報」として掲載されている宋商周文徳の書状の中に、「捧持参二詣天台山国清寺一、附入既畢。則其専当僧、請二領状予一也。爰緇素随喜、貴賤帰依、結縁男女弟子伍百余人。各発二虔心一、投二捨浄財一、施二入於国清寺一、忽飾二造五十間廊屋一、彩二画柱壁一、粧二厳内外一、供養礼拝」と伝えられる熱狂的な受容ぶりを示すものであろう。但し、この周文徳の書状に関しては、「まったくの和製漢文であって、到底中国人の書いたものとは思われない」とする評言もあり(24)、『往生要集』の評判には不審な点が存する。

したがって、γにおいて成尋が日本で聞いていた状況とは相違し、『往生要集』など誰も知らないという現実に直面したのは大きな衝撃であったと思われる。それでも成尋は『往生要集』を宋僧に貸与し、その賞賛を得ようとして、「共見感可二写留一由各示了」との反応を記しているのである。しかしながら、十月二十六日条では文慧大師が『往生要集』を返却してきた旨が述べられ、「往生要集已略覧レ之、甚妙」という返信が付せられたと言うが、とても一晩でγの「写留」がなされたとは考え難く、結局のところ『往生要集』の流布は達成されなかったと見なさざるを得ない。

とすると、第一節で見た皇帝との対面の儀があくまで蕃国使の扱いであり、宋側としては成尋らを朝貢使として遇していたのであるが、成尋は日本中心主義的立場に基づく認識を有していたので、自らを日本の朝貢使とは考えていなかったことになろう。この点は遣唐使派遣中止以降の日中関係をどのように理解するか、入宋僧の渡海を許した日本側の意図如何など、この時期の日本の外交方針の評価とも関連してくるが(25)、ここでは成尋の日本中心主義的立場の発露をめぐる日中間の齟齬の事実のみを指摘して、外交方策の考察は今後の課題とすべきことを述べ、蕪雑な章を終えることにしたい。

註

（1）E・O・ライシャワー（田村完誓訳）『円仁 唐代中国への旅』（講談社、一九九九年）四八～四九頁。
（2）山根幸夫編『中国史研究入門』上（山川出版社、一九八三年）。
（3）拙稿「劉琨と陳詠」（『白山史学』三八、二〇〇二年）、「『参天台五臺山記』の研究と古代の土佐国」（『海南史学』四一、二〇〇三年）〔ともに本書所収〕。
（4）拙稿a「古代日本における対唐観の研究」・b「平安貴族の国際認識についての一考察」（『古代日本の対外認識と通交』吉川弘文館、一九九八年）。
（5）拙稿「遣唐使が見た唐の賓礼」（『遣唐使と古代日本の対外政策』吉川弘文館、二〇〇八年）。
（6）石見清裕『唐の北方問題と国際秩序』（汲古書院、一九九八年）第Ⅲ部、「唐の国書授与儀礼について」（『東洋史研究』五七の二、一九九八年）。
（7）奝然の渡宋記録は、国書逸文研究会編『新訂増補国書逸文』（国書刊行会、一九九五年）、寂照の事績については、『参記』巻五熙寧五年十一月二十九日条や『善隣国宝記』寛弘三年条所引の『楊文公談苑』を参照。
（8）藤善眞澄「宋朝の賓礼」（『参天台五臺山記の研究』関西大学出版部、二〇〇六年）が経路を復原しているが、やはり図1とは合わないという。氏は朱雀門街を北に向かい、一大門、即ち正門の宣徳門を入り、右（東）回廊にて下馬、そして第二門＝左昇龍門を入って、第三門＝後年の政和五年（一一一五）に明堂が建てられた場所、旧秘書省東南角あたりの横門を入り、皇城の内壁ぞいに数里を北に進み、東華門の南廊に至ったものと推定されている。なお、宋の賓礼については、その後の研究として、廣瀬憲雄「入宋僧成尋の朝見儀礼について」（『東アジアの国際秩序と古代日本』吉川弘文館、二〇一一年）も参照されたい。

（9）Robert Borgen "Japanese Nationalism Anciet and Modern"（『明治学院大学国際学部付属研究所年報』一、一九九八年）が英訳で紹介し、藤善眞澄「文書・記録の日中文化交流」（註（8）書）、王麗萍「成尋と宋の神宗皇帝」（『宋代の中日交流史研究』勉誠出版、二〇〇二年）が校訂文を示しているが、ともに内容に踏み込んでの検討はなされていない。

（10）『海東諸国記』（一四七一年成立）には山城州の戸数を二十万六千余戸とあり、史料の年代差、左京と山城国との相違はあるが、③の数値と近い数字が示されている。

（11）註（4）拙稿a。なお、坂上康俊「大宝律令制定前後における日中間の情報伝播」（『日中文化交流叢書』二、大修館書店、一九九七年）も参照。

（12）医師派遣要請事件については、奥村周司「医師要請事件にみる高麗文宗朝の対日姿勢」（『朝鮮学報』一一七、一九八五年）、田島公「海外との交渉」（『古文書の語る日本史』二、筑摩書房、一九九一年）などを参照。

（13）遠藤隆俊「宋代中国のパスポート」（『史学研究』二三七、二〇〇二年）八一～八三頁註（16）では、宋側は成尋を朝貢の範疇に位置づけたが、『参記』にかいまみられる成尋の認識を見ると、成尋は自分が朝貢に準じるものと位置づけられていることを充分に意識していなかったのではないかと指摘されている。この成尋の対外意識については次節で考察を加えたい。

（14）註（4）拙稿b。

（15）藤田豊八「宋代の市舶司及び市舶条例」（『東西交渉史の研究』南海篇、荻原星文堂、一九四三年）。

（16）宋代の一尺は三〇・七センチメートル、一里は三六〇歩（一歩＝五尺）・一八〇丈（一丈＝一〇尺）で、約五五二メートルである。日本の度量衡では一里は約六四八メートルとやや長いが、宋制で約一四九〇キロメートル、日本制で約一七五〇キロメートルになり、いずれにしても数値は実数とは言えない。なお、『海東諸国記』の「道路里数」によると、博多から王城までは一八八～二〇四里で、この場合の換算（一里は約三九二七メートル）は約七四〇～八〇〇キロメートルである。ちなみに、現在のJR線では京都―博多間は約六六〇キロメートルである。

（17）⑪では始祖神を『日本書紀』の国常立尊とするが、奝然の「王年代紀」では『古事記』・『古語拾遺』などの天御中主を挙げており、「中世日本紀」では天御中主が重視されていくという過渡性も看取される。

（18）註（4）拙稿b。

(19)　成尋の渡宋年齢については、石井正敏「成尋生没年考」（『中央大学文学部紀要』四四、一九九九年）を参照。
(20)　竺沙雅章「宋代における東アジア仏教の交流」（『仏教史学研究』三一の一、一九八八年）は、高麗と宋は往来が盛んで、僧侶の直接的交流による経典の還流であったので、経典の真偽が疑われることはなかったが、日宋間は商人が仲介することが多く、僧侶の人的交流による実質的な学問上の交流がなされていなかったために、互いに相手方の事情に暗く、日本から還流した章疏は往々その真偽が問題になったという。ちなみに、rについては、実際には後人の述作とするのが正しいとされている。
(21)　塚本善隆「成尋の入宋旅行記に見る日中仏教の消長」（『日中仏教交渉史研究』大東出版社、一九七四年）は、この頃の宋の仏教は禅宗全盛時代になりつつあり、また道教的仏教の様相も呈していたので、日本の天台宗のあり方とは懸隔が大きくなっていたと見ている。
(22)　註(4)拙稿b。
(23)　吉原浩人「成尋―『安養集』の顕彰と聖地巡礼―」（『国文学 解釈と鑑賞』七八五、一九九六年）。
(24)　竺沙註(20)論文。
(25)　石上英一「日本古代一〇世紀の外交」（『日本古代史講座』七、学生社、一九八二年）、「古代国家と対外関係」（『講座日本歴史』二、東京大学出版会、一九八三年）、石井正敏「入宋巡礼僧」（『アジアのなかの日本史』V、東京大学出版会、一九九三年）など。

第三章　入宋僧とその弟子

はじめに

平安時代中期末～後期初頭、十一世紀後半に成尋という天台宗の僧侶がいた。三井寺（園城寺）系の寺門派の京都岩倉大雲寺の寺主であり、天皇への供奉、宇治に平等院鳳凰堂を築き、摂関政治の全盛期を謳歌した藤原頼通の信頼を得て、その後継者たる左大臣藤原師実の護持僧も務めた高徳の僧であった(1)。成尋の母は『成尋阿闍梨母集』という国文学史上著名な家集を残した女性である。この『成尋阿闍梨母集』の中に、彼女が若年の頃の出来事として、次のような話が記されている（巻二）。

むかし十五許なりしほどに、みかはの入道といふ人わたるとて、たうにゐてたてまつるぬひ仏、あつまりて人の見しに、「いかなる人ぞ」と人のいひしに、「をやをすてゝわたる、あはれ」など人いひし、なにともおぼえざりし。

これは長保五年（一〇〇三）の寂照の入宋の様子に触れたものである。寂照が宋に持って行く縫仏を見るために人々が集まっており、その時寂照は「親を捨てて入宋するのだ」と人々がうわさしていたのに、自分は何も感じなかったが、今になって息子の成尋が自分を日本に置いて入宋するという仕儀になって、悲哀を感じるという内容になっている。寂照は永観元年（九八三）の奝然に次ぐ入宋僧で、奝然―寂照―成尋と続く入宋僧の系譜の中で、成尋の先蹤をなす人物であった。

『今昔物語集』巻十九第二話「参河守大江定基出家語」、『続本朝往生伝』大江定基条などによると、寂照は俗名を大江定基といい、蔵人を経て参河守になった人物である。しかし、任国で妻が死去したことから道心が起こり、さらに風祭での殺生を目のあたりにして、遂に国司の任務を放棄して、都に戻り出家してしまったという。但し、出家の背景には学問の家柄である大江氏に生まれながら、家学の継承者になることができなかった鬱積を指摘する意見もあり(2)、様々な要因が出家という形に帰着したものと見ておきたい。

定基は寂心を師として出家しており、法名を寂照と称したが、参河守であったことから、上掲の『成尋阿闍梨母集』にも記されているように、「参河入道」とも呼称されたようである。その後、入宋、五台山巡礼を志し、長保五年八月二十五日に肥前国より渡海し、九月十二日明州府着、宋への入国を果たすことができた（『扶桑略記』長保五年八月二十五日条、『一代要略』一条院条、『歴代皇紀』、『四明尊者教行録』、『仏祖統記』巻十二、『元亨釈書』巻四、『明匠略記』日本下、『日本高僧伝要文抄』二など）。この時、僧源信は『天台宗疑問二十七箇条』を寂照に託し、明州延慶寺僧知礼に贈ったといい、寂照の入宋は天台宗の使命をも帯びたものであったことがわかる。

入宋した寂照は皇帝の斎会に招かれたという。この時、宋の皇帝は寂照の法力を試すために、給仕役である手長による食事の配布ではなく、各僧が法力によって鉢を飛ばして食事を受け取る飛鉢法を課した。宋の僧侶たちはこの法に通じていたため、次々と鉢を飛ばしたが、寂照はそのような修行を行っておらず、大いに困惑した。しかし、「本国の三宝助けたまへ。われもし鉢を飛ばしめずは、本国のために極めて恥なり」と念じたところ、先行していた宋の僧侶たちの鉢を追い越して、寂照の鉢が一番最初に到着し、見事に飛鉢法を披露することができ、皇帝の心服を得たのである。また五台山において湯供養を行った際、瘡のある女性も差別なく供養したところ、この女性は文殊菩薩の化身であったという話も伝えられている。寂照は宋で円通大師の称号をもらい、結局帰国することなく、長元七年（一〇三四）に杭州で死去した。したがって、これらの宋でのエピソードは、「このことどもは、寂照の弟子に念救といふ僧の、共に行きたりけるが、この国に返りて語り伝へたるなり」であったという（『今昔物語集』）。

この念救に関しては、『平安時代史事典』（角川書店、一九九四年）や寂照の説話が掲載されている『今昔物語集』巻十九第二話の注釈書（佐藤謙三校注『今昔物語集』本朝仏教部下巻（角川書店、一九五五年）二六六頁脚注、日本古典文学大系『今昔物語集』四（岩波書店、一九六二年）六〇頁頭注など）ではいずれも中国の僧侶と注記されているが、『御堂関白記』

長和二年（一〇一三）十月十六日条

早朝小雨降、雪相交、是初也。帰朝念救為レ問二父母一、下二向土左国一。申二守季随許仰書、仍給レ之。彼国雑事相語、有二宜事等一。

によると、土佐国に居住する父母を訪問するため、土佐に向かったことが知られ、彼が土佐国出身の僧侶であったことは明白である。僅かに日本古典文学全集『今昔物語集』三（小学館、一九七二年）四九四頁頭注が「土佐国の人」と正しく理解しているが[3]、念救が土佐国出身の僧侶であったことを改めて強調しておきたい。

土佐国出身の僧侶として史上に名高いのは、室町時代の五山僧義堂周信（一三二五〜八八）、絶海中津（一三三六〜一四〇五）である。この二人は高知市五台山の西麓に文保二年（一三一八）夢窓疎石が開いた吸江庵（現在の吸江寺〈臨済宗〉）に学び、夢窓疎石に従って上京したもので、元来は高岡郡津野荘の出身であったという。夢窓疎石は鎌倉時代末に執権北条高時の母覚海夫人の鎌倉への下向要請を免れようとして、名刹を嫌って土佐に卜ったが、二年後には鎌倉に赴かざるを得なくなった。その後、足利尊氏・直義兄弟の帰依を得て、五山が室町幕府と密接に結びつく基礎を築いたのは周知の通りであり、この二人も五山文学の正統を伝える者として大いに名を残したのであった。この二人

以前に、史上に名を伝える者として、念救の存在に留意せねばならない。(4)

念救は寂照に従って入宋し、長和二年に一一年ぶりに帰国している。この時に故郷の土佐国に戻り、父母を訪ねるということがあったのであるが、その後長和四年（一〇一五）には再び渡海し、寂照の下に赴いた。念救は寂照の名代として一時帰国し、藤原道長など当時の貴族たちから寂照への支援物資・金品を受納し、また彼らが天台山へ奉納するものを携えて再び宋に渡航するという活動を行ったようである（『御堂関白記』長和二年九月十四日条、『小右記』長和四年六月十九日条、『御堂関白記』長和四年七月十五日条、『小右記』長和四年七月十六日条など）。その他、かつて天台山国清寺から日本の延暦寺に送られ、放置・隠蔵されていた智者大師影像などの所在を明らかにし、その受領書を持ち帰るという、宋の天台山からの使命を帯びており（『小右記』長和四年七月二十一日条）、日宋間の通交に大きな役割を果たしている。

但し、寂照の滞宋中の事跡は不詳の部分が多く、念救もどのような形で宋での生活を送っていたのか、またその後の彼の動向についても不明のところが大きい。寂照の渡宋記録はまとまったものの存在が確認できず、情報は不充分である。寂照の次に入宋した成尋の渡宋日記である『参天台五臺山記』の巻四熙寧五年（一〇七二）十月十四日条では、成尋が円仁の『入唐求法巡礼行記』（但し、会昌の廃仏に触れた第四巻は進上せず）と奝然の『奝然日記』（四巻）を皇帝に献上しているが、寂照関係の記録の存在は不明である。(5)また巻五熙寧五年十一月二十九日条では、成尋が宋にあった「寂照大師来唐日記」を見ており、それを引用している『楊文公談苑』を写している。『楊文公談苑』の寂照に関する記載は、『善隣国宝記』寛弘三年（一〇〇六）条にも引用されており、寂照の事跡を知る史料は宋側に残されていたことが窺われる。

そこで、本章では寂照の断片的な情報をも伝える、詳細な渡宋記録が残る成尋の場合を検討しながら、『参天台五臺山記』に登場する成尋の弟子たちの動向を参照して、土佐出身の僧念救の国際交流のあり方を投影的に復原することにしたい。僅かながらではあるが、史料の少ない古代の土佐国と国際交流の関係について考える手がかりを得ることができ、また現代の国際交流のあり方を検討する参考になることも期待されるからである。

一　入唐・宋僧とその弟子の活動

まず『参記』を記した成尋以外の入唐・入宋の一行の様子を整理してみたい。入唐・宋僧は単身で渡海することはなく、何人かの従僧・従者が同行するのが通例であった。今、弟子等の随行が判明する事例を掲げると、表2のようになる。

真如が大宰府の大唐通事で、彼我を往来していた張友信の先導により入唐したこと、成尋が入宋後に陳詠を通事として雇用し、様々な便宜を得たことなど、唐・宋商人の助力が重要であったことは別稿で触れた通りであるが、(6)『宋史』日本国伝に奝然は「善二隷書一而不レ通二華言一」、寂照も「不レ暁二華言一而識二文字一繕写甚妙」と評されているように、平安時代の語学教育の惨憺さを反映してか、(7)入唐・宋僧には中国語に通じている者は殆どいなかった。そこで、日本語にも通暁した唐・宋商人に依存するところが大であった訳であるが、そのような唐・宋商人の活動が盛んになるのは九世紀後半以降であり、表2でも最澄や円珍は日本から訳語者を同行していたことが知られる。

最澄は「未レ習二漢音一、亦闇二訳語一、忽対二異俗一、難レ述二語緒一」として、弟子の義真を延暦度の遣唐使に同道することを願い出ている（『扶桑略記』延暦二十一年（八〇二）九月二日条）。義真は最澄の後を継いで初代天台座主になる人物である。最澄とともに入唐の労苦をともにしたことも大きな要因かと思われるが、「幼学二漢音一、略習二唐語一、少壮聡

表2　入唐・宋僧と随行者

最澄	沙弥訳語僧義真…「幼学漢音，略習唐語」（『扶桑略記』延暦 21 年 9 月 2 日条） 従者丹福成 経生真立人
円仁	惟正・惟暁（『入唐求法巡礼行記』巻 4 会昌 3 年 7 月 25 日条によると，24 日死去） 丁雄満…水手 性海…太政官牒・延暦寺牒，大宰府小野少弐書と黄金を齎し合流 （巻 4 会昌 6 年 4 月 27 日・5 月 1 日条によると，10 月 2 日に合流） →承和 14 年 10 月甲午条：円仁・惟正らとともに帰朝（承和 15 年 3 月乙酉条）
円載	仁好・順昌（承和 10 年 12 月癸亥条帰朝） →承和 11 年 7 月癸未条：仁好の還次に黄金 200 小両を付す →承和 14 年 7 月辛未条：仁好が帰朝し円載表状を上表 →承和 15 年 6 月壬辰条：太政官牒を下し，黄金 100 小両を賜る →嘉祥 3 年：円載に伝燈大法師位（『平安遺文』4461 号） →斉衡 2 年 7 月丙寅条：大宰府が円載上表を伝進
円珍 (41歳)	僧豊智（33 歳） 沙弥閑静（31 歳） 訳語丁満（48 歳）…「円珍不会唐言，又暗文才」（『平安遺文』4542 号） 経生的良（35 歳）・物忠宗（32 歳）・大全吉（23 歳） 伯阿古満（38 歳）→李延孝の船で帰朝
真如	宗叡→入京…貞観 6 年 2 月五台山へ→貞観 7・8 年頃帰国 賢真・恵蕚・忠全→貞観 5 年 4 月帰国＝明州まで送り届ける 安展・円覚・仕丁丈部秋丸→貞観 7 年正月 27 日西方へ向う 禅念→入京 恵池・善寂・原懿・猷継 智聡→入京→20 余年在唐の上，元慶元年 12 月 21 日帰国
斉詮	（伝燈大法師位）—安然（伝燈満位）・玄昭・観漢〜漂没して全員行方不明に
寛建	（興福寺）—従僧 3 口・童子 4 人・近事 2 人 超会…『奝然在唐記』逸文，『参記』巻 6 熙寧 6 年 2 月 15 日条によると，50 年滞唐と見ユ 寛補・澄覚・長安ら 11 人
奝然	嘉因・定縁・康城・盛算（大仏頂陀羅尼 1 巻を得る〔『平安遺文』題跋 147〕） 沙弥祈乾・祈明…太平興国 9 年 10 月 7 日の宋・太宗誕生日に受戒して比丘に
寂照	元燈（『参記』巻 6 熙寧 6 年正月 25 日条によると，元燈の弟子という天台山大慈寺普賢懺堂住僧で左街景徳寺慈氏大聖院雄戩が成尋に来拝）・念救・覚因（治安 2 年正月 20〜29 日明州国寧寺にて写経）・明蓮
成尋	頼縁供奉・快宗供奉→熙寧 6 年 2 月 8 日明州に先行し帰国へ 聖秀 惟観・心賢・善久→熙寧 6 年 2 月 8 日明州に先行し帰国へ 沙弥長明（命）…熙寧 6 年 3 月 1 日聖節投壇受戒 永智・尋源・快尋・良徳・一能・翁丸…出発地まで見送る

	→『参記』巻8熙寧6年5月21日条：一乗房（永智）が宋商人の船で杭州に渡海し日本の消息を伝達
戒覚	僧隆尊 沙弥仙勢

悟、頗渉二経論一」と評せられ、きちんとした唐語の学習歴を有するとともに、教学面でも優れた才知を認められていたようである。そして、「為三求法訳語一、兼復令レ学二義理一」と記されているように、唐での修行も大きな目的であった。つまり、弟子育成の観点も重要であったと考えられる。一方、円珍の訳語丁満は円仁に随行した丁雄満であり、元来は承和度の遣唐使の水手から円仁と行動をともにして、中国語の修得、あるいはそれ以前から有していた語学力の向上に努めた上で、今回の円珍の訳語に起用されたものと見ることができよう。

では、九世紀後半以降の入唐・宋僧たちは「不通（暁）華言」という評言ばかりで、何の対応も試みなかったのであろうか。この点について検討する糸口として、奝然の弟子嘉因が再度入宋した時の派遣理由に注目してみたい（『続左丞抄』第一永延二年（九八八）二月八日官符）。

太政官符太宰府。応丁為レ使二伝燈大法師位嘉因一重発二遣大唐一令丙供二養五臺山文殊菩薩一兼請乙度新訳経論等甲事。従僧二口、童子二人。右得二入唐帰朝法橋上人奝然奉状一偁、奝然為レ遂二宿願一、去天元五年蒙二允許宣旨一、渡レ海入レ唐、適参二五山一、巡二礼文殊之聖跡一、更覲二大宋朝一、請二来摺本一切経論一蔵一矣。抑寔雖レ致二巡礼伝法之功一、未レ遂二財施供養之願一、帰朝之後、雖下馳二願心於五臺清涼之雲山一、繫中供養於一万文殊之真容上、未レ遂二件願心一。因レ之差二嘉因法師一、重欲二発遣一。今件嘉因、久住二東大寺一、苦二学三論無相之宗教一、同往二西唐国一、共受二五部秘密之灌頂一。非三啻学二顕密之法一、兼以解二漢地之語一、然則足レ為二訳語一者也。望請、天恩、下二給宣旨於大宰府一、随二鄭仁徳等帰船一、発二遣大唐一、令下供二養文殊菩薩一、兼請中度新訳経論等上、将下奉レ祈二聖皇宝祚一、且遂中宿願遺余上者。左大臣宣、奉レ勅、依レ請者。府宜二承知依レ宣行一レ之。符到施行。右中弁正五位上兼行大学頭平朝臣。正六位上行右少史穴太宿禰。永延二年二月八日。

この史料によると、嘉因は「久住二東大寺一、苦二学三論無相之宗教一、同往二西唐国一、共受二五部秘密之灌頂一」という教学面での優秀さとともに、「非三啻学二顕密之法一、兼以解二漢地之語一、然則足レ為二訳語一者也」という語学力を有することが挙げられている。上述のように、奝然らは「不レ通二華言一」と評されており、最初の入宋の際には嘉因も語学力は充分でなかったと思われる。とすると、この滞宋中に嘉因は中国語を修得、あるいは「足レ為二訳語一」となるまでに磨きをかけたのではあるまいか。それが彼が再度の遣宋に選ばれた理由であり、また奝然の弟子に対する期待を示すものであったと見なされる。

この奝然の弟子の中ではその後の盛算と宋商人の関係にも留意してみたい。

『小右記』長元二年（一〇二九）八月二日条

宋人良史書状送二阿闍梨盛算一云、父船頭所レ進二右大殿一雑物被二返下一者。早受領了。雖レ無二本意一、亦近代希有事也、不二亦盛一乎。所レ謂何代無レ賢、其斯之矣。

『小右記』長元四年三月十日条

向二栖霞寺一拝二文殊像一。太宋商客良史附二属故盛算一。

『左経記』長元四年九月十八日条

天晴。早旦詣二栖霞寺一、奉レ拝下自レ唐所レ送文殊幷十六羅漢絵像、資無憂樹菩提樹葉幷茶羅葉、南岳大師奉レ見二普賢一之処五臺山石等上。

ここに登場する宋人良史は周良史のことで、「父船頭」は同じく来日宋商人として著名な周文裔であり、『小右記』万寿三年（一〇二六）六月二十六日条によると、良史は「母本朝人也」とあって、この時は日本の位階授与を希望しているが、かなわなかった。奝然の入宋は陳仁爽・徐仁満、帰国は鄭仁徳の船を利用しており、嘉因の再度の入宋時の帰国は周文徳の船を用いたらしく[8]、盛算と周父子の関係形成の事由は不明とせねばならないが、周父子は当時日本が施行していた年紀制をかいくぐって、様々な理由をつけて来航しようとしており、盛算との関係もそのうちの一つの手段であったと思われる。こうした宋商人とのつながりによって、盛算の下には宋の仏教関係の物品が齎されており、宋との関係を維持するルートとして重要であったと考えられるのである（それによって貴族たちは栖霞寺に参詣するという賑わいも得ることができた）。

なお、表2によると、奝然は沙弥の弟子を随行しており、彼らは宋皇帝の誕生日に受戒して（聖節投壇受戒）、宋で正式の僧侶になっている。これは宋の受戒作法を実地に体得するとともに、宋で受戒したという「箔」を付けることが目的であったと見られる。ちなみに、『日本紀略』『扶桑略記』永延二年二月八日条に嘉因とともに「唐僧礼乾」を宋に派遣するとあるのは、表2の沙弥祈乾のことであり、宋で受戒したためにこのような表現になったものと解されよう。

以上、奝然とその弟子たちのあり方を見た。奝然は単に新経の将来や仏道修行のみを目的として入宋したのではなく、弟子たちの各分野での活動や宋商人とのつながりの形成などを通じて、その後も宋との連絡回路を維持しようとしたと考えることができる。こうした先蹤は既に円珍に看取することができ、円珍は詹景全・李延孝・李達ら唐商人とのつながりを維持して、入唐求法から帰朝した後も、必要な経典の入手や中国の天台山国清寺をはじめとする仏教界との連絡を行うことが可能だったのである[9]。また元慶六年（八八二）には三慧（恵）という弟子僧を派遣し、中国の僧智恵輪に闕経三百四十余巻の捜写を依頼するなどしている[10]。

このような中国との連絡回路については、例えば宝亀度の遣唐使の永忠や延暦度の遣唐使の霊仙など、九世紀前半以前の段階で留学生として唐に留まり勉学を続ける人々にとっては着想できない事柄であった。永忠は唐と頻繁に通交した渤海を介して、渤海使の来日の際に消息を伝え、学資となる砂金の付与に与り（『類聚国史』巻一九三延暦十五年（七九六）四月戊子条、『日本紀略』同年五月丁未条、『類聚国史』巻一九三同十七年五月戊戌条）、霊仙も渤海僧貞素に託して渤海使の来日時に消息を届けている（『類聚国史』巻一九四天長三年（八二六）五月辛巳条、『入唐求法巡礼行記』巻三開成五年（八四〇）七月三日条、『続日本後紀』承和九年（八四二）三月辛丑条など）。では、唐商人の来航が盛んになる九世紀後半以降であれば、誰でも可能かと言えば、そうでもなかったようである。

『入唐五家伝』「頭陀親王入唐略記」

在唐好真牒。好真伏聞、教興二天竺一、伝二授支那一。摩騰入レ漢、乗二白馬一以駄レ経、僧会来レ呉、舎利以主レ乗。降続来三蔵不二名言一、聖典書興、遐邇遍布。且好真状困、頃年随二師良大徳一、適獲レ屈二大唐一。不幸和尚在レ唐遷化。好真因修駐留陪講了。雖二以聴採一、未レ苦二深和一。今伏見上都崇聖寺長講経律弘学（挙カ）大徳、志在二伝燈一、偏灑二法雨一、虔誠三請、願下赴二本国之宗源一、闡中一乗之法相上。伏蒙レ開二慈悲之路一、叹二提誘之方一。允許降臨、親飛二杖錫一、将二数百巻之真語一、官船以解纜。庶福龍図、社禝祥耀、遍霑レ雨。謹具二事由一申報。伏乞二相公仁恩一、特賜レ奏。牒件状如レ前。謹牒。唐景福二年（寛平五＝八九三）潤五月十五日　在唐僧好真牒。

この史料は、寛平五年に大唐商人周汾の船で来日した崇聖寺長講経律弘挙大徳を紹介したものであるが、好真は師である師良大徳に従って入唐したものの、師良が唐で死去してしまい、単身在唐して修行を続けていたことがわかる。師良・好真の渡唐年次やその方法は不明であるが、寛平度の遣唐使中止にも影響を与え、この頃何度か唐の消息を齎した中瓘と同様、渡海事情不明の在唐の日本人僧侶が何人か存したことが知られ、大いに注目される。但し、彼らは単身の活動であったようであり、来日する唐商人に消息を託することくらいしかできなかった。

そうした中で、表2の円載は弟子を帰国させたり、唐商人を介したりして消息を伝えて、勉学継続の資獲得に努めている。円珍とは何かと感情の行き違いがあった円載であるが、[11]円珍は彼の組織作りを真似て、中国との連絡回路形成・維持を行ったのではあるまいか。つまり単に日中間を連絡するだけでなく、在唐中の便宜、また帰国後の勉学や経典入手などの具体的な目的があってこそ、日中間の連絡回路という発想が生まれるものと見るのである。勿論、そこには唐商人の頻繁な来航という往来手段の存在が不可欠であり、九世紀後半以降にならないと、そうした先蹤は出現し得なかったものと思われる。

二　成尋の場合

では、『参記』に見られる成尋の事例では如何であろうか。成尋の随行者は表2の通りだが、表2で区分して掲げたように、いくつかの階層性を持っていた。まず頼縁と快宗は「供奉」が冠せられ、成尋が大懺法を伝授したり（『参記』巻二熙寧五年六月十一日条）、ともに六時懺法を修したり（同年七月五日条）と、宗教面での能力も充分に有していたようである。成尋にとって随行者七人は皆「小師」と表現されるべき存在であったが、『参記』巻五熙寧五年十二月十日条大原府の知府龍図が酒を送って来た際の記述に、「未時酒十五瓶送之。予四、老小師二人・通事各二、五小師各一瓶」と見え、頼縁と快宗は「老小師」として他の五人とは明確に区別されていたことがわかる。この点は成尋一行に接する人々も充分に認識していたようであり、斎請の際の施銭額の違い（『参記』巻一熙寧五年四月二十九日条、五月十九日・二十一日条、巻二閏七月二十八日条など）、轎の使用（巻三八月六日条）や皇帝謁見の時に中門での安下所を別とされたこと（巻四十月十三日条）などに窺うことができる。なお、この二人のうちでは、頼縁は自分で轎子担を雇い

（巻一五月十一日条）、また成尋が笠や雨衣・雨裙を買い与えるなどの配慮を示している（巻一四月十九日条、巻四十月二十八日条）ので、頼縁の方が上位者であったと思われる（『大雲寺縁起』によると、成尋の相弟子惟尊法橋の弟子であったと見える）。

残りの五人のうち、沙弥長明以外では、長明とともに宋に留まった聖秀が若干上位者であったようである。斎請の際の施銭額、その他の諸待遇には差がないが、『参記』巻一熙寧五年四月十八日条では頼縁・快宗と聖秀が直各四〇文で糸鞋を購入しており、聖秀が二人に次ぐ存在であったことが窺われる。惟観・心賢・善久の中では、惟観と善久が雑使を務めたり、雇人など俗人との折衝を行ったりと駆使されることが多いが、『参記』巻六熙寧六年正月二十三日条によると、先行して日本に帰る頼縁・快宗・惟観・心賢・善久の出立準備に際して、以下の日本への消息を託したのは惟観と心賢であって、成尋との緊密さという点では、彼らは頼縁・快宗よりも信頼が大きかったと考えられる。

泗州大師影一鋪……一船頭曾聚が志与→日本に送る
五百羅漢像一鋪……梵才三蔵が志与→日本に送る
百官図二帖、百姓名帖、楊文公談苑三帖八巻、天州府京地理図一帖、伝燈語要三帖→宇治御経蔵に奉納
法花音義一巻→大雲寺経蔵に奉納
唐暦一帖、老君枕中経一帖、注千字文一帖→日本左大臣殿（藤原師実）に進上
暦一巻→民部卿殿（藤原俊家）に進上
寒山詩一帖、暦一帖→治部卿殿（源隆俊）に進上
永嘉集一巻、証道歌注一帖、泗州大師伝二巻、広清涼伝三帖、旧清涼山伝二巻、入唐日記八巻→石蔵経蔵に送る

こうした随行者を伴っての成尋の入宋は、奝然・寂照とは異なり、密航という形で行われたものであった。『朝野

群載』巻二十延久二年（一〇七〇）正月二十一日僧成尋請渡宋申文によると、成尋は同年に渡宋許可を求めたが、結局のところ朝廷の許可を得ることができないままに、同四年三月十九日に宋人曾聚らの船で肥前国松浦郡壁島を出帆したのである。『参記』巻一の冒頭部分には風待ちのために壁島の浦に停泊している間、海辺人が物売りに宋船を訪れた時、密航であるが故に船室に身を潜める成尋一行の姿が述べられている（三月十五日～十七日条）。但し、「密航」であったからといって、成尋が当初計画していた目的や付託された任務に変更が生じた訳ではない。上述の延久二年の申文によると、「巡二礼五臺山幷諸聖跡等一」、「遂二聖跡巡礼之望一」こと、即ち天台山や五台山などへの参詣が掲げられているが、先掲の日本への消息の宛先からも窺われるように、成尋には諸貴族から託された用務も存した。

入宋後の成尋は上京・五台山行きの希望表明に関連して、何度か皇太后宮御経や鏡・髪を披露している（『参記』巻二熙寧五年七月二十一日条、巻三八月二十三日・二十八日条、巻四十月十三日・十四日条など）。五台山参詣を遂げ、文殊供養物としてそれらを奉納した際に、五台山側から発給された返牒（巻五十二月一日条）によると、その由来は次の如くであった。

皇太后宮御経……「大日本国皇太后宮（四条宮寛子）降来先帝（御冷泉天皇）御書経巻」で、妙法蓮花経一部八巻・

無量義経一巻・観普賢経一巻・阿弥陀経一巻・般若心経一巻

鏡・髪……「大日本国故右丞相従一位藤原朝臣（頼宗）第六女為二太皇太后宮亮藤原師信朝臣家室一産生去逝、藤原

朝臣以二去室親身物一所レ施鏡一面・髪三結」

即ち、これらの品々は密航以前から成尋に託されており、成尋の渡航にはこうした諸貴族の用務に応えるという目的もあったことが知られるのである。その他、『参記』巻五熙寧五年十二月二十八日条には「遊臺往還以二日本冷泉院前内親王（後一条天皇の皇女章子内親王、後冷泉天皇の皇后）給五条袈裟一着用、毎日奉レ祈二後世往生極楽一、以二治部卿

（源隆俊）上給頭巾一着用、奉レ祈二一世一」とあり、様々な料物を受納していたことがわかる。上述の日本への消息に登場する人々とあわせて、これらを系図上に示すと、図2のようになる。

図2　成尋をめぐる人々（点線は法系を示す）

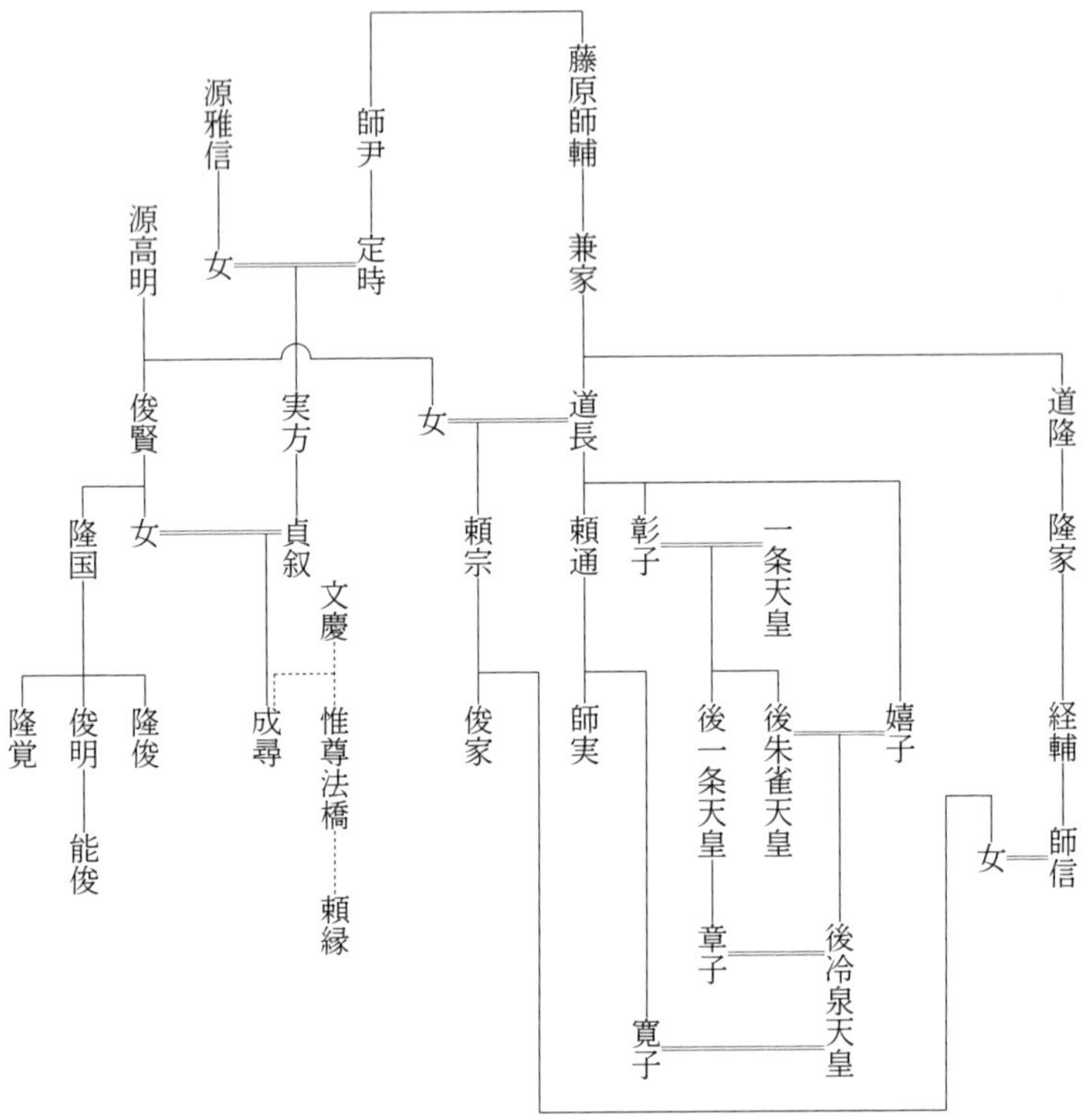

『成尋阿闍梨母集』には「みかどれいならずおはしますときこゆ。あざりは、うぢ殿へまゐりなどし給に、又うちの御ず法とて、道をなかにてありき、おほかた世のいとまなく、さわがしくしてすぐる」、「日ごろのほど、みかどいたくなやませ給せて、さわぐときくほどに、うせさせたまひぬと人々いふ」とあり、成尋は藤原師実の護持僧を務めるとともに、後冷泉天皇不予の際には修法に与っていたことが知られるので、[12] 摂関家や母の兄弟などとの関係だけでなく、後冷泉天皇周辺からの付託もあったものと思われる。

そもそも成尋は宋船への密航に際して、米五〇斛・絹一〇〇疋・褂二重・沙金四小両・上紙一〇〇帖・鉄一〇〇廷・水銀一八〇両といった莫大な志与物を宋商人たちに与えており（『参記』巻一延久四年三月十五日条）、これが渡航賃になったのである。(13) これは成尋の先蹤を追って入宋した戒覚が「身慠々如レ経二三箇年一無レ附二驥尾一、就レ中商人由来以レ利為レ先、然予全無二傭物之儲一、只有二祈念之苦一」（『渡宋記』永保二年（一〇八二）九月五日条）として、廻却宣旨を被った劉琨の船に漸く便乗することができたのとは大違いである。(14) 戒覚は延暦寺僧で伝燈大法師位号を持っていたとはいうものの、中下級官人である中原氏出身で、播磨国の実報寺・引摂寺などに居住していた人物であるのに対して、成尋の入宋には大雲寺をはじめとして、関係諸貴族からの援助があり、資金は潤沢であったと考えられる。

以上は成尋の入宋をめぐる世俗界とのつながりの面に触れたものであるが、宗教的側面や本題である弟子との関係については如何であろうか。『参記』によると、入宋後に成尋は何度か自己の宋での活動予定・希望を説明している。

a『参記』巻一熙寧五年六月二日条……成尋表文

大日本国延暦寺阿闍梨大雲寺主伝燈大法師位臣ム、欲下乞二天恩一巡中礼五臺幷大興善寺　青龍寺等聖跡上。（中略）先巡二礼聖跡一、次還二天台一修レ身修二行法華秘法一、専求二現證一、更期二極楽一。所二随身一天台・真言経書六百余巻、灌頂道具三十八種。至二于真言儀軌一、持二参青龍寺経蔵一、糺二其訛謬一。伏願　天恩早賜二　宣頭一、将レ遂二素意一。（下略）

b『参記』巻二熙寧五年六月七日条……国清寺送杭州返牒案文(15)

（上略・成尋一行の天台山への来訪）本僧後称、本寺是智者流教道場之地、欲下要就二看経一一百日了畢上、供二養羅漢一斎レ僧宣レ懺訖、遂令三六僧却二還本国一、只留二小師一名一在二身辺一侍養。本僧称、遊二五臺一後還二本寺一、三年誦経修二法花秘法一。（下略）

c『参記』巻六熙寧六年正月二十五日条……客省牒所引成尋状

（上略）今欲下先遣二小師頼縁・快宗・惟観・心賢・善久等五人一令三陸路往二明州一尋二商船一却中帰日本上。切慮下経過州県関津不二練行一由、別有中阻滞上。欲下乞二官中一出二給公憑許一令中前去上。仍乞二公文一、牒二明州市舶司一、棟二搭穏便船舶一、逐一交二付商客一前往。其頼縁等五人乞下且於二明州広恵教院一安下等候中便次上。又有二沙弥一名長命一、令レ乞二聖節投壇受戒一、亦乞下剳二付戒壇院許一令中受戒上、訖便レ令三随頼縁等五人一朝辞。（下略）

d『参記』巻七熙寧六年三月二十八日条

（上略）御薬筆言示及。闍梨祈求有二感応一、不レ得レ還二去天台一、在レ京可レ勤二仕皇帝祈一。若住処狭少、作二道場一、無レ便賜二広大寺一可レ令レ住也。飲食不快者、又於二他寺一可レ任レ意。去二国清寺一不レ許也者。是聖旨趣耳。答奏云、天台智者於二十二所道場一或見二普賢一、或感二神僧一。成尋雖二頑愚一、追二祖師之遺風一、於二天台勝地一試欲レ扣二聖応一。経二両年一後参二五臺一一年修行後至レ住二京洛一可レ随二左右一。蒙二聖恩不可思議一設雖二遠処一可レ祈二禱聖寿一。（下略）

上述のように、延久二年に成尋が日本の朝廷に呈した申文によると、『参記』の表題にもなっている通り、成尋は天台山・五台山などの巡礼を求めていたのであるが、その具体的行為としては次のように整理できる。

天台山国清寺……まず参詣。五台山参詣後、再び戻ってきて、「三年誦経修法花秘法」。

五台山……まず参詣。天台山での修行後に再び参詣し、「一年修行」。

青龍寺……真言経儀軌を携えて行き、経蔵にてその訛謬を校訂。

こうした成尋の意志はa・b・dを通じて変わっていないし、特に宋朝廷における祈雨の成功により、善慧大師号を与えられ、皇帝の護持僧として留まるべきことを打診されたdの段階でも揺るぎはなかった。『参記』を読むと、上京のために国清寺を出発した時、「法門雑具大略令二担去一、世間雑具分二置寺主幷海表白房一。」（巻三熙寧五年八月六日条）とあり、国清寺に戻ることを予定していたことがわかる。五台山参詣を終えて都に戻る際にも、「石提子一箇預二趙行者温翰一了。来年参仕時可レ用料也。為レ遂二百日修行一明年可レ参由示二人々一了」（巻五熙寧五年十二月一日条）と、再来の意志を記している。皇帝の招聘により祈雨の修法を行った際も、「偏為下求二菩提一巡二礼聖跡一尋中勝地上来、須二固辞一、而蒙二無レ涯朝恩一、将何以報。依二此事一愁所二受申一也」（巻七熙寧六年三月二日条）と述べ、祈雨成功後も雨が少ないとまた祈雨に招聘されて天台山への下向が遅れるので、「依レ之為三早去二天台一中心祈レ之期二一万遍一」（巻七熙寧六年三月十三日条）と、真言一万遍を心誦したとある。入宋以来三九四日目にあたる『参記』巻七熙寧六年三月二十五日条には、「素意於二天台・五臺一欲レ修二仏道一、而為レ参二臺山一入二花洛一間、去年廿日住二此訳館一。今年早帰二天台一思切。去年参臺、騎馬及二六十日一、老衰之身弥以疲極。待二花水来一、以レ船欲レ帰、二月廿五日待レ得二花水一即以上表。依二祈雨御修法一、三月十日延引、十一日蒙下帰二天台一聖旨上、船・使臣即具了。依二新経事一又以延レ日、中心辛苦」と見えており、新訳経の印板に時間がかかり、国清寺下向が遅れていることに対する焦りが吐露されている。さすがの成尋も心身の疲れを記しているだけに、心中がよく表明された文章と評することができよう。

　このように、成尋の純粋な修行への取り組みの姿勢はまちがいないものである。ただ、それとともに弟子たち一行に対する目配りにも留意せねばならない。bの天台山参詣の段階では、聖地巡礼の後は六僧を日本に帰国させ、小師一人を留めて身辺の世話をさせながら、成尋自身の修行を続ける意図であったことがわかる。cでは五人を明州に先行させ、沙弥長命に関しては聖節投壇受戒の後に五人とともに帰国させるつもりであると見えているので、弟子たちの身の振り方についての成尋の考えは一貫していたと思われる。

　滞留する小師一人とは、別格の頼縁・快宗を除くと、成尋の一番弟子と目される聖秀であり、彼は『参記』の中ではそれ程目立った活動はしていないが、巻一熙寧五年四月十九日条で、成尋が日本に残る母に「現転女身因縁」を渡すため、宿坊の壁上に懸けてあった阿閦仏真言を書き取ろうとした時、それを壁からはずしたのは聖秀であったと見えており、[16]成尋の身辺に仕える様子が看取される。その後、沙弥長命も結局は残留することになったらしく、五人が帰国に向けて出帆した時、長命は成尋とともに宋に留まっている。長命の滞留は宋での受戒、自身に対する皇帝の優待（『参記』巻七熙寧六年（一〇七三）二月二十九日条）などにより、また老齢の成尋の世話のためといった事情があったのかもしれないが、[17]その経緯は不明としておきたい。

五人の弟子たちの帰国を先行させる点については、『参記』巻四熙寧五年十月二十七日条で、厳寒期の五台山参詣は堪え難いので、春を待ってからにしてはどうかと忠告された時に、「答云、小師・通事欲早帰日本。依之今年早々参者」とあり、五人は当初から聖跡巡礼を終えると、早々に日本に帰る計画であったことが裏づけられる。彼らもそのような予定で成尋に従って渡海したのであった。さらに先行して帰途につくために皇帝に辞見した際、彼らに紫衣が賜与されるという僥倖に与ることができ、成尋は「五人賜紫院内諸僧感歎無極、是只被響応大師故也者。院中老宿等多着黄衣、今小師五人着紫、是希有事也」と誇らしげに記述している（『参記』巻六熙寧六年正月二十七日条）。但し、「引見楊文公談苑、円通大師従衆賜皆以紫衣。依其例所賜歟」とあり、円通大師＝寂照の弟子たちも同様の処遇を受けた先例に依拠したものであることが判明して（彼の土佐国出身の僧念救も紫衣賜与に与っていたことが知られる）、些か喜びも減じるところであるが、成尋の自意識が窺われる一例として興味深い。[18]

この五人の弟子たちの先行帰国に関しては、cによると、明州に着いてから適当な船を捜すということで、帰船の予定が組まれていた訳ではなかったことに注意したい。宋商人である通事陳詠が彼らとともに日本に向かうことは、上掲の成尋の五台山行きを急ぐ理由の中にも見えており、陳詠の活動やその意図については別に整理した通りであるが、[19]『参記』巻八末尾には日本への帰船をめぐるトラブルが記されている。

e『参記』巻八熙寧六年六月十一日条

（上略）通事陳詠於レ京蒙二聖旨一、孫吉先賜二奉国軍牒一、如レ此相論。今日未レ下二定海県船一。明日相定五人僧可レ下二定海一也。自沐浴了。

f『参記』巻八熙寧六年六月十二日条

天晴。卯時陳詠来相定、新訳経・仏像等買レ船可二預送一幷賜下預宋皇帝志二送日本一御筆文書上、至二于物実一者入二孫吉船一了。五人相共今日乗二孫吉船一了。

結局のところ、新訳経・仏像や宋皇帝の文書といった最も名分のあるものは陳詠が運ぶことにし、皇帝の信物などの物実や五人の僧侶については孫吉の船で運ぶことにするという内容で決着したようであり、いわば「利権」を分ける形で二人の宋商人の日本への渡航が確保された（彼らが来日したことは、『百錬抄』・『水左記』承保三年（一〇七六）六月二日条により明らかである）。五人が明州に先行するために出京（二月八日）した後であるが、『参記』巻六熙寧六年二月二十三日条には「通事陳詠為レ渡二日本一要レ買二小船一。因レ之与二唐絹二十疋一了。交二易銭廿貫一、買二麝香上品十三臍一了。日本定米五百石云々」とあり、陳詠は成尋の計画の下に日本行きの準備を進めつつあったにもかかわらずである。

以上を要するに、成尋の五人の弟子たちの帰国は専ら宋商人の船に依存したものであり、日本行きの希望者が競合する程であったとはいえ、自律的な日中間の連絡回路の形成・維持はなかなか難しかったと評さざるを得ない。しかしながら、表2によると、壁島で成尋らの出港を見送った永智（一乗房）が劉琨・李詮らの船で成尋の最初の上陸地である杭州に到来し、日本からの消息などを齎しているのは、皇帝への謁見や宮中での祈雨への屈請という予定外の出来事もあったが、ほぼ当初の計画通り天台山に戻って来る成尋の行動と事前に摺り合せがあったものと推定される。宋商人の介存という不安定な要素はあるが、成尋が日本との連絡回路を構想して充分に準備していたことを窺わせよう。その中では弟子たちの各々の役割と活動も非常に重要であったと思われる。

むすびにかえて――弟子たちの行末――

「はじめに」で触れたように、寂照とともに渡宋した土佐国出身の僧念救のその後は不明である。『参記』という希有の史料を残した成尋の弟子たちに関しても、『大雲寺縁起』によると、成尋の嗣法は母の兄弟である源隆国の子隆覚であり、ともに渡宋した人々のうち、頼縁を除いては、その後の国内での足跡は杳として知れない。[20] 成尋は宋に留まり修行を続け、宋・元豊四年＝永保元年（一〇八一）に首都開封の開宝寺で死去している（『本朝高僧伝』巻六十七）。随行していたであろう弟子たちがどうなったかはわからないが、成尋死去の様子が日本に伝わっているので、帰国して顚末を伝える者があったことが知られる。では、彼らの活動の成果は如何であったのだろうか。最後に成尋死後の大雲寺について、若干の事柄を指摘し、弟子たちの行方にも想像をめぐらして、むすびにかえたい。

g『水左記』承暦四年（一〇八〇）十月二十二日条

（上略）未剋許与㆓法性寺座主㆒同車向㆓石蔵右衛門督建立堂㆒。次尋㆓到入唐成尋闍梨旧房㆒、見㆓其影像㆒。容貌不㆑変、情感難㆑抑。遂賦㆓一絶㆒、是述㆑懐也。即呈㆓皇后宮権大夫幷西隣都督㆒、令㆑同㆑之。

h『中右記』康和四年（一一〇二）六月十九日条

終日候㆓御前㆒。従㆓院御方㆒被㆑奉㆓屏風十二帖㆒。是故成尋阿闍梨入唐之間路次従㆓日域㆒及㆓唐朝㆒図絵也。尤有㆑興者也。（下略）

i『中右記』長承三年（一一三四）二月二十日条

大納言治部卿中宮大夫能俊卿於㆓石蔵㆒出家〈年六十四〉、依㆓重病㆒也。

j『中右記』長承三年二月二十八日条

為レ訪二治部卿入道所悩一、相二具頭弁一、今朝入二石蔵一、謁二入道一。此次見二故入唐成尋阿闍梨影像一。絵図容顔五十余人、華麗殊美、着二墨衣一居二赤椅子一也。見二此影一心中随喜。晩頭帰洛。（下略）

gの承暦四年はfに見える成尋の弟子らの帰国とともに齎された宋の国書・信物への対応協議がまだ続いていた時であり、記主である源俊房は村上源氏、皇后宮権大夫の源経信は宇多源氏で、成尋の母方である醍醐源氏の右衛門督源俊明とは系統を異にしていたが、ともにこの協議に参加しており、頭を悩ましていた(21)。その彼らが岩倉の大雲寺を訪れることがあったらしく、この時点で成尋の住房は保存されており、影像が存していたという。この影像とは『参記』巻八熙寧六年四月十九日条で日本に送付したことが記されている宋で製作した成尋真影（巻七熙寧六年三月二十三日・二十七日条、巻八四月一日・十一日条なども参照）のことであり、大雲寺で成尋の事蹟を顕彰していたことがわかる(22)。

またhは成尋の死後約二〇年を経過した時点のことであるが、成尋の入宋は非常に有名であったらしく、「入唐之間路次従二日域一及二唐朝一図絵」が屏風十二面に仕立てられており、それを白河院が所持していたことが知られる。これによって成尋や弟子たちの入宋の様子が目に見える形でくり返し説明され、彼らの声望や大雲寺の寺勢を高めたものと思われる。さらにjによると、先述の成尋真影はgから五十余年後においても大雲寺の「文化財」として重要であったことが看取される。この真影に宋僧文慧大師智普が述した画賛は『元亨釈書』巻十六成尋条に伝えられており、著名であったようである。iは成尋の母方の血筋である源能俊が大雲寺で出家して生を終えようとした際の記述で、jで能俊を見舞った記主藤原宗忠が成尋真影を見て「心中随喜」したとあり、大雲寺を訪れる人々に感銘を与え続けていたのである。

その他、成尋一行の将来品の中では新訳経を齎したことが最も価値が高く、『参記』巻七熙寧六年三月二十四日条によると、「天聖録下冊内二百八十六巻、自二仏母出生三蔵経一至二中天陀羅尼経一九十三巻、自二大乗律一至二沙弥十戒経一二十九巻、西方賢聖集僧伝一百九巻、自二白衣金幢縁起経一至二海恵所問経一合五百卅巻、未レ入レ録。幷天聖五年以後治平四年以前印板経」の下賜を求めており、これは奝然将来以降の新訳経を収集しようとしたものである。成尋は天台宗寺門派に属しており、『今昔物語集』巻十一第二十八話「智證大師、初門徒立二三井寺一語」でも「彼ノ唐ニシテ伝ヘ得給ヘル所ノ大日如来ノ宝冠ハ于今彼寺ニ有リ」とあって、唐からの将来品の存在が三井寺の隆盛に役立ったとある。奝然将来の釈迦像が清涼寺の繁盛を齎したのと同様、大雲寺の寺勢にとって宋からの将来品の役割は大きかったと考えられる。また山門派との競争の上でも、寺門派には重要な入宋の成果となったであろう。

　このように入宋の事蹟と宋からの将来品が寺勢維持にも役立つことは、成尋の先蹤により入宋したものの、成尋とは全く異なる「貧乏旅行」であった戒覚の『渡宋記』末尾の記載によっても裏づけを得ることができる（『渡宋記』元豊六年（一〇八三）六月十五日条）。

　我願以二此記一置二於日本国播磨国綾部別所引摂寺頻頭盧尊者御前一敢不レ出二山門一、備二来住人之道心一焉（花押）。
　副送菩薩石壱枚〈暗隙日光差入之処、当二此石一可レ看也〉。必定放二五色光一歟。若尓者礼二其光明一。是菩薩不思議之化用云々。仍大聖文殊之結縁可レ在下礼二石光一之功徳上矣。
　又金剛窟土少々一裹〈此等可レ安置二仏壇之底一也〉。
　又清涼山背生茸一房幷木根等。

　戒覚も帰国しなかったが、その渡宋記録『渡宋記』と副送の品々は表2の隆尊が先行帰国し、日本に齎されたのではないかと推定されている。[23]『渡宋記』に示される入宋の事実、聖地五台山の石・土・植物すべてが引摂寺への信仰維持に役立つものであったことを如実に物語る記述であり、戒覚の入宋の目的の一つを示し、弟子たちの行末を保障する行為であったと考えられる。

但し、弟子たちによる日中間の連絡回路という観点からは、成尋の場合もそうであったと思われるが、円珍・奝然・寂照・成尋などの各入唐・宋僧個別の回路形成であって、彼らの生存中は維持が図られても、その後については渡海僧各人がそれぞれ一から形成する必要があったという難点が存したと評さねばならない。そこには上述のような宋商人に依存した回路確保という不安定な要素が大きく作用しており、日本人による安定した回路の構築という課題が残されたのである。

以上、本章では土佐国出身の渡宋僧念救の存在を糸口に、入唐・宋僧たちの日中間の連絡回路形成のあり方や弟子たちに対する配慮・本寺の寺勢維持などの意図に触れた。(24) 国際交流の諸側面の一部を指摘したに過ぎないし、未解明の問題も多いが、日宋間の通交の様相のさらなる考究を今後の検討課題として、擱筆することにしたい。

註

(1) 成尋の護持した対象を師実と見る点については、石井正敏「入宋巡礼僧」(『アジアのなかの日本史』V、東京大学出版会、一九九三年)二八六頁註(32)による。

(2) 有馬嗣朗「寂照に関するノート」(愛知学院大学『文研会紀要』八、一九九七年)。

(3) 小田切文洋『渡宋した天台僧達』(翰林書房、一九九八年)二一頁は、土佐国出身の僧侶と見ている。なお、森正人「対中華意識の説話」(『伝承文学研究』二五、一九八一年)でも寂照の弟子としての念救の役割に言及されている。

(4) 拙稿「古代土佐国関係史料補遺三題」(『海南史学』三六、一九九八年)。

(5) 奝然の在唐日記は国書逸文研究会編『新訂増補国書逸文』(国書刊行会、一九九五年)に、「奝然法橋在唐記」「奝然入唐記」「奝然巡礼記」「奝然記」などの名称で一七条の逸文が採取されている。なお、森克己「奝然在唐記について」(『宗教社

会史研究』立正大学編、一九七七年）、上川通夫「奝然入宋の歴史的意義」（『日本中世仏教形成史論』校倉書房、二〇〇七年）も参照。

(6) 拙稿a「大唐通事張友信をめぐって」（『古代日本の対外認識と通交』吉川弘文館、一九九八年）、b「劉琨と陳詠」（『白山史学』三八、二〇〇二年〔本書所収〕）。

(7) 東野治之「平安時代の語学教育」（『新潮45』一二の七、一九九三年）。『善隣国宝記』承安元年（一一七一）条に入宋記事が見える覚阿も、『元亨釈書』巻六によると、「未レ通二語音一」と記されている。

(8) 田島公「日本、中国・朝鮮対外交流史年表（稿）〔増補・改訂版〕」（二〇〇九年）、原美和子「勝尾寺縁起に見える宋海商について」（『学習院史学』四〇、二〇〇二年）。

(9) 註(6)拙稿a。

(10) 佐伯有清『智証大師伝の研究』（吉川弘文館、一九八九年）三七五～三八〇頁。

(11) 佐伯有清『悲運の遣唐僧』（吉川弘文館、一九九九年）。真如は天竺行きを目指しており、一緒に渡航した人々はそれぞれの目的を有した混成渡海団であったようであるから、個別的にしか情報が伝達されなかったものと思われる。なお、真如に関しては、佐伯有清『高丘親王入唐記』（吉川弘文館、二〇〇二年）を参照。

(12) 伊井春樹『成尋の入宋とその生涯』（吉川弘文館、一九九六年）。

(13) 紙については、池田温「前近代東亜における紙の国際流通」（『東アジアの文化交流史』吉川弘文館、二〇〇二年）を参照。なお、入宋僧と貴族の関係については、石井註(1)論文を参照。

(14) 劉琨については、註(6)拙稿bを参照。

(15) 六月九日条の送台州返牒案でも同内容のことが記されているが、五台山行きについては言及されていない。

(16) この部分の解釈については、石井正敏「『参天台五台山記』研究所感」（『日本歴史』六〇〇、一九九八年）を参照。

(17) 石井正敏「成尋生没年考」（『中央大学文学部紀要』四四、一九九九年）は、成尋の年齢を『参記』により延久四年に六〇歳であり、長和二年（一〇一三）生と見ている。なお、没年については宋・元豊四年＝永保元年（一〇八一）とする通説（『本朝高僧伝』巻六十七など）でよいとする。

(18) 拙稿a「平安貴族の国際認識についての一考察」(註(6)書)、b「入宋僧成尋とその国際認識」(『白山史学』三九、二〇〇三年〔本書所収〕)も参照。
(19) 註(6)拙稿b。
(20) 石井註(1)論文は、『続資治通鑑長編』元豊六年(一〇八三=永保三)三月己卯条に日本国僧快宗ら一三人が延和殿で宋の皇帝神宗に謁見した記事が存することを明らかにしており、いつのことかはわからないが、快宗は再度入宋し、この日の謁見に至ったことが知られる。
(21) この件の詳細については、註(18)拙稿aを参照。
(22) 『元亨釈書』巻十六力遊・成尋条には、「賛曰、予遊二大雲寺一、問二主事一。主事出レ像示レ之。容質渾厚、実有レ徳之儀也。上有レ賛曰、(中略)予見二像賛及名画等一、信下尋之立二宋地一之不上レ妄矣」とあり、虎関師錬の時代まではこの画像が大雲寺にあって、尊崇を受けたことが知られる。
(23) 橋本義彦「『渡宋記』」(『平安の宮廷と貴族』吉川弘文館、一九九六年)。
(24) こうした弟子に対する目配りについては、堀池春峰「円載・円仁と天台山国清寺および長安資聖寺について」(『南都仏教史の研究』下巻、法蔵館、一九八二年)の円仁の事例も参照。

第四章　宋朝の海外渡航規定と日本僧成尋の入国

はじめに

私は先に「遣唐使が見た唐の賓礼」（『遣唐使と古代日本の対外政策』吉川弘文館、二〇〇八年。以下、前稿と称す）なる論考を草し、日本の遣唐使が唐で受けた外交儀礼の流れとその要点を整理した。その際の興味の起点の一つとして、別に進めている渡宋僧成尋の入宋記録『参天台五臺山記』の読解に関連して[1]、成尋に対する宋の賓待を明らかにしたいと考えたことが挙げられる。

この成尋は奝然―寂照―成尋と続く入宋僧の系譜に属するが、奝然の入宋時に皇帝と謁見し、日宋間に公的通交関係が生じそうになったため、次の寂照からは正規の渡航許可を得ないままに入宋が行われたことが指摘されている[2]。寂照入宋の際には『小記目録』第十六異朝事に「《長保》同四年六月十八日、寂照為㆓入唐㆒首途事〈不㆑被㆑許㆓入唐㆒事〉」とあり、勅許は得られなかったようであるが、時の権力者藤原道長の庇護により、半ば公的に渡海が実現したと考えられる。一方、成尋は『朝野群載』巻二十延久二年（一〇七〇）正月十一日僧成尋渡宋申文を捧呈したが、結局朝廷の許可が得られないままに、同四年三月十五日に肥前国松浦郡壁島で宋人曾聚の船に乗船し、「密航」という形で渡海する方法をとったのである。『参記』冒頭部分には「密航」故に船内に身を潜めねばならなかった労苦が綴られている（巻一延久四年三月十五～十七日条）。

では、成尋はどのようにして宋に入国したのであろうか。後述のように、その入国手続きの様子は『参記』に記されているが、それは宋の入国審査や法規に照らして考えると、如何に位置づけることができるのだろうか。成尋の宋入国、上京後の皇帝との謁見場面については別に考察を加えているので(3)、本章では宋の海外渡航規定や外国人の入国審査に言及し、僧成尋の入宋状況を検討することにしたい。

一 『朝野群載』の公憑

『朝野群載』巻二十異国には長治二年(一一〇五)八月来日の宋商人李充を大宰府で存問した際の記録が掲載されており、そこには宋の公憑の全文が載録されている。但し、国史大系本を含めて『朝野群載』の刊本は必ずしも善本に依拠している訳ではないことが指摘されており(4)、この公憑にも完全には釈読できない部分が存する。またこの公憑が日本側の史料として伝来したこともあってか、宋代中国史の研究者による分析は殆ど行われておらず(5)、宋代史の史料としての認識は低い。

公憑は公據、公凭などとも表記され、宋側の海外渡航規定などが記されたものであるが、そこには外国人の帯同に関する事項も見えており、宋に入国する外国人に対する扱いを知り得る手がかりが存することが期待される。当該史料に関しては、既に『大日本史料』第三編之八(二一八～二二四頁)に国史大系本とは異なる校訂文が存し、また全体的に校訂案を施した判読文も掲げられているが(6)、依然として不明の部分、句読点の誤りが見られるので、なお完全には釈読できないところがあるものの、まずはいくつかの写本を比校した校訂文案を示してみたい(7)。ちなみに、本公憑は「提挙両浙路市舶司」で始まり、李充による公憑発給の要請を記した後に、船数・綱首以下乗組員名・貨物の詳細を掲げた上で、「勅条下項」として渡航の際に遵守すべき宋朝の規定が示され、これを守ることを条件に公憑を発給する旨が記されるという構成になっている。海外渡航規定よりも前の人名などの部分にも諸本で異なる文字が多々存するが、本章の論旨との関係で、今回は宋朝の海外渡航規定部分のみの試案を掲げる。

a『朝野群載』巻二十　宋・崇寧四年（長治二＝一一〇五）六月提挙両浙路市舶司公憑

A諸商賈於海道興販、経州投状。州為験実牒送願発船州置簿抄上。仍給公據、方聴行。廻日公據、納在舶州市舶司。即不請公據而擅行、或乗船自海道、入界河、及往登・莱州界者、徒二年〈不請公據而未行者減貢〔貳カ〕等〉。往大遼国者、徒参年。仍奏裁。並許人告捕、給船物半價充賞〈内不請公據、未行者、減擅行之半。其已行者、給賞外船物、仍没官〉。其餘在船人、雖非船物主、各杖捌拾已上。保人並減犯人参等。

B勘会旧市舶法、商客前雖許至三佛齊等処、至於高麗・日本・大食諸蕃、皆有法禁、不許。縁諸蕃国遠隔大海、豈能窺伺中国。雖有法禁、亦不能断絶。不免冒法私去。今欲除此〔③北カ〕界・交趾外、其餘諸蕃国未嘗為中国害者、並許前去。雖〔③惟カ〕不許興販兵甲器仗及将帯女口姦細幷逃亡軍人。如建〔如違カ〕応一行所有之物並没官、仍検所出引内外明声説。

C勘会、諸蕃・舶州商客、願往諸国者、官為検校。所去之物及一行人口之数、所詣諸国、給与引牒、付次捺印。其隨船防盗之具・兵器之数、並量曆抄上、候回日照点、不得少欠。如有損壊散失、亦須具有照験一船人保明文状、方得免罪。

D勘会、商販人、前去諸国、並不得妄称作奉使名目、及妄作表章、妄有称呼。【③此間脱アラン】並共以商販為名。如合行移文字、只依陳訴州懸〔縣カ〕體例、具状陳述。如蕃商有願隨船来詣国者、聴従便。

E諸商賈販諸蕃回〈販海南州販〔縣カ〕、及海南州販〔縣カ〕人販到同〉、応抽買、輙隠避者〈謂曲避詐匿、託故曰石〔③易名カ〕、前期伝送、私自賃〔③貨カ〕易之類〉、綱首・雑事・部領・梢工〈令親戚管押同〉、各徒貳年、配本城。即雇募人管押、而所雇募徒《③

衍ヵ》人倩人避免、【③脱アラン】及所倩人、准此、隣州編管。若引領停蔵、負載交易、幷販客減壱等。餘人又減貳等。蕃国人不坐。即在船人、私自犯、准綱法坐之。綱首・部領・梢工同保人、不覚者、杖壱佰以上。船物〈不分綱首・餘人及蕃国人、壱人有犯、同往人雖不知情、及餘人知情、並准此〉給賞外、並没官〈不知情者以己物参分没官〉。

F諸海商舶貨、避抽買、船物応没官。而已貨易転〔傳ヵ〕買者、計直、於犯人者名下近〔追ヵ〕理。不足、同保人備償。即応以船物給賞、而内於令合博買者、博買如法。

G諸商賈、由海道販諸蕃者、海南州縣曲〔同ヵ〕、於非元発舶州舶者、抽買訖、報元発州、験実銷籍。

H諸海商【③賈脱ヵ】、冒越至所禁国者、徒三年、配仟里。即冒至所禁州者、徒貳年、配伍佰里。若不請公験物籍者、准行者、徒壱年、隣州編管。即買易物貨、而輙不注籍者、杖壱佰。同保人、減壱等。

(読み下し文)

A諸そ商賈、海道において興販せば、州を経て状を投ぜよ。州ために実を験し、舶を発せんことを願ふ州に牒送し、簿を置きて抄上せよ。仍りて公據を給ひ、はじめて行くを聴せ。廻日に公據は舶在る州の市舶司に納めよ。もし公據を請はずして擅に行き、或ひは船に乗りて海道より界河に入り、及び登・萊州界に往かば、徒二年〈公據を請はずして未だ行かざれば、貳等を減ぜよ〉。大遼国に往かば、徒参年。仍りて奏裁せよ。並びに人の告げ捕ふるを許し、船物の半価を給ひて賞に充てよ〈内、公據を請はずして未だ行かざれば、擅行の半を減ぜよ。其の已に行くは、賞を給ふの外の船物は、なお没官せよ〉。其の余の船に在る人、船物の主に非らずと雖も、各々杖捌拾已上とせよ。保人は並びに犯人より参等を減ぜよ。

B旧市舶法を勘会するに、商客前に三仏齊等の処に至るを許すと雖も、高麗・日本・大食の諸蕃に至りては、皆な法禁有りて、許さず。諸蕃国は遠く大海を隔つるに縁りて、豈に能く中国を窺伺せんや。法禁有りと雖も、亦た断絶すること能はず。法を冒して私に去くことを免れず。今、欲すらくは、北界・交趾を除くの外、其の余の諸蕃国、未だ嘗て中国に害を為さざるは、並に前去することを許さん。惟だ兵甲器仗を興販し、及び女口姦細幷びに逃亡軍人を将帯することを許さず。如し違はば、一行有るところの物は並に没官すべし。仍りて出すところの引を検（しら）べて内外に明に声説す。

C勘会するに、諸蕃・舶州の商客、諸国に往かんと願はば、官検校を為せ。去くところの物、及び一行の人口の数、詣るところの諸国を引牒に給与し、次を付して捺印せよ。其の船に随ふ盗を防ぐの具、兵器の数は並びに暦を量りて抄上し、回日を候ちて照点し、少欠するを得ず。如し損壊散失有らば、亦た須く一船人の保明を照験する文状を具有して、方に罪を免すことを得べし。

D勘会するに、商販人、諸国に前去するに、並に妄に奉使の名目を称作し、及び妄に表章を作り、妄に称呼有ることを得ず。並に共に商販を以て名と為せ。如しまさに文字を行移すべくは、只だ州縣に陳訴する体例に依りて、状を具にして陳述せよ。如し蕃商、船に随ひて国に来り詣でるを願ふことあらば、便に従ふを聴せ。

E諸そ商賈、諸蕃に販して回り〈海南州縣に販し、及び海南州縣の人販到するも同じ〉、抽買すべくして、輙く隠避せば〈謂ふこころは、曲避詐匿し、故に託して名を易へ、前期伝送し、私に自ら貨易するの類なり〉、綱首・雑事・部領・梢工は〈親戚をして管押せしむるも同じ〉、各々徒貳年とし、本城に配す。即ち人を雇ひ募りて管押し、而して雇ひ募るところの人と倩人と避免せば、及び倩するところの人は、此に准へて隣州に編管す。若し引領停蔵、負載交易し、幷びに販客せば壱等を減ぜよ。余人は又た貳等を減ぜよ。蕃国の人は坐せず。即ち船に在る人、私に自ら犯さば、綱法に准へてこれを坐せよ。綱首・部領・梢工の同保人、覚へざれば、杖壱佰以上。船物は〈綱首・余人及び蕃国の人を分たず、壱人犯有らば、同往の人、情を知らずと雖も、余人、情を知るに及ばば、並びに此に准へよ〉、賞を給ふの外、並びに没官せよ〈情を知らざれば、己の物の参分を以て没官せよ〉。

F諸そ海商の船貨、抽買を避くれば、船物はまさに没官すべし。而して已に貨易伝買せば、直を計へ、犯人者の名下において追理す。足らざれば、同保人備償せよ。即ち船物を以て賞を給ふべし。而して内、まさに同じく博買すべきものにおいては、博買すること法の如し。

G諸そ商賈、海道に由りて諸蕃に販せし者〈海南の州縣も同じ【この字句は分註か】〉、もと船を発せし州の船にあらざる者、抽買し訖らば、もと発せし州に報じ、実を験（しら）べて籍を銷れ。

H諸そ海商、冒越して禁ずるところの国に至らば、徒三年とし、仟里に配す。もし冒して禁ずるところの州に至らば、徒貳年とし、伍佰里に配す。若し公験・物籍を請はざれば、行く者に准へて徒壱年とし、隣州に編管せよ。もし物貨を買易し、而して輒く籍を注さざれば、杖壱佰。同保人は壱等を減ぜよ。

以上の校訂案・読み下し文により、海外渡航規定に関する部分をA〜Hに区分して説明する。まずAは公憑の発給方法、および公憑の交付を受けずに渡航した場合の罰則規定・告言人への給賞規定を記す。Bは市舶法を勘会した上での確認事項であり、渡航禁止先の国々が示され、また武器販売の禁止や帯同してはならない者に関する規定が掲げられている。ここでは「旧市舶法」では高麗・日本・大食が法禁の国になっていたが、a現在では北界（大遼国＝契丹か）と交趾以外は中国に害にならないので、渡航が許可されているとある点が注目されよう。

C・Dも市舶法の確認で、Cは船物・乗組員、またBに見える武器販売禁止に関連して、対海賊などのために携行した防衛用の武器を販売しなかったことをチェックするために、帰国時の検査実施とその規定を記したものである。

a上略部分には、上述のように、船数、綱首・梢工・雑事と「部領兵弟」と称される乗組員名、「物貨」の項で積載物名、そして「防船家事」として防具名などが掲げられており、Cの遵守が図られたことが知られる。Dは商人が相手国に文書を出す際の規定で、商売以外の目的、例えば勝手に外交使節を名乗ったりすることを戒めている。この点に関しては、来日宋商人が明州の牒状を齎す事例が存し、また成尋の弟子たちの帰国に際して、一行の通事を務めた陳詠とこの時期にしばしば日本に来航していた孫吉との間で、どちらが皇帝の文書や新訳経・仏像など最も名分のあるものを運んで渡航するかが議論になっており（『参記』巻八熙寧六年六月（一〇七三）十一・十二日条）[8]、商人にとってはこうしたものを携えることが渡航先での活動を円滑にするために如何に必要であったかが窺われよう。なお、D末尾には外国商人で宋商人の帰国に随伴して宋に来ることを希望する者があれば、それを聴すという規定が示されており、注目される。

　E〜Hは抽買[9]、即ち貨船幾分の収買を忌避する行為や禁国・禁州への冒至に対する罰則を掲げたものである。Eの割書部分には抽買忌避のためのいくつかの手法が記されており、こうした行為が頻発していたことを窺わせる。また本来の船主ではなく、「雇募人」が渡航して交易した場合、その他船物の扱いなど、想定される事態が細かく規定されているのも、抽買忌避が横行していたことを示していよう。Fの「追理」の部分は抽買忌避の罪による没官となるべき船物を転売するという罪を重ねた者に対する処罰、ないしは備償を規定したものと見ることができる。GはAに公憑は「願㆑発㆑舶州」が発給し、帰国後は「納㆓在㆑舶州市舶司㆒」べきであると記されていることに関連した違法行為、HはBの禁国、Aの禁州などへの渡航の際の罰則を述べたものである。

　以上、なお不明の部分もあるが、aの概要を整理した。Bの「旧市舶法」の存在や禁国の変遷によると、宋代には何度かの法規改定があったようである。またD末尾の宋商人が帰国の際に外国人を宋に随伴してよいとする規定は、宋商人の船で入宋する日本人のあり方に関連して大いに留意すべきところであろう。但し、宋朝の海外渡航規定に変遷があるとすれば、成尋の渡海時は如何であったかを検討せねばならない。そこで、次にこの宋朝の海外渡航規定の改定に関する知見を得るべく、『全宋文』巻一八七六所収元祐五年（寛治四＝一〇九〇）八月十五日蘇軾「乞禁商客過外国状」の内容を見てみることにしたい。

二　宋代の海外渡航政策

蘇軾奏状は宋商人の高麗通交に伴う不正行為を指摘し、表題の如くに「禁商客過外国」ことを規定しようとしたもので、関連して慶暦（慶暦年間＝一〇四一〜四八）編勅、嘉祐（嘉祐年間＝一〇五六〜六三）編勅、熙寧（熙寧年間＝一〇六八〜七七）編勅、元豊三年（承暦四＝一〇八〇）八月二十三日劄子節文、元豊八年（応徳二＝一〇八五）九月十七日勅節文、元祐（元祐年間＝一〇八六〜九三）編勅といった関連法令が引用されており、宋代の海外渡航規定の変遷を知る上で貴重な材料を呈している[10]。その全体は長文にわたるが、まず全文を掲げた上で、必要箇所を引載しながら、奏状の内容を整理したい。

b『全宋文』巻一八七六蘇軾二八「乞禁商旅過外国状」

元祐五年八月十五日、龍図閣学士左朝奉郎知杭州蘇軾状奏。検二会杭州去年十一月二十三日奏泉州百姓徐戩公案一、為二徐戩一不レ合二専擅一為二高麗国一雕二造経板二千九百余片一、公然載往二彼国一、却レ受二酬答銀三千両一、公私並知覚、因レ此構二合密熟一、遂専二擅受三載彼国僧壽介一前来、以レ祭二奠亡僧浄源一為レ名、欲レ献二金塔一、及欲二往レ此尋レ師学一レ法。顕是徐戩不レ畏二公法一、冒二求厚利一、以致下招二来本僧一搔中擾州郡上。況高麗臣二属契丹一、情偽難レ測、其徐戩公然交通、略無二畏忌一、乞法外重行、以警二閩・浙之民一、杜二絶姦細一。奉二　聖旨一、徐戩特送二千里外州軍一編管。至二今年七月十七日㆒、杭州市舶司準㆓密州関報㆒、據㆓臨海軍状申㆒、準㆓高麗国礼賓院牒㆒、據㆓泉州綱首徐成状㆒稱、有㆓商客王応昇等㆒、冒㆘請往㆓高麗国㆒公憑㆖、却㆘発㆑船入㆓大遼国㆒買売㆖、尋捉㆓到王応昇等二十人、及船中行貨㆒、並是大遼国南挺銀絲銭物、并有㆘過㆑海祈㆓平安㆒将㆑入㆓大遼国㆒願子二道㆖。本司看詳、顕㆘見閩・浙商賈因㆑往㆓高麗㆒、遂通㆗契丹㆖、歳久跡熟、必為㆓莫大之患㆒。方欲㆘具㆓事由㆒聞奏、乞㆗禁止㆖。近又於㆓今月初十日㆒、據㆓轉運司牒㆒、準㆓明州申報㆒、高麗人使李資義等二百六十九人、相次到㆑州、仍是客人李球於㆓去年六月内㆒、請㆓杭州市舶司公憑㆒往㆓高麗国㆒経㆑紀、因㆑此与㆓高麗国㆒先帯㆓到実封文字一角㆒、及寄㆓搭松子四十余布袋㆒前来。本司看詳、顕是客人李球因㆑往㆓彼国㆒交㆓構密熟㆒、為㆑之郷導、以希㆓厚利㆒、正与㆓去年所㆑奏徐戩㆒情理一同。見㆓今両浙・淮南㆒、公私騒然、文符交錯、官吏疲㆓於応答㆒、須㆑索㆓仮借㆒、行市為㆑之憂恐。而自㆓明及潤七州㆒、旧例約費㆓二万四千六百余貫、未㆑論㆓淮南・京東両路及京師館待賜予之費㆒、度不㆑下㆓十余万貫㆒。若以㆓此銭㆒賑㆓済浙西饑民㆒、不㆑知㆓全活幾万人㆒矣。不㆑惟㆓公私労費㆒、深可㆓痛惜㆒、而交㆓通契丹㆒之患、其漸可㆑憂。皆由㆓閩・浙姦民㆒、因㆓縁商販㆒、為㆓国生事㆒。除已具処置㆓画一利害㆒聞奏外、勘㆓会熙寧以前《編勅》㆒、客旅商販、不㆑得㆑往㆓高麗・新羅及登・萊州界㆒、違者、並徒二年、船物皆没㆓入官㆒。竊原㆓祖宗立法之意㆒、正為㆘深防㆗姦細因縁与㆓契丹㆒交通㆖。自㆓熙寧四年㆒、発運使羅拯始遣㆑人招㆓来高麗㆒、一生厲階、至㆑今為㆑梗。《熙寧編勅》、稍稍改㆓更慶暦・嘉祐之法㆒。至㆓元豊八年九月十七日勅㆒、惟禁㆑往㆓大遼及登・萊州㆒、其余皆不㆑禁、又許㆓諸蕃願附㆑船入貢㆒、或商販者聴。《元祐編勅》亦只禁㆑往㆓新羅㆒。所以奸民猾商、争請㆓公憑㆒、往来如㆑織、公然乗㆓載外国人使㆒、附搭入貢、搔㆓擾所在㆒。若不㆔特降㆓指揮㆒、将㆓前後条貫㆒看詳、別加㆓删定㆒、厳立㆓約束㆒、則姦民猾商、往来無㆑窮、必為㆓意外之患㆒。謹具㆓前後条貫㆒、画一如㆑左。

一《慶暦編勅》、「客旅於㆓海路㆒商販者、不㆑得㆑往㆓高麗・新羅及登・萊州界㆒。若往㆓余州㆒、並須㆘於㆓発地州軍㆒、先経㆓官司㆒投㆖㆑状、開㆓坐所㆑載行貨名件㆒、欲㆘往㆓某州軍㆒出売㆖。許召㆘本土有㆓物力㆒居民三名㆖結罪、保明委不レ夾下帯違レ禁及堪レ造二軍器一物色上、不レ至レ過二越所レ禁地分一。官司即為レ出二給公憑一。如有レ違二条約一及海船無二公憑一、許二諸色人告捉一、船物並没官、仍估物價銭、支二一半一与二告人一充レ賞、犯人科二違制之罪一。」

一《嘉祐編勅》、「客旅於二海道一商販者、不レ得下往二高麗・新羅一及至中登・萊州界上。若往二余州一、並須下於二発地州軍一、先経二官司一投上レ状、開二坐所レ載行貨名件一、欲下往二某州軍一出売上。許召下本土有二物力一居民三名上結罪、保明委不レ夾下帯違レ禁及堪レ造二軍器一物色上、不レ至レ越二過所レ禁地分一。官司即為レ出二給公憑一。如有レ違二条約一及海船無二公憑一、許二諸色人告捉一、船物並没官、仍估物價銭、支二一半一与二告人一充レ賞、犯人以二違制一論。」

一《熙寧編勅》、「諸客旅於二海道一商販、於二起発州一投レ状、開二坐所レ載行貨名件一、往二某処一出売。召下本土有二物力一戸三人上結罪、保明委不レ夾二帯禁物一、亦不レ過二越所レ禁地分一。官司即為レ出二給公憑一。仍備二録船貨一、先牒二所レ往地頭一、候二到日一点二検批三鑿公憑一訖、卻レ報二元発レ牒州一。即乗レ船自二海道一入二界河一、及往二北界高麗・新羅并登・萊界一商販者、各徒二年。」

一元豊三年八月二十三日中書劄子節文、「諸非二廣州市舶司一、輒発二過南蕃綱舶船一、非二明州市舶司一、而発二過日本・高麗一者、以二違制一論、不下以二赦降一去レ官原減上。〈其発二高麗一船、仍依二別条一。〉」

一元豊八年九月十七日勅節文、「諸非二杭・明・廣州一而輒発二海商舶船一者、以二違制一論、不二以去レ官赦降原減一。諸商賈由二海道一販二諸蕃一、惟不レ得レ至二大遼国及登・萊州一。即諸蕃願二附レ船入貢或商販一者、聴。」

一《元祐編勅》、「諸商賈許下由二海道一往二外蕃一興販上、並具下人船物貨名数所二詣去一処上、申二所在州一、仍召下本土有二物力一戸三人上、委保物貨内不レ夾下帯兵器、若違レ禁及堪レ造二軍器一物上、并不レ越二過所レ禁地分一。州為レ験レ実牒二送願レ発レ舶州一、置レ簿抄上、仍給二公據一。方聴候二回日一、許下於二合レ発レ舶州住舶一、公據納中市舶司上。即不レ請二公據一而擅行、或乗レ船自二海道一入二界河一、及往二新羅、登・萊州界一者、徒一年、五百里編管。」

右謹件如㆑前。堪㆓会元豊八年九月十七日指揮㆒、最為㆑害事、将祖宗以来禁㆔人往㆓高麗・新羅㆒条貫、一時削去、又許㆕商賈得㆔擅帯㆓諸蕃附㆑船入貢㆒。因㆑此、致㆓前件商人徐戩・王応昇・李球之流㆒、得㆑行㆓其姦㆒。今来不㆑可㆑不㆑改。乞三省密院相㆓度裁定㆒、一依㆓慶暦・嘉祐《編勅》㆒施行。不㆑惟㆑免㆘使㆓高麗㆒因縁猾商時来朝貢、搔㆗擾中国㆖、実免㆘中国姦細、因㆑往㆓高麗㆒、遂通㆓契丹㆒之患㆖。謹録奏聞、伏候㆓勅旨㆒。

蘇軾奏状が上奏されるに至った契機には、次の三つの事件があった。①元祐四年（寛治三＝一〇八九）に杭州が泉州百姓徐戩公案を奏し、徐戩が経板二千九百余片を雕造し、これを高麗に売って銀三〇〇〇両を得るとともに、高麗僧壽介を宋に入国させた（「以㆑祭㆓奠亡僧浄源㆒為㆑名、欲㆑献㆓金塔㆒、及欲㆘往㆑此尋㆑師学㆖㆑法」ことが目的）ので、「徐戩不㆑畏㆓公法㆒、冒㆓求厚利㆒、以致㆘招㆓来本僧㆒搔㆗擾州郡㆖」として、「千里外州軍編管」の処罰を求めた。②元祐五年七月十七日に杭州市舶司は泉州綱首徐成の告言により、高麗への渡航を目的とした公憑を利用して遼に渡航しようとした商人王応昇らを未然に取りおさえた旨の高麗国礼賓院牒を報告した。③元祐五年八月十日転運司牒によると、高麗に行き厚利を得た商人李球の交易内容と高麗人使李資義ら二六九人の明州への到来が報告されている。

以上はいずれも高麗がらみの出来事であるが、「況高麗臣㆓属契丹㆒、情偽難㆑測」と警戒されており、宋にとってはその先にある契丹（遼）との関係が大きな問題であった。そこで、蘇軾奏状では熙寧四年（一〇七一）以前は高麗への航行が禁止されていたのに、同年に高麗の招来が始まり、「又許㆓諸蕃願附㆑船入貢㆒、或商販者聴」となり、「奸民猾商、争請㆓公憑㆒、往来如㆑織、公然乗㆓載外国人使㆒、附搭入貢、搔㆓擾所在㆒」という事態が生じたことを批判し、対策を求めているのである。

この蘇軾奏状の骨子をふまえて、以下宋代の海外渡航規定変遷の要点を見ていきたい。まず熙寧四年（延久三＝一〇七一）以前の編勅では、

客旅商販、不レ得レ往二高麗・新羅及登・萊州界一、違者、並徒二年、船物皆没二入官一。

というのが主旨で、これは「祖宗立法之意」＝「為下深防中姦細因縁与二契丹一交通上」であるという。蘇軾奏状には四代仁宗（在位一〇四一〜六三年）の時の慶暦編勅・嘉祐編勅も掲げられているが、これらは公憑交付の条件や法禁を犯した時の処罰を規定したもので、「祖宗立法之意」の改変はなかった。

五代英宗（在位一〇六三〜六七年）の次に即位した六代神宗（在位一〇六七〜八五年）の時、熙寧四年に次のような改変が行われたのである。

発運使羅拯始遣レ人招二来高麗一、一生厲階、至レ今為レ梗。《熙寧編勅》、稍稍改二更慶暦・嘉祐之法一。

この点に関連して、『高麗史』を繙くと、これ以前から宋の商人が高麗に赴き、「宋商〇〇来献二土物一」と記された記事が散見していることが知られる（文宗十九年（一〇六五）九月癸未条など）。しかし、宋が正式に高麗の招聘を企図したのは、神宗即位後の熙寧元年（一〇六八）のことであり（『高麗史』巻八文宗二十二年七月辛巳条）、発運使羅拯に命じて黄慎なる者を高麗に派遣しており、その際に宋の商人村寧も同行したものと考えられる。高麗側から宋に正式に朝貢を行ったのが熙寧四年三月の金悌派遣（文宗二十五年三月庚寅条）であり、蘇軾奏状はこれを以て熙寧四年を画期とする見解を示しているのである。

このようにして宋と高麗の正式の通交関係が始まったが、熙寧編勅には「即乗レ船自二海道一入二界河一、及往二北界高麗・新羅幷登・萊界一商販者、各徒二年」と規定されており、高麗は渡航禁止地のままであった。但し、実際には高麗の宋への入貢が行われていたので、元豊三年（承暦四＝一〇八〇）八月二十三日中書劄子節文において、

諸非二廣州市舶司一、輒発二過南蕃綱舶船一、非二明州市舶司一、而発二過日本・高麗一者、以二違制一論、不下以二赦降一去レ官原減上。〈其発二高麗一船、仍依二別条一。〉

と規定され、日本・高麗への渡航は明州市舶司の認可の下に許容されていたことが知られる。また高麗から来航した船は別条により処理することも記されている。

そして、元豊八年（応徳二＝一〇八五）九月十七日勅節文では、

諸非二杭・明・廣州一而輒発二海商舶船一者、以二違制一論、不二以去レ官赦降原減一。諸商賈由二海道一販二諸蕃一、惟不レ得レ至二大遼国及登・莱州一。即諸蕃願二附レ船入貢一或商販者、聴。

と令せられ、ついに高麗は渡航禁止地から削除されている。この年三月に神宗は死去しており、この勅は次の哲宗（在位一〇八五～一一〇〇年）が発したものであった。哲宗代の元祐編勅では「或乗レ船自二海道一入二界河一、及往二新羅、登・莱州界一者、徒二年、五百里編管」とあり、新羅は残っているが、高麗はやはり削除されていることがわかる。蘇軾奏状は元豊八年勅による改変で「祖宗以来禁三人往二高麗・新羅一条貫、一時削去、又許四商賈得三擅帯二諸蕃附レ船入貢二」となったことを批判し、「不レ惟レ免下使二高麗一因縁猾商時来朝貢、搔中擾中国上、実免下中国姦細、因往二高麗一、遂通二契丹一之患上」ことが急務であり、慶暦・嘉祐編勅の規定の施行を要望するものになっている。

以上が蘇軾奏状の概要と海外渡航規定変遷の要諦である。これを史料aの公憑と比較すると、aは八代徽宗（在位一一〇〇～二五年）の崇寧四年（長治二＝一一〇五）のものであるが、次のような対照ができる。

A……渡航禁止地は「登・莱州界」と遼であり、元豊八年勅や元祐編勅による変更の規定に則っている。

B……「旧市舶法」では高麗・日本・大食も法禁の対象であったが、現行では許されているとあるので、やはり元豊八年勅やまた元豊三年劄節文文などをふまえた元祐編勅での変更に則った規定になっている。

D……蕃商で宋に入国を求める者の同行を許すという規定は、元豊八年勅の「即諸蕃願二附レ船入貢或商販一者、聴」に依拠したものである。

こうした特徴を勘案すると、ａの公憑は元豊八年勅による改変をふまえた規定内容になっていることが明白で、蘇軾奏状は結局のところ採用されなかったことが窺われる。

以上を要するに、宋商人が帰朝時に中国に入国を希望する者を同行してよいとする明文は、元豊八年勅によって成立したことが知られ、『参記』を残した日本僧成尋が入宋した熙寧五年は、前年に高麗の正規の入貢が再開され、この方面での規制緩和が進む時期ではあったが、法制そのものはまだ変更されていなかったことになる。そこで、最後に成尋の宋入国の手続きを検討し、成尋の入宋が実現した背景を考えてみたい。

三　成尋の入宋手続き

「はじめに」で触れたように、成尋は延久四＝熙寧五年（一〇七二）三月十五日に宋人曾聚の船に「密航」して日本を離れ、四月十三日には杭州に到着し、宋入国を果たしている。この成尋の入国審査のあり方や手続きの進め方については既にいくつかの考察がなされているが、[11] 前二節の知見をふまえて、私なりに整理してみたいと思う。

c　『参記』巻一熙寧五年四月十六日条

（上略）巳時問官着二客商官舎一。乗二轎子一具二数多眷属一来着。予上二官舎一住二一屋内一。運納船物以二官夫一運納。予行二向問官許一付二申文一。一見了後返与。明日自参レ府可二献上一者。即還レ倉休息。未時与二船頭一共向二宿処一。（下略）

d　『参記』巻一熙寧五年四月十八日条

（上略）家主食如二昨日一。銭三貫借送二問官一。開封後可レ返者。（下略）

e　『参記』巻一熙寧五年四月二十日条

辰時惟観取二金銀一如レ員将来。巳時以二快宗供奉一為レ首六人遣二問官市一。申時沙汰了。如レ員以二小船一運来。問官之恩不可思議也。小船賃三百文銭与了。七時法了。

f　『参記』巻一熙寧五年四月二十六日条

辰時詠共参レ府、献下参二天台山一由申文上。於レ廊可レ点レ茶由有レ命、即向レ廊喫レ茶。（下略）

g　『参記』巻一熙寧五年五月一日条

（上略）巳時家主張三郎来示云、参二天台一申文為レ令レ加二宿坊主名一有レ召。仍参レ府者。（中略）申時家主張三郎・船頭呉十郎同来告云、知府・都督為二大師一其志丁寧。二人共進署名已了。来日可レ参二天台一者。七時行法了。

h　『参記』巻一熙寧五年五月三日条

（上略）午時陳詠借二得明州沈福船一来告。即運二積雑物一乗レ船已了。同二点府使来。以二上紙四張一令レ書二日本仮名一。快宗供奉三枚、老僧一枚令二書献一了。志二与上筆一管一去了。申時陳詠取二杭州公移一将来。為レ悦千万。（下略）

cによると、成尋が杭州上陸後にまず訪れたのは「問官」のところであった。この場合の「問官」は市舶司を指し、関税の徴収などを掌る官人と解することができる。[12] aの公憑にも「諸商賈於二海道一興販、経レ州投レ状。州為験レ実牒二送願レ発レ舶州一置レ簿抄上。仍給二公據一、方聴レ行。廻日公據、納二在レ舶州市舶司一」（A）、「諸商賈販二諸蕃一回（註略）応二抽買一、輙隠避者（註略）、綱首・雑事・部領・梢工（註略）、各徒貳年」（E）などとあり、商船は出港した場所の市舶司に公憑を返納せねばならず、またそれは貿易の利益に対する関税（抽解）を確実に徴収するためであって、利潤を隠すような行為は厳しく取り締まられた。後述の『参記』巻二熙寧五年六月五日条に掲げられた同年五月三日杭州公移には、成尋を随伴した曾聚らは「従二日本国一博買、得二留黄・水銀等一買来、杭州市舶司抽解」と見え、杭州市舶司による船物検査と関税の徴収をきちんと果たしたことが知られる。

『参記』巻一熙寧五年四月十四日条によると、成尋一行が乗船した船は水門を経て問官門前に着いていたが、翌十五日は「今日依二都督酒宴一不レ上レ船。雑物徒然在二小船一」、即ち杭州都督の飲宴開催のために入関手続きを受けることができなかったという。そして、c＝十六日に船物をすべて運納する作業が行われており、この日は船頭と一緒に宿所に向かったとあるから、船頭たち（曾聚・呉鑄（gの呉十郎）・鄭慶）も船物を差し押さえられていたものと思われる。したがってこの船物差し押さえは通常の入関手続きであり、成尋が日本僧であったためとか、「密航」による入国であったためという特別措置ではなかった。

そこで、成尋が宋に入国し、まずは天台山国清寺行きを実現するために、国内での移動を可能にする措置として、cに見える「申文」の提出が注意される。cによると、この「申文」を問官に提出しようとしたところ、この件は問官の管轄外であったらしく、杭州府に提出するように指導されている。その「申文」とはfの「参二天台山一由申文」（gでは「参二天台一申文」）であり、上述のように、台州天台山国清寺への参詣許可を求めるものであった。この申請に対してhで杭州公移が発給され、天台山参詣が実現することになるのであるが、既に唐代の九世紀後半頃から過所発給が公移による簡便な手続きに代替され、公移を得ることができれば、国内の移動が円滑に行われるシステムになっていたようである。[13]

この熙寧五年五月三日杭州移は、その全文が『参記』巻二熙寧五年六月五日条に引載されているが、長文にわたり、また既に詳細な検討も試みられているので、[14] 要点を摘記し、杭州公移発給に至る手続きを整理したい。まず成尋は「日本国僧成尋、昨今出二杭州一巡礼、欲下経二台州天台山一焼二香供三養羅漢二一回上。成尋等是外国僧、恐下関津口本被二人根〔推カ〕問一無中去着上。乞給二公移一随身照会」、つまり天台山参詣と途次の推問に対処するための便宜として公移発給を求めている。これが参天台申文である。この申文の内容を保証するものとして、成尋の通事となった陳詠（陳一郎）と杭州での宿泊先の家主張賓（張三郎）の添え状があり、それらは次のような内容になっている。

明州客人陳詠状

昨於二治平二年（一〇六五）内一、往二日本国一買売、与二本国僧成尋等一相識、至二熙寧二年一（一〇六九）従二彼国一敗〔販カ〕二載留黄等一、杭州抽解貨売。後来一向只在二杭・蘇州一買売、見在二杭州把剣営張三客店内一安□〔下カ〕。於二四月二十日一在二本店内一逢二見日本国僧成尋等八人一、称説「従二本国一泛レ海前来、要下去二台州天台山一焼香上」陳詠作二通事一、引領赴二杭州一、今甘レ課遂レ僧同共前二去台州天台山一焼香、廻二来杭州一趣レ船却二帰本国一。

張客店百姓張賓状

四月初九日有二広州客人曾聚等一、従二日本国一博買、得二留黄・水銀等一買来、杭州市舶司抽解。従レ是本客船上附帯本国僧成尋等八人出来安下。今来却有下明州客人陳詠与二遂人一相識上。其陳詠見在二江元店一安下。本人情教、「甘レ深〔課カ〕遂レ僧同共往二台州一得下前二去台州天台一焼香上、廻二来杭州一趣レ船却二帰本国一」如将来却有二異同一、各甘二深〔課カ〕罪一不二将看一。

通事陳詠はこの陳詠状に看取されるように、日本に来航・滞在した経験があり、成尋とも既知の関係にあった。陳詠と成尋のつながりの詳細については別稿で論じたので、それを参照していただきたいが(15)、fの申文提出に同行し、hで杭州公移の下付に与ったのも陳詠であった。張賓の方は成尋を随伴した船頭曾聚らとの関係から成尋に協力したようであり、dでは問官に送る銭三貫を成尋に貸したり（これによりeで速やかに荷物を受領することができたか）、gでは船頭の一人呉鑄とともに参府して成尋の申文の内容を保証する署名を行ったりしている。

以上を要するに、成尋の宋入国、天台山行きは通事陳詠や船頭らの協力によって可能になったと考えられるのである。杭州公移は陳詠に付託されており、天台山国清寺行きの条件として、「右事須下出二給公移一、付二客人陳詠一収執、引二帯本国僧成尋等八人一前二去台州天台山一焼香訖、依レ前帯領遂レ僧廻二来当州一趣レ船却中帰本国上。依二台州一激〔儌カ〕二此公移一、趣レ州在レ路不レ肯下別致二東西一及違非留帯上。如連レ罪帰有レ処」と記されていた。つまり成尋は国清寺参詣のみを目的として入国し、参詣後は杭州から日本に帰るという名目で宋入国・天台山行きを実現したのであり、杭州公移は台州行きのみを有効とする文書だったのである。

ところが、成尋は日本出国申請の段階から既に天台山と五台山の巡礼を企図しており（『朝野群載』巻二十延久二年正月十一日僧成尋請渡宋申文）、天台山の聖地巡礼を果たした後に、杭州公移を持参して天台県、さらに台州府に向かった時点で、国清寺への滞在や五台山その他の聖地巡礼の希望を明らかにしている。『参記』巻一熙寧五年六月二日条の成尋表文草稿には、「大日本国延暦寺阿闍梨大雲寺伝燈大法師位臣ム、欲下乞二天恩一巡中礼五臺山并大興善寺・青龍寺等聖跡上」とあり、天台山巡礼終了後は杭州から日本に帰国するという杭州公移発給時の約束は反故にされ、さらなる宋国内での活動を認めてもらいたい旨の皇帝への上表文捧呈に至るのである。

この成尋の要望に対して、六月三日に台州の官人は「退出時、奉表早可レ奏由約束了、安二下国清寺一由委承了」と、好意的な対処を示してくれた（『参記』巻一熙寧五年六月三日条）。成尋が台州府に滞在中、州官と面会し、法問答を行い、学僧ぶりを印象づけることができたのも一因であったと思われる。そして、『参記』巻一熙寧五年六月五日条に掲載された杭州宛の台州牒では、国清寺への安下と三年間の修行の希望を述べる成尋の意向が記され、台州としてはこれを認めることにした旨が伝えられ（後掲史料ⅰも参照）、また成尋の通事陳詠に命じて杭州公移を返却に行かせることが告げられている。陳詠は六月八日に杭州公移を返納するために杭州に進発し、成尋が後に皇帝の招きを得て、五台山巡礼のために首都開封に向かう途中、八月十五日に杭州で再会するまで、成尋一行は通事を失うことになる

（天台山滞在中は仏教関係の問答は概ね筆談で済むことが予想されており、通事がいなくても支障なしと判断されたためか）。『参記』巻二熙寧五年六月五日条に引載された同年六月一日付の国清寺宛の台州帖には、「為二客人陳詠一称為下母親在当二年老一無中人侍養上、催二従成尋等一依レ旧将二公據一廻二転杭州一傲納」と見え、陳詠には老母資養のために杭州に戻らねばならないという事情もあったようであるが、より根本的な理由としては、上述のように、杭州公移は陳詠に付託されたものであり、成尋の予定変更、台州の対応などを含めて、杭州には陳詠が復命する責務が存した。こうした手続きをすべて陳詠が処理してくれたのであり、成尋の宋入国、滞在と活動は宋の文書制度を充分に理解した人々の助力によってこそ可能になったのである。dの問官への銭送付は四月十九日の陳詠登場の前であり、これは同船の船頭らによる教唆に基づくものと推定され、陳詠ら宋商人の指導によって成尋は最も簡便な手続きで宋への入国を果たすことができたとまとめられよう。

そして、成尋が待望する五台山行きの許可は、閏七月初に実現することになる。

i『参記』巻二熙寧五年閏七月七日条

台州牒。日本国僧成尋等。今月初三日准二枢蜜院劄子節文一。「拠二台州奏一、准二杭州牒一、出二給公拠一、付二明州客人陳詠一、引二領到三日本国大徳僧成尋等八人一、到二天台山国清寺一焼香。内僧成尋要下留二小師一名一、同在二本寺一看経三年余、発中遣本国上。当州不二敢一面指揮一、已令下権在二本寺一看経上。外候二　勅旨一。奉二　聖旨一、『成尋等八人幷通事客人陳詠令三台州選二差使臣一名一優与二盤経〔纏カ〕一暫引伴赴レ闕。仍指二揮両浙淮南転運司一、令下沿路州軍厚与二照管一量中差人船上。』今劄付二台州一。准二此等事一。」右具如レ前。除二別行一外、事須レ帖二日本国大徳僧成尋等八人一、一詳二枢密〔蜜カ〕院劄子内聖旨指揮一、准レ此照会。熙寧五年閏七月初四日帖。（下略）

閏七月六日に国清寺の寺主から「昨日吉県謁〔知カ〕二州通判郎中一、前奏三表遊二五臺一、今朝中有二文牒一下レ州、許二遊臺一亦令二官員妨送一上京面二見皇帝一」という書状をもらい、成尋は「聞二宣旨由一、中心悦何事如レ之乎」であったという(『参記』巻二熙寧五年閏七月六日条)。台州からの正式の通達がiであり、官費による上京と皇帝との面見を指示する内容で、これによって成尋の中国入国は公的なものになった。成尋は日本で天台教学の研鑽を充分に積み、その学識は宋僧を凌ぐものであり、また上京後には祈雨法会に屈請され、その法力を示すことになるのであるが、この段階では彼の法力の程は不明であった筈である。州県官と仏教に関わる問答を行い、その学識を印象づけたり、経典を貸与したりしていたとはいうものの、州県官による評価が皇帝の興味をそそったとは考え難い。では、宋の皇帝が成尋の上京を指示した理由はどこにあったのだろうか。

「はじめに」で触れたように、成尋は奝然—寂照—成尋と続く入宋僧の系譜に連なるものであるが、『宋史』日本国伝によると、景徳元年(一〇〇四)の寂照入宋後は、仁宗代の天聖四年(一〇二六)に明州に大宰府の使者が来るも、「而不レ持二本国表一、詔却レ之」という通交を経て、「其後亦未レ通二朝貢一」となり、神宗代の成尋の来航は久方ぶりの入宋者到来であった。『参記』巻四熙寧五年十月十四日条の勅使御薬との問答には、「又被レ問云、日本自来為甚不下通二中国一入唐進奉上。答云、滄波万里、人皆固辞、因レ之久絶也」、十月十五日条の「皇帝問」の内示(皇帝との謁見は十月二十二日)においても、「一問、本国相二去明州一至近、因レ何不レ通二中国一。答、本国相二去明州一海沿之間不レ知二幾里数一、或云七千余里、或云五千里、波高無レ泊、難レ通二中国一」などとあり、中国側は日本からの通交が長らく途絶えていることを問題視していたのである。この後も宋は日本に入貢を促しており、『善隣国宝記』元永元年(一一一八=宋・徽宗代〈在位一一〇〇~二五年〉の重和元年)条に、

宋国附二商客孫俊明・鄭清等一書曰、矧爾東夷之長、実惟日本之邦、人崇二謙遜之風一、地富二珍奇之産一。曩闊弥レ年、久欠二来王之義一。遭二逢熙旦一、宜レ敢〔敦カ〕二事大之誠一云々。

と見え、やはり入貢が途絶していることが問われている。

以上を要するに、成尋の来航は久方ぶりの日本からの「使者」の入宋であり、「皇帝問」に記されたような多くの質問を行い、日本情報の入手を図る必要があったからこそ、[16]皇帝との面見のための上京という措置が講じられたものと考えられる。そして、熙寧二年に陳詠が日本から宋に戻り、延久二年＝熙寧三年に渡宋申文を提出して入宋を企図していた成尋が熙寧五年になって渡海・入宋した理由としては、宋商人の便船来日の機会を窺っていたこともあろうが、前節で見た宋の海外渡航政策の大きな画期が熙寧四年に生じていたことにも留意したい。上述のように、法制そのものは変更されていなかったが、実態としては入宋条件が緩和されており、大宰府に来航した宋商人から情報を得て、成尋が「密航」・入宋に踏み切る大きな契機になったものと推定される。[17]その意味では宋朝の海外渡航規定の変遷と日本僧成尋の入国は相応するものであったと言えよう。

むすび

本章では成尋の入宋手続きの理解に関連して、『朝野群載』の宋の公憑や宋朝の海外渡航規定のあり方に言及した。成尋の入宋方法については第三節に要点を述べたので、くり返すことはしないが、この成尋の方法に倣って入宋する者がいた。永保二年（一〇八二＝元豊五）に入宋し、『渡宋記』を残した戒覚である。[18]戒覚も宋商人の船に「密航」し、宋に到着、次のような手続きを経て正式な入国を認められている（『渡宋記』の当該記事による）。

九月二十二日……明州定海県に到着。

九月二十八日……戒覚一行の名簿を知府に提出し、入国手続きを開始（「早朝知府使来告云〈知府者太守之名也〉可レ奉二

人名一云々。仍注二一紙一了。先見二手跡一相感之由云々」）。

九月二十九日……官給による滞在が認められる（「自レ府騎馬三疋被レ送。即駕二入吉祥院一寄二宿僧房一。有二府供養一。毎日銭百文云々」）。

十月二日……皇帝への上表文提出を知府に依頼し、知府が取り次ぎを約束（上表文には「日本国天台山延暦寺僧伝燈大法師戒覚言、竊以、遠方異俗来朝入覲、巡二礼聖跡名山一例也。近則阿闍梨成尋二、去熙寧五年賜　宣旨一遂二心願一先了。是以長別二父母之邦一、遥従二商客之便一」とある）。

『渡宋記』は抄出本で、十月五日条で「行事官来告云、所レ進表幷目録等差二脚力一被二奏聞一已畢云々」とあり、戒覚の上表文が奏上されたことがわかるが、その後十二月二日条で「宣旨脚力已以下向云々」と、皇帝の宣旨が下されたことが判明するものの、その間の経緯は全く不明とせねばならない。ともかくも戒覚は翌元豊六年二月二十日に首都開封に入っており、「コヽロコソウレシカリケレイノチアレハカラノミヤコヲケフミツルカナ」の歌を詠じている。そして、三月五日には皇帝との面見を果たしており、その様子は次のように書き留められている。

依二宣旨一経二朝見一。便於二崇政殿之前一賜二紫衣一襲一〈衣、袈裟、裳〉。又出レ闕之後、追賜二香薬・装束幷絹廿疋一。人々云、是殊抽賞也。非二先例一事云々。

ここでは紫衣を賜ったこと、また宋の人々が「是殊抽賞也。非二先例一事云々」と言ったという香薬・装束と絹二〇疋の追賜に与ったことなどが特記されているようであるが、[19]『参記』巻四熙寧五年十月二十二日条によると、成尋らも皇帝と面見し、紫衣や白絹一六〇疋の賜与に与っており、皇帝から下賜品を頂戴したという点では同じであると言える。またその後に皇帝の勅令により五台山参詣が実施された点でも成尋一行と同じ扱いであったと見なされよう。

以上を要するに、戒覚は成尋の先例によって処置されたと考えることができ、戒覚が上表文で成尋の先蹤を引き合いに出したのは、自己の待遇を決定づける上で大きな効果を発揮したものと思われる。その意味では寂照以来七〇年ぶりの入宋僧成尋の入国方法は大いに参考とすべき先例になったと見ることができ、その入国手続きを可能にした宋朝の海外渡航規定を瞥見した本章を草する目的は達せられたので、ここで擱筆することにしたい。

註

（1）拙稿ａ「劉琨と陳詠」（『白山史学』三八、二〇〇二年）、ｂ「入宋僧成尋とその国際認識」（『白山史学』三九、二〇〇三年）、ｃ「『参天台五臺山記』の研究と古代の土佐国」（『海南史学』四一、二〇〇三年）〔以上、ともに本書所収〕。

（2）手島崇裕ａ「入宋僧の性格変遷と平安中後期朝廷」（『八―一七世紀の東アジア地域における人・物・情報の交流』（上）、科研報告書〔研究代表者・村井章介〕、二〇〇四年）、ｂ「平安中期国家の対外交渉と摂関家」（『超域文化科学紀要』九、二〇〇四年）。

（3）註(1)拙稿ｃ。

（4）高田義人「『朝野群載』写本系統についての試論」（『書陵部紀要』五四、二〇〇三年）。

（5）王麗萍「宋代の公凭について」（『宋代の中日交流史』勉誠出版、二〇〇二年）による言及があるが、内容の検討や宋側の他の史料との照合などは充分に行われていない。

（6）森克己『日宋貿易の研究』（国書刊行会、一九七五年）三六～四一頁、亀井明徳『日本貿易陶磁史の研究』（同朋舎、一九八六年）一七〇～一七四頁。

（7）本章の元原稿では、①新訂増補国史大系本を柱に、②『大日本史料』、③森註(6)書、④内閣文庫・甘露寺家旧蔵本、⑤同・紅葉山文庫旧蔵本、⑥同・紅葉山文庫旧蔵本〔来暦志本〕〔内閣文庫・慶長御写本〕、⑦宮崎文庫本〔東京大学史料編纂所影写本による〕、⑧宮内庁書陵部蔵葉室本、⑨東山御文庫本、⑩国文学研究資料館史料館所蔵三条西本〔⑨・⑩は宮内庁書陵部〔当時〕の小倉慈司氏より写真版を見せていただいた〕の知見を適宜注記したが、その後、さらに多くの写本を精査した河辺隆宏「『朝野群載』所収宋崇寧四年「公憑」について」（『情報の歴史学』中央大学出版部、二〇一一年）が呈されているので、諸写本の文字の異同などについてはそちらを参照していただくことにし、ここでは校訂案文のみを掲げた。

(8) 註(1)拙稿a。

(9) 『萍州可談』巻二に「凡船至、帥漕与㆓市舶司監官㆒、莅㆓閲其貨㆒、而征㆑之、謂㆓之抽解㆒」とあり、抽解は課税のこと（概ね一〇分の一）、抽買は貨船幾分の収買のことである。

(10) 近藤一成「文人官僚蘇軾の対高麗政策」（『史滴』二三、二〇〇一年）もこの奏状の詳細な分析を試みているが、海外渡航政策としての検討や史料aとの照合はあまりなされていない。

(11) 近藤一成「入宋僧成尋の入国手続について」（福井重雄編『東アジア史上の国際関係と文化交流』〈科研報告書〉、一九八八年）、遠藤隆俊「宋代中国のパスポート」（『史学研究』二一七、二〇〇二年）、王註(5)論文、『参天台五臺山記』に見える文書について」（註(5)書）など。

(12) 石井正敏「『参天台五臺山記』にみえる「問官」について」（註(2)科研報告書）。

(13) 杉井一臣「唐代の過所発給について」（『東アジアの法と社会』汲古書院、一九九〇年）。

(14) 遠藤註(11)論文、王註(5)・(11)論文など。

(15) 註(1)拙稿a。

(16) 註(1)拙稿b。

(17) 『成尋阿闍梨母集』巻一によると、「としごろすくえうにいひたることのかならずかなふを、六十一つゝしむべしといひたるを」とあり、宿曜道の占いにより六一歳で死去するかもしれないという時間的制約が存したので、とにかく六〇歳のうちに入宋し、天台山・五台山巡礼の念願を果たしておきたいという強い意志があったことも考慮しておきたい。

(18) 森克己「戒覚の渡宋記について」（『続日宋貿易の研究』国書刊行会、一九七五年）、橋本義彦「「渡宋記」」（『平安の宮廷と貴族』吉川弘文館、一九九六年）などを参照。

(19) 註(1)拙稿bを参照。

（付記） 史料aの読解に関しては、高知大学教育学部の遠藤隆俊氏（中国宋代史）にご教示を賜り、ご意見を大いに参考にさせていただいた。また本章の元原稿を発表後、池田温氏をはじめ、いく人かの方々からご教示を賜り、ご意見を参照させていただいている。末尾ながら、これらのご教導に深謝の意を表したい。

第二部　巡礼僧の系譜

第一章　入宋僧成尋の系譜

はじめに

延久四年（一〇七二＝宋・熙寧五）三月十五日、天台宗寺門派の大雲寺主成尋は随行僧七人とともに肥前国松浦郡壁島で宋商人曾聚らの船に乗り、中国天台山、五台山への旅に向かった。時に成尋は六〇歳で、この宋代中国への旅の様子は彼の筆になる入宋記録『参天台五臺山記』八巻によってその詳細が判明し、九世紀中葉の承和度の遣唐請益僧として入唐し、唐に滞留・求法を続けた円仁の『入唐求法巡礼行記』四巻に優るとも劣らない情報を教えてくれる。成尋自身は宋に滞留し、元豊四年（永保元＝一〇八一）十月六日に北宋の都開封で死去したが、[1]熙寧六年六月十二日に五人の弟子たちを先行して日本に帰国させた時、全四七〇日間（一日間のみ記事がない日がある）の旅程を記した『参記』が託され、今日入宋僧の巡礼の詳細を知る唯一のまとまった史料として斯界に考察材料を呈しているのである。

円仁が入唐求法する契機になった承和度の遣唐使は実質上最後の遣唐使渡海例であったが、この前後から増加しつつあった新羅商人、次いで唐商人の頻繁な来航を背景として、以後遣唐使事業という公的通交に依拠しない彼我往来が可能になり、[2]恵蕚・恵運・円珍・真如・斉詮（『三代実録』・『扶桑略記』元慶元年（八七七）閏二月十七日条）など入唐求法を敢行する僧侶が陸続することになった。承和度の後には寛平度の遣唐使派遣が計画されるが、実現できないままに、[3]九〇七年唐の滅亡を迎え、遣唐使や入唐求法僧の系譜は終わりを告げる。

こうした入唐求法僧については、円仁の『入唐求法巡礼行記』程ではないにしても、それぞれに関係史料が存し、基礎的史料の集成とそれらをふまえた研究成果が蓄積されており、多くの優れた考察が行われている(4)。彼ら入唐求法僧の系譜終了後、十世紀以降にも中国に渡航する僧侶は続き、寛建・日延、そして奝然―寂照―成尋という入宋僧の系譜が出現することになるのである。これらの中では『参記』を残した成尋以外にはまとまった渡航記録がなく、入宋僧に関してはそれなりの研究蓄積があるものの(5)、古代日中関係史の総体から見て、基礎的史料の集成や研究の深化は必ずしも十全ではないと言わねばならない。

そこで、本章では入宋僧成尋や『参記』の検討の前提として(6)、成尋に至る十世紀以降の渡海僧について、関係史料の集成や中国での活動の様相整理に努めたいと考える。遣唐使事業における留学・請益僧の派遣、円仁以後の入唐求法僧の出現を経て、十一世紀末の成尋以降、中世にまで連綿として続く中国への渡航者をつなぐ存在として、成尋に至る巡礼僧の系譜を押さえておくことは、日中関係史の通時的理解構築には不可欠の作業であり、依然として研究蓄積が不足する平安時代史や当該時期の外交・通交史の考究に何がしかの貢献ができるのではないかと期待されるところである。

一　寛建と日延

十世紀初頭の唐滅亡後、最初に中国渡航を果たしたのは興福寺の寛建とその一行であった。成尋が朝廷に入宋の許可を申請した『朝野群載』巻二十延久二年(一〇七〇)正月十一日僧成尋請渡宋申文には、「天慶寛延、天暦日延、天元奝然、長保寂照、皆蒙二天朝之恩計一、得レ礼二唐家之聖跡一」と、自らの先達の名前が挙げられているが、天慶の寛延の件はここにしか見えず、これは寛建の誤りであると考えられている。(7) そこで、寛延＝寛建と解して、寛建らの関係史料を掲げると、次の如くである。

I―01『扶桑略記』延長四年（九二六）五月二十一日条

召二興福寺寛建法師一。於二修明門外一奏請、就二唐商人船一入唐求法、及巡二礼五臺山一。許レ之。又給二黄金小百両一以充二旅資一。又請二此間文士文筆一。菅大臣・紀中納言・橘贈中納言・都良香等詩九巻、菅氏・紀氏各三巻、橘氏二巻、都氏一巻。但件四家集、仰二追可レ給。道風行・草書各一巻、付二寛建一令レ流二布唐家一。可二相従入唐一僧幷雑人等、従僧三口・童子四人・近事二人。勅遣二元方於左大臣宿所一、寛建法師入唐之由、宜レ遣二書大弐扶幹朝臣許一、可レ仰二其旨一。

I―02『扶桑略記』延長四年六月七日条

依レ有二院仰一、勅奉二黄金五十両一。此為レ給二入唐求沙門寛建一也者〈已上出二御記一〉。

I―03『日本紀略』延長五年正月二十三日条

僧寛建等賜二大宰府牒一。欲レ赴二大宋国福州府一、為レ巡二礼五臺山一也。

I―04『宋史』日本国伝　＊後梁・龍徳年間（九二一～九二三）

（上略）次仁和天皇、当二此土梁龍徳中一、遣二僧寛建等一入朝。（下略）

I―05「奝然在唐日記」逸文（『鵝珠抄』二所収）(8)　＊長興年中（九三〇～九三三）

彼在唐記云、従二左街天寿寺一日本国照遠大師賜紫超会来レ房。問訊、和尚是日本延喜中与二寛建大徳等一共入レ唐。即寛建・寛補・澄覚・長安・超会等十一人也。寛建上人於二建州浴堂一悶了。澄覚等長典〔興カ〕年中入レ京、詣二五臺山一、及遍礼二諸方聖跡一、到二鳳翔長安・洛陽城等一。其後澄覚学二漢語一、講二唯識論・上生経等一、賜二紫資化大師賜紫号一。

有㆓帰朝之心㆒、遠去㆓両浙㆒。寛補左京弘㆓瑜伽大教㆒、賜㆓弘順大師号㆒。当京元無㆑弘㆓真言教㆒、寛補来後弘㆓密教㆒。教㆓授灌頂㆒弟子三十余人。逝去之後数年。超会雖㆑有㆓談話志㆒、本朝言語皆以忘却。年八十五云々。

I—06『参記』巻六熙寧六年（延久五＝一〇七三）二月十五日条

（上略）三蔵令㆑送㆓見蔵本諸教壇図一巻㆒。披㆓見金剛界諸尊別壇図㆒也。皇日記云、午〔于カ〕㆑時長興三年四月内於㆓洛京敬愛寺内㆒写得畢。日本国持念弘順大師賜紫寛補記㆑之。恵文記。大平興国五年五月日。熙寧四年仲冬。開宝迎福院左街弐録訳経文鑒大師用寧字宗厚東斎題。寛補是朱雀院御時与㆓寛建・超会等十一人㆒来㆓唐国㆒人也。瑜伽大教、大教興㆓大唐㆒、従㆓寛補㆒受㆓灌頂㆒人卅余人云。奝然法橋日記依㆓超会大師語㆒所㆑記也。超会云、入唐五十年、生年八十五云々。（下略）

I—07『善隣国宝記』天徳三年（九五九）条

楚帖曰、五代後周世祖顕徳五年、歳在㆓戊午㆒、有㆓日本国伝瑜伽大教弘順大師賜紫寛補㆒。又云、本国都城南五百余里有㆓金峰山㆒、頂上有㆓金剛蔵王菩薩第一霊異㆒。山有㆓松檜名花軟草㆒、大小寺数百、節行高道者居㆑之。不㆔曾有㆓女人得㆒㆑上。至㆑今男子欲㆑上、三月断㆓酒肉欲色㆒、所㆑求皆遂云。菩薩是弥勒化身、如㆓五臺文殊㆒。又東北千余里有㆑山、名㆓富士㆒、亦名㆓蓬萊㆒。其山峻、三面是海、一朶上聳。頂有㆓火烟㆒、日中上、有㆓諸宝流下㆒、夜即却上。常聞㆓音楽㆒。徐福止㆑此、謂㆓蓬萊㆒。至㆑今子孫皆曰㆓秦氏㆒。彼国古今無㆓侵奪者㆒、龍神報護。法不㆑殺㆑人。為㆑過者、配㆓在犯人島㆒。其他霊境・名山、不㆑及㆓一一記㆒㆑之。

寛建一行の渡海年次に関しては、01〜03が延長年間、04・05が延喜年間、06が朱雀天皇の代（在位延長八＝九三〇〜天慶九＝九四六）と分かれるところであるが、ここでは01〜03により延長五年渡航で、その後05の如き活動を展開したものと見ておきたい。06によると、成尋は上述の「天慶寛延」と同じく、彼らの渡海を朱雀天皇代（天慶の年号を含む）と解したようであるが、『参記』巻四熙寧五年十月十四日条で成尋は宋皇帝に『奝然日記』四巻と『入唐求法巡礼行記』三巻（第四巻は会昌の廃仏に言及しているので、除外した）を捧呈しており、05末尾と06末尾を比べると、自身も入宋の参考に『奝然日記』を熟読していたと考えられるから、05と06の寛建の渡航年次の矛盾に気づかなかったのはやや不審である。ともかくも寛建一行は九六〇年宋成立以前の五代十国の時代の中国に足跡を印し、それは後梁（九〇七〜九二三）、後唐（九二三〜九三六）、後晋（九三六〜九四六）、後漢（九四七〜九五〇）、後周（九五一〜九六〇）のうちの後唐の頃であった。

興福寺は南都六宗の中でも『瑜伽論』や『成唯識論』などを研究する法相宗の中心であり、05・06によると、寛建一行の者は法相宗（唯識宗）に通暁していたようである。01では彼らの渡海目的は入唐求法と五台山巡礼であったと記されており、求法の方の内容は不明であるが、五台山巡礼は恵蕚や円仁以降の渡海僧が概ね企図するところであり、そうした流れに即したものであったのだろう。

ところが、05によれば、03で福州方面を目指した寛建一行は、渡海直後に建州で寛建が死去するという悲運に見舞われている。01〜03を見ると、寛建一行の渡海は国家による財政支援を受け、大宰府牒の発給など、国家の承認を得て行われたものであることが知られ、当時の著名な文人・名筆家の作品を中国に誇示するという目的も存したのである(9)。また07によると、日本事情を伝達するという役割も果たしている。しかしながら、寛建の死去によってこの求心力は失われたようであり、当初の目的に即したその後の活動は不明とせねばならない。

但し、一行の中には五台山巡礼の目的を遂げた者がいた。それが05・06の寛補・澄覚・超会らである。このように師が死去した後も弟子たちが中国に滞留して活動を続ける事例としては、『入唐五家伝』真如条所引唐・景福二年（寛平五＝八九三）閏五月十五日在唐僧好真牒に見える好真の場合が知られ、好真は良師大徳に随従して入唐したが、

「不幸和尚在唐遷化、好真因修駐留陪講了」と、滞在を続けて、崇福寺長講経律弘挙大徳の来日を実現するなど、彼我を結ぶ活躍を展開している。寛補らが当時の首都洛陽に入り、五台山巡礼を遂げたのは、後唐の李嗣源（明宗）治下のことであり、明宗は五代の諸帝中では後周の柴栄（世宗）と並ぶ名君とされ、比較的安定期であった。とはいうものの、五代十国の激動期にあって、寛補らは日本に通信することもできず、超会の如く、五〇年間も滞在する仕儀になってしまった。中国に滞留して日本に戻らなかったという点では、彼らは成尋の系譜につながる人々であったと位置づけることができよう。

05によると、彼らに帰朝の意志がなかった訳ではないようであるが、結局日本への帰還は実現不可能で、寛補らは中国に滞留することになった。奝然以下の入宋僧はいずれも中国語ができなかったとされているが(10)、中国に滞留した彼らはさすがに中国語を自得し、「本朝言語皆以忘却（05）」という程、中国語に親しんだのである。この語学力を生かし、澄覚は唯識論・上生論などを講じ、寛補は瑜伽大教を弘法して大師号を得たといい、寛補はまた真言密教の灌頂を行って弟子三十余人を育成するという事績を残した。06には長興三年（承平二＝九三二）に洛陽敬愛寺で寛補が書写した金剛界諸尊別壇図が転写され、成尋の披見に供されたことが記されている。

また05によれば、超会は最終的には開封の左街天寿寺に居住しており、五代十国の混乱を乗り切って宋代まで中国の有様を体験したことになる。『宋東京考』巻十五によると、天寿寺は後の景徳寺に相当し、「在麗景門外迤東。周順徳五年、以相国寺僧多居隘、詔就寺之蔬圃、別建下院、賜額天寿寺、俗呼東相国寺。真宗景徳二年、改名景徳寺。後有定光釈迦舎利甎塔。累経兵燹河患、久為平地矣」と説明されている。景德寺は『参記』にはあまり登場しないが、巻六熙寧六年正月八日条に「次景徳寺僧一人出文字来拝、令喫茶湯畢。名行興慈氏大聖院主者」、正月二十五日条「左街景徳寺慈氏大聖院比丘雄戩来拝。天台山大慈寺普賢懺堂住僧也。日本国元燈和尚弟子也者」などと見える。後者に記されている元燈は後述の寂照の弟子であり、こうした日本僧が景徳寺の僧と関係を有しているのは、あるいは超会の先蹤によるものなのかもしれない。

『参記』巻五熙寧五年十二月二十九日所引『楊文公談苑』には、「呉越銭氏多因二海舶一通レ信。天台智者教五百余巻有レ録而多レ闕。賈人言、日本有レ之。銭俶置二書於其国王一奉二黄金五百両一求二写其本一尽得レ之訖。今天台教布二江左一」とあり、江南の十国の一つ呉越が日本に遣使して経典書写を求めたことが記されている。これは次の日延の渡海に関連する事柄と考えられるが、五代十国の混乱の中で中国の内・外典が多く失われたことを示しており、遣唐使の時代に日本側が輸入した書籍・経典が中国に環流するという「ブックロード」の逆転現象が起きたことが知られる(11)。成尋も経典六百余巻を携えて入宋しており、『参記』の随所に宋僧に経典を貸し出す場面が見られ、また仏教に対する理解も自分の方が上だという意識が散見している(12)。

こうした日本僧の方が中国の僧侶よりも学識が上だとする認識は、唐代末期、五代十国の激動の時代や経典散逸によって醸成されたものと考えられ、05・06の寛補らによる唯識論・瑜伽大教の布教も、このような環境の下に可能になったと見なされよう。『参記』巻七熙寧六年三月三日条には、「諸大乗師当時名僧也。以二筆言一問二答諸宗人々一也。花厳宗二人師号、耆年有智人也。法相宗人々、亦以高僧等也。北地無二天台宗人一。律宗・理性宗多々也」と、成尋とともに祈雨修法に与った人々の宗派が記されているが、天台山国清寺の存する江南方面とは異なり、開封付近では律宗や理性宗（法相宗）が盛んであったことが知られ、これもあるいは寛補らの活動に淵源を発するものなのかもしれない。ともかくも、中国において新たな求法を行うよりは、五台山の聖地巡礼やむしろ中国僧に仏教の深理を伝授するという新たな活動のあり方は、成尋につながる系譜の先蹤をなすものと評することができよう。

以上の寛建一行に続いて、十国の呉越に赴いたのがⅡ日延である。その関係史料を掲げると、次のようになる。

Ⅱ—01『拾遺往生伝』中
散位清原正国者、大和国葛下郡人也。少好二武芸一、无二悪不一レ造。生年六十一、俄以出家〈法名覚入〉。其後毎日修二念仏一十万遍、已及二廿七年一。偏慕二往生一、無レ有二余念一。而間夢入唐上人日延来告云、汝欲レ往二生極楽一、可レ往二高野山一者。仍偏信二此夢一、寛治七年九月廿三日、忽登二高野山一。（下略）

Ⅱ—02『扶桑略記』応和元年（九六一）十一月二十日条所引宝篋印記（『平安遺文』題跋編一三七号にもあり）
（上略）但当州沙門日延、天慶年中入唐、天暦之杪帰来、即称二唐物一付二属是塔一之次、談云、（中略・呉越王弘俶の故事）是其一本也云々。（下略）

Ⅱ—03『平安遺文』題跋編二五一七号宝篋印陀羅尼経奥書
天下都元帥呉越国王弘俶印宝篋印経八万四千巻在二宝塔内一供養、顕徳三年丙辰歳記。／大唐顕徳三年丙辰歳記者、日本国天暦十年丙辰歳也〈日延上人持来呉越国王八万四千宝塔内安置経伝写耳、於二比叡山延暦寺上智房一奉レ写之、為レ後記レ之〉。（下略）

Ⅱ—04『平安遺文』題跋編一六一七号往生西方瑞応伝奥書
天徳二年〈歳次戊午〉四月十九日〈庚辰木曜觜宿〉延暦寺渡海沙門日延大唐呉越州称日賜紫恵光大師勧進伝持写之伝焉。（下略）

Ⅱ—05『平安遺文』四六二三号大宰府政所牒案（天喜初年頃か）
（上略）前入唐僧日延天暦七年為下天台山宝幢院平等房念大和尚、依二大唐天台徳韶和尚書信一、繕二写法門一度送之使上、属二越人蔣承勲帰船一、渉二万里之洪波一、望二四州之台岳一。其時主計頭三道博士賀茂朝臣保憲奏二聞 公家一云、「諸道博士皆依二不朽之経籍一、各勤二当時之研精一。但至二于暦道一者、守二改憲新術一、随二観象変通一。是以唐家毎レ移二一度斗暦一改憲。去貞観元年重明暦経来用之後、及二百卅余年計一也。大唐有二改作之暦経一歟、無二人通一レ伝、新暦不レ来。今件遣唐法門使日延、為二故律師仁観之弟子一、最有二便宜一、訪二習暦術一状、冀宜下仰二日延一被上レ令レ尋二伝新修暦経一」者、随則賜二勅宣一。日延寸レ心含レ忠、服斉不レ忌、渡レ海入唐、参二着呉都一。王者計二細随身法門一、歓喜感忻喧明、賜以二紫衣一、准二内供奉一。日延経二松容一之後、申三請尋二習新修暦術一、賜二許諾一、宜下仰二司天台一早令中伝習上者。即出二所持御金八十両一、入二司天台一、尋二学新修符天暦経幷立成等一、兼亦受下伝所レ未レ来二本朝一内外書千余巻上。以二去天暦十一年十月廿七日一改元以来云二天徳元年一、随身帰朝。即与二　勅使蔵人源是輔一、相二共駅伝一入レ京、依レ数献納。公家御覧之後、暦経者被レ下二預保憲朝臣一、法門者被レ上二送台嶺学堂一、外書春秋要覧・周易会釈記各廿巻等者被レ留二置江家一已了。又在唐之間日記、召二式部大輔橘朝臣直幹・文章得業生藤原雅材等一、被レ令レ試二問真偽一、所二陳申一皆須レ状矣。仍天暦聖主殊垂二哀憐一、賜二僧綱宣旨一又了。然而日延者身固辞、遁世隠居、為レ巻二寰貧之老親一、相二尋水木之便宜一、提携下向、留二淫当境一。遂以二康和年中一、奉二為九条右丞相聖霊成等正覚一、建二立一道場一、号曰二大浦寺一。近峙二府家之鎮山一、専仰二仏力於護国一。其後参議大弐小野卿・藤原卿立二庁判一、限二永年一被レ定二置近国仕丁二人一、令レ芸二苔徑之草一、不レ従二山門之蹤一。又少弐兼筑前守藤原朝臣忠邦、以二自捧〔俸カ〕料一買二得藤原兼光・佐伯承頼等給田十三町九段余歩一、相二博公田一、永以施入、申成二府符一、為二不輸祖〔租カ〕田一、以宛二仏聖供澄油料一矣。当初日延於二壇上仏前一、誓言起請云、執二行当寺之務一、宜レ依二相承之譲一。若有下横成二競望一之輩上者、経二訴府庁一、早可二停止一。努努久守二不朽之跡一、勿レ絶二師資之風一。即日延・聖遍・仁変・壱因・盛覚・聖快、如レ次譲来為二座主職一、草創以来百余歳、他門客僧未二交来一。（下略）

渡海僧に日延なる者がおり、十世紀中葉頃のことであった点は01〜04によって知られていたが、その詳細が判明したのは05の紹介によってであった。(13) 05は大宰府下の大浦寺（所在地未詳）の入源の申請により、入源の寺務執行を認可する大宰府政所牒案で、後欠のため年次不明であるが、記載内容から考えて、天喜初年頃のものと見られている。この大浦寺の創建者が日延であり、それは呉越から帰朝後の康保年間（九六四〜九六七）のことであったという。大浦寺建立の目的は「奉㆓為九条右丞相聖霊成等正覚㆒」と見え、日延は藤原師輔とのつながりを有したようである。

05によると、日延は「為㆘天台山宝幢院平等房念大和尚、依㆓大唐天台徳韶和尚書信㆒、繕㆓写法門㆒度送之使㆖」と記されており、日本の延暦寺と中国の天台山を結ぶ役割を担って派遣されたことが知られる。彼の地の天台山は日本の天台宗の開祖最澄以来の故地となり、歴代の入唐求法僧の参詣・関係維持が図られていた。宋・天台山側の「繕写法門」の要請は、五代十国の争乱による経典散逸を復旧するためのものであり、上掲『楊文公談苑』に記された呉越王による天台教の修復に関わる通交と解することができよう。そして、このような中国側の要望を伝えたのは、05で日延が渡海に利用した蔣承勲の来日であったと考えられる。彼に関しては次のような史料が存し、既に何度か彼我往来を行っていた人物であることが知られる。

a『日本紀略』承平五年（九三五）九月□日条

大唐呉越州蔣承勲来、献㆓羊数頭㆒。

b『公忠朝臣集』

承平五年十二月三日から物の使に蔵人左衛門尉藤原親盛かまかりけるに餞し侍とて。別るゝか侘しき物はいつしかとあひみん事を思ふなりけり。

c『日本紀略』承平六年七月十三日条

大宰府申㆓大唐呉越州人蔣承勲(14)・季盈張等来著之由㆒。

d『日本紀略』承平六年八月二日条　＊左大臣は忠平（八月十九日に太政大臣）

左大臣贈二書状於大唐呉越王一。

e『日本紀略』承平七年十月十三日条

同日、仰下太宰府応上写二進大唐今年・来年暦本一。

f『本朝世紀』天慶元年七月二十一日条

此日、太宰府貢二上羊二頭一。是大唐商人所レ献也。

g『貞信公記』天慶元年八月八日条　＊故右大臣は藤原恒佐で、有相・真忠はその子息

故右大臣所レ得唐物、砂金只今無二彼家一、借二申蔵人所一。仍借二給二百両金一。若不二早補一、可レ仰二有相・真忠等位禄一也。仰二相職朝臣一。

h『本朝世紀』天慶元年八月二十三日条

又今日、下二太宰府一官符一通、於二陣座一覧上遣下二参議藤原顕忠朝臣於結政所一捺印上也〈故少監物源興国請二取唐人蔣承勲貨物一、不二返行一死去。仍以二府庫布一准給之状。〉。

i『日本紀略』天慶三年七月□日条　＊左大臣は仲平

左大臣贈二書状於大唐呉越王一。

j『本朝世紀』天慶八年七月二十六日条

今日、唐人来二着肥前国松浦郡柏島一。仍大宰府言上解文在レ左。（中略・呉越船の来着状況）蔣袞申送云、以二去三月五日一始離二本土之岸一、久□滄海云々。（下略）

k『貞信公記』天慶八年七月二十九日条

中使好古朝臣来云、延喜十一年制後、唐人来着度々符案令レ見。即令レ奏云、過二期□〔限カ〕一、早可二安置一也。

l『貞信公記』天慶九年二月二十三日条

唐物少許択留、□〔其〕余返奉。

m『本朝文粋』巻七

為二清慎公一報二呉越王一書〈加二沙金送文一〉。　　後江相公。

蔣袞再至、枉二一札一、開レ封捧読、威佩駭レ懐、筆語重畳、不レ異二面展一。幸甚幸甚。袞等逆旅之間、聊加二慰問一。辺城程遠、恐有二疎略一。今交関已畢、帰帆初飛。秋気涼。伏惟大王、動用兼勝、即此其祖遣。又所レ恵土宜、有レ憚二容納一。即恐二交於境外一、何留二物於掌中一。然而遠志難レ拒、忍而依領。別贈二答信一。到宜二収納一。生涯阻レ海、雲濤幾重、南翔北嚮。難レ付二寒温於秋鴻一、東出西流、只寄二瞻望於暁月一。抑去四月中、職昇二左相府一、今見二封題一、在二未レ転前一。左右之間、願勿二遅疑一。勒二袞等還一。不宣謹言。

天暦元年閏七月廿七日　　日本国左大臣藤原朝臣。

n『本朝文粋』巻七

為二右丞相一贈二太唐呉越公一書状。　　菅三品。

蔣丞勲来、投二伝花札一。蒼波万里、素意一封、重以二嘉恵一、歓惕集レ懐。抑人臣之道、交不レ出レ境。錦綺珍貨、奈二国憲一何。然而志緒或織二叢竹之色一、徳馨或引二沈檀之薫一。受レ之則雖レ忘二玉条一、辞レ之恐謂レ嫌二蘭契一。強以容納、蓋只感二君子親レ仁之義一也。今抽二微情一、聊寄二答信一。以レ小為レ遺、到願検領。秋初涼。伏惟動履清勝。空望二落日一、長繇二私恋一而已。勒二丞勲還一、書不レ尽レ言。謹状。

天暦七年七月　日　　日本国右大臣藤原朝臣謹言。

些か煩雑ではあるが、交易状況のわかるものを含めて、関係史料を掲げてみた。j〜mの蔣袞は他に見えないが、宋商人には複数の名前を用いる例があり、[15]この間呉越から一貫して来日し、忠平・仲平・実頼・師輔ら摂関家の人々と交流を持っている点から考えて、この蔣袞は蔣承勲と同一人物ではないかと推定しておきたい。このように、蔣承勲はaを初見として、二〇年近くの間日本との交易や呉越王と摂関家の仲介を行う活動を展開しているのである。mによると、昇任前の実頼の右大臣在任もきちんと承知しており、日本の国内事情に通じていたことが窺われる。そして、nによれば、05に日延の渡海時にちょうど蔣承勲が帰国するところであったことも知られる。

05によると、日延の渡海はまた符天暦経・立成という新しい暦の知識将来の使命を帯びたものであった。『三代実録』貞観三年（八六一）六月十六日条で長慶宣明暦を採用して以後、中国では何度か暦の改訂が行われていたにもかかわらず、日本では遣唐使の途絶や中国の混乱に伴う学術情報の欠如により、長らく暦の改訂を行っていなかった。しかしながら、eには中国の暦の参照が企図されているように、日本側には最新の暦法に対する関心が存したのである。そこで、日延の渡海に際して、暦道の賀茂家の基礎を固めた保憲は新暦法の将来を要請している。日延は「為二故律師仁観之弟子一、最有二便宜一訪二習暦術一状」と、暦法にも通暁していたので、新暦作成の技術を含めた導入が可能だったのであり、暦家賀茂氏の学業確立に資することができた次第であった。[16]

以上の如く、日延の渡海は国家的使命を帯するものでもあったが、当初の延暦寺による派遣の意志が実現した背景として、摂関家との関係に留意したい。時の天台座主慈念（延昌）は『天台座主記』に「仁観律師受法弟子、元法性寺座主」とあり、日延と相弟子であったことが知られ、これが日延の人選に関わると考えられる。また法性寺は藤原忠平が開基した寺院で、慈念は摂関家とのつながりが深かったようである。延昌が慈念の諡号を賜ったのは天元二年（九七九）八月十七日で、これは当時の座主良源（慈恵）の奏上によるものであったが、良源は藤原師輔の子尋禅を入室弟子とし、摂関家子弟が天台座主になる先蹤を開いた人物であり、延暦寺と摂関家の関係はさらに緊密になっていく。

したがって日延の渡海は、摂関家と関係を有する蔣承勲の来日、忠平以来摂関家とつながりを持つ天台座主慈念による延暦寺と中国の天台山との関係維持、そしてこれらを結節する右大臣藤原師輔の呉越との通交の意志があって初めて実現したものであったと考えられよう。それ故に、帰朝後の日延は師輔の冥福を祈るための造寺を行っているのである。m・nによると、摂関家の人々は九世紀に定立された「人臣無二境外之交一」の原則[17]に配慮していたものの、唐物の入手や外国との通交の魅力には抗し難かったと思われ、呉越王の献納品を受領し、蔣承勲に返書を託している。日延の渡海をこのように位置づけると、上述の寛建らについても、寛建が藤原氏の氏寺興福寺の僧であったことに着目すると、当時の摂関家の上首左大臣忠平の意図・支援をふまえた上での渡海であったと見ることができ（I―01も参照）、摂関家による海外との通交掌握という文脈で理解すべきものと考える[18]。

なお、渡海後の日延の活動については、05により呉越に歓迎され、紫衣の賜与・准内供奉の待遇に与ったこと、また新暦の伝習・将来を許可されたことがわかる。また02〜04の経典将来にも貢献しており、これらは延暦寺に納められ、その他の外典は大江家に留置されたという（05）。『参記』巻二熙寧五年閏七月五日条には、国清寺に滞在する成尋が「日本日延詩」を見せられた旨が記されており、日延は国清寺にも足跡を残していた。五代十国の中でも日延の活動範囲は呉超の勢力圏に限られていたようであるが、本章冒頭に掲げた成尋の渡宋中文に登場するように、日延も成尋の系譜につながる重要な人物であったと言えよう。日延は『日本紀略』天徳元年（九五九）七月二十日条「今日、大唐呉越国持礼使盛徳言上書」とある盛徳に随伴して帰朝したものと思われ、盛徳は天徳三年正月十二日条「大唐呉越持礼使盛徳言上書」と、再度来日しており、蔣承勲の次代の通交を担う人物の来航の端緒を開いている。ちなみに、05によると、日延の「在唐之間日記」も存したようであるが、残念ながら今日には逸文さえも伝わらない。

二　奝然の事績

五代十国の争乱が終了し、九六〇年の宋（北宋）による中国統一後、最初に渡海したのが東大寺僧奝然であり、奝然―寂照―成尋と続く入宋僧の系譜の始まりを告げる通交になった。まずⅢ奝然の関係史料を掲げると、次の如くであるが、彼の関係史料は多岐にわたり、入宋の様子に関連するものに絞って整理することにしたい。『参記』巻四熙寧五年十月十四日条によると、成尋は「奝然日記四巻」を宋の朝廷に献上しており、奝然の渡宋記録が存したことが知られる。この渡宋記録は「奝然法橋在唐記」、「奝然入唐記」、「奝然巡礼記」、「奝然在唐記」、「奝然記」などの名称で諸書に引用されているが、逸文の内容は在宋中の出来事を記したもので、さらにその詳細が判明する事項もあるが、本章で整理しようとする入宋の全体像に関わるものは少ないので、これらについては既に集成されたものを参照していただくことにして、[19]省略した。『参記』の中にもⅡ―05の他、巻五熙寧五年十二月二十九日条などに言及があるが、それらも省略した。また奝然帰朝後の朝野を挙げての大歓迎の様子は当時の貴族の日記などに詳しいが、これも『大日本史料』第二編之一の当該箇所にまとめられているので（入宋時については、第一編之二十も参照）、やはり省略に従っている。

Ⅲ―01『本朝文粋』巻十三天元五年（九八二）七月十三日「奝然上人入唐時為レ母修レ善願文」（慶滋保胤作）

仏子奝然至心合掌、而白レ仏言。奝然有二心願一、如来可二証明一。奝然天禄以降、有レ心二渡海一。本朝久停二乃貢之使一而不レ遣、入唐間待二商賈之客一而得レ渡。今遇二其便一、欲レ遂二此志一。奝然願先参二五臺山一、欲レ逢二文殊之即身一。願次詣二中天竺一、欲レ礼二釈迦之遺跡一。但我是罪障之身、血肉之眼、既到二其土一而不レ易。況見二其身一而可レ難。古人云、縦有下為二大山一者上、覆二一簣一以不レ止、終及二万仞一矣。又有下赴二長途一者上、投二咫歩一以不レ留、必届二千里一焉。其積レ功累レ徳、致レ誠専レ心者、無二事不一レ成、無二願不一レ遂。奝然去二難レ去之家郷一、弃二難レ弃之恩愛一、寄二心於無知之域一、委二身於異類之人一。豈不レ哀哉、豈不レ痛哉。然猶不レ顧二軀命一、不レ著二名利一、渡レ海登レ山、忍レ寒忘レ苦、修行是勤、罪根漸減、大慈大悲　釈迦・文殊可二以憐愍一、可二以相通一。仏子自発二此願一、独在二此心一。何況道云俗云、誹謗盧胡者、已千万人。弟子童子、勧誘相従者、纔二三輩。其謗者云、凡入唐求法之人、白宗者弘法大師、天台者伝教大師、皆是権化之人、希代之器也。此外之倫、才名超レ衆、修学命レ世。如二仏子一者、不レ及二古人一之喩、猶不レ可二天之階一矣。定知表二我朝無一レ人也。竊以不レ得レ意人、所レ陳宜レ然。夫非レ魚者、不レ可三以知二魚楽一、非レ我者、不レ可三以覚二我心一。奝然聊露二膽於三宝一、兼解二嘲於衆人一。仏子其行不二必得一レ待二綸言一。縦帰何敢貪二職位一。為是二斗藪一也、為二是菩提一也。若適有二天命一、得レ到二唐朝一、有レ人問レ我、是汝何人、捨二本土一朝二巨唐一、有二何心一有二何願一乎。答曰、我是日本国無才無行一羊僧也。為二求法一不レ来、為二修行一即来也。其詞如レ是者、於二本朝一有二何耻一乎。彼鍾儀之遇二縶囚一也、尚奏二楚楽一、荘舄之得二富貴一也、不レ変二越声一。胡馬非二北風一不レ嘶、越鳥非二南枝一不レ巣。雖二誠禽獣一、猶思二郷土一。況於二人倫一、豈軽二桑梓一乎。仏心有二難レ忍之事一、如来重照見之。老母在レ堂、行年六十。其恩是深、不レ得レ不レ報。（下略）

Ⅲ—02『扶桑略記』天元五年八月十五日条（『朝野群載』巻二十にもあり）

日本国東大寺牒二大唐青龍寺一。伝燈大法師位奝然。牒、往年祖師空海大僧正入朝、受二法恵果大和尚一、聖教東流以降、殆垂二二百載一矣。我朝入覲久絶、書信難レ通。蒼海自隔、雖レ為二一天之参商一、白法是同、寧非二八代之弟子一。件奝然遥趣二大方一、慕二礼聖跡一、潢汙之潤顧二鼇波一而既期、爝火之光望二鳥景一而不レ息。乞也察レ状、将下慰二万里泣レ岐之心一、令上レ得二五臺指南之便一。謹牒。

Ⅲ―03『扶桑略記』天元五年八月十六日条

日本国天台山延暦寺牒二大唐天台山国清寺一。東大寺伝燈大法師位奝然陳状偁、十余年間、有レ心二渡海一。蓋歴二観名山一、巡二礼聖跡一也。適遇二商客一、将レ付二帰艎一。奝然郷土非レ不レ懐、尚寄二心於台嶺之月一。波浪非レ不レ畏、偏任二身於清涼之雲一。往者真如出二潢沠一而趣二中天竺一、霊仙抛二家国一而住二五臺山一。縦雖二庸才一、欲レ追二古跡一。伏望垂二允容一、給二小契一、以為二行路之遠信一者。夫以、二方異レ域、雲水雖レ迥、一味同法、師資是親。件奝然学伝二三論一、志在二斗藪一。願令三万里之飛蓬付二一箇之行李一。以牒。〈已上奝然法橋渡唐牒。〉

Ⅲ―04『本朝文粋』巻九慶滋保胤「仲冬餞二奝上人赴レ唐同賦二贈以レ言各分二一字一」

（上略）倩思二今日遠行一、不レ似二吾土之常例一。往昔緇素非レ一、渡レ海者多矣。聖教未レ伝、或専二誠於求法之年一、王事靡レ塩、或委二命於入覲之節一。如二我師一、浮雲無レ蹤、一去一来、虚舟不レ繫、自レ東自レ西。（下略）

Ⅲ―05『日本紀略』天元五年八月十六日条

天台僧奝然依二本寺牒一入唐。

Ⅲ―06『百錬抄』天元五年十一月今月（今日＝十七日ヵ）条

天台僧奝然入唐。詞人餞送。

Ⅲ―07『善隣国宝記』永観元年（九八三）条（『楊文公談苑』は『参記』巻五熙寧五年十二月二十九日条所引と同文）

釈奝然入宋、太宗太平興国八年也。遂於二汴都西華門外啓聖院一、礼二優塡第二模像一、乃雇二仏工張栄一、模刻而得レ之。太宗詔問二我皇系譜・暦祚一。然答詞詳備、君臣称嘆、賜二紫衣一。雍熙三年、上二台州鄭仁徳船一帰。永延元年也。其優塡模像、見今在二嵯峨清涼院一。楊文公談苑曰、雍熙初、日本僧奝然来朝、献二其国職員令・年代記一。奝然衣レ緑、自云、姓藤原氏、父為二真連一、国五品也。奝然善二筆札一、而不レ通二華言一、有レ所レ問、書以対レ之。国有二五経及釈氏経教一、竝得二於中国一。有二白居易集七十巻一。地管レ州六十八、土曠而人少。率長寿、多百余歳。国王一姓相伝六十四世、文武僚吏皆世レ官。予在二史局一、閲二所レ降禁書一、有二日本年代記一巻及奝然表啓一巻一、因得下修二其国史伝一甚詳上。奝然後帰レ国、附二商人船一、奉二所レ貢方物一為レ謝。案、日本倭之別種也。以下国在二日辺一故上、以二日本一為レ名。或言、悪二倭之名不一レ雅改レ之。蓋通二中国文字一故。唐長安中、遣二其大臣真人一来貢。皆読二経史一、善属レ文。後亦累有二使至一、多求二文籍・釈典一以帰。開元中有二朝衡者一、隷二太学一応レ挙、仕至二補闕一。求レ帰レ国、授二検校秘書監一放還。王維及当時名輩、皆有二詩序一送レ別。後不レ果レ去、歴レ官至二右常侍・安南都護一。呉越銭氏多因二海舶一通レ信。天台智者教五百余巻、有レ録而多レ闕。賈人言、日本有レ之。銭俶至二書於其国王一、奉二黄金五百両一、求レ写二其本一、尽得レ之訖。今天台教大布二江左一。

Ⅲ―08『平安遺文』四五六七〜四五七二号奝然入瑞像五臓記（四五六七号）

（上略）粤有二五臺勝境・天台名山一、雖レ伝二録標題一、奈二滄溟隔闊一。常懸二思想一、志願二礼瞻一、遽レ発二私心一、尋聞二公府一、値二台州之商旅泊二帆檣於日東一。因仮二便舟一、入二唐土一。以二癸未歳《永観元年》八月一日一離二本国一、其月十八日到二台州一。安若陸行、駭之神速、駐二跡於開元寺一。止〔至カ〕二九月九日一巡二礼天台一、訪二智者之霊蹤一、遊二定光之金地一。山奇樹秀、渓濬泉澄。渡二石梁一、瞻二四果之真居一、登二桂嶺一、覩二三賢之旧隠一〈豊干、寒山、拾得〉、栖心莫レ及、行役所レ牽。十月八日発二離天台一、十一月到二新昌県一、心二礼南山澄照大師一。三生所レ製百尺弥勒石像、梵容奇特、虚閣巍峩。以二十二月一前進、経二過杭・越一、渉二歴数州一。十一月十五日至二泗州普光王寺一、礼二大聖一。十二月十九日到二汴京一、泊二于郵亭一。至二廿一日一朝二覲応運統天睿文英大聖至明応孝皇帝於崇政殿一、奏対、蒙レ宣賜二紫衣幷例物一。随侍僧四人、嘉因・定縁・康城・盛算、各授二青褐袈裟及錫束具等一。奏レ伝二聖旨一、於二観音院一安下、供須繁盛、不レ可二具陳一。泊二甲申歳《永観二年》三月十三日一離レ京、往二五臺山一瞻二礼　文殊化境一。蒙　レ宣給二一行裏纏一、逐処津送、以二四月七日一到二代州五臺山大花厳寺菩薩真容院一駐泊。尋而礼謁得二不虔誠一。其日申時菩薩右耳上化出二白光一、移レ時不レ散。僧俗三百来人悉皆瞻覩。至二其月十四日一到二金剛窟一、礼拝而退。登二東臺一、倏忽間聞二雷声一震響浚巡飄雪降雹、其雹大如二雞子一。至二十五日凌晨一、於二東臺一見二一老人一。約年八十、鬚鬢倶白、身被二紫裳一、裹二三山帽一着レ靴、手携二数珠一、領二侍従二人一、遶二龍池一而行。其侍従各年二十来許、一人着二青衣一裹二頭布一、手執二香爐一、一人着二白衣一裹二頭布一、手執二柱杖一。踟蹰而去、不レ知レ所レ在。当日遊二中臺一、有二五色雲現一。同日遊二西臺一、有二瑞鳥霊禽現一。二十三日遊二南臺一、夜至二三更一、時有二聖燈二炬現一。勤拳知レ忝、帰命不レ任、豁二此日之神魂一、副二当年之心願一。盤二桓両月一、澄二息諸縁一、其何郷国須レ還、瓶嚢是挙。以二五月二十九日一発二離五臺一、至二六月二十四日一戴二朝　京闕一。聖情宣問、安尉如レ初。其年十月七日乾明節、弟子二人祈乾・祈明、各受二具戒一。至二乙酉年《寛和元年》三月二日一告二辞　金殿一、而対二龍顔一、蒙　レ宣賜二師号及大蔵経四百八十一函五千四十八巻・新翻訳経四十一巻・御製廻文偈頌、絹帛例物等一、京中差二人舡一部送。仍賜二口券駅料一、及累道州県抽二差人夫一伝送、六月二十七日重届二台州一。於二旧処一戻止、二時所レ瞻、四事無レ虧。而以二台州知州行左拾遺鄭公名〈元亀〉奉レ仏恭勤一、稟二宣安堵一。州民以レ之晒睞、僧侶以レ之接延。台州管内都僧正監壇選練兼開元都団寺主賜紫沙門〈景堯〉承二廉使之指南一、以同道之、見侍往還如レ一、終始不レ移。〈奝然〉、自慶下多生叨二逢像一運上、因聞下往昔優塡国王於二忉利天一雕二刻釈迦瑞像一、顕現既当二於西上一、写貌或到二於中華一、以二日域之遐陬一、想二梵容一而難上レ覩。〈奝然〉遂捨二衣鉢一、収二買香木一、召二募工匠一、依レ様彫鏤。七月二十一日起レ功、八月十八日畢手。（中略）今因二瑞像円就一、入二五蔵一次聊書二来意一、以序二其由一。時皇宋雍熙二年太歳乙酉八月十八日記。（下略）

Ⅲ―09『優塡王所造栴檀釈迦瑞像歴記』

（上略）本朝永観元年八月一日、駕二呉越商客陳仁爽・徐仁満等帰船一渡レ海。（中略）彼朝雍熙三年載二台州客鄭仁徳船一、奉レ迎二請像一耳。本朝永延元年也。

Ⅲ—10『平安遺文』題跋編一四七号大仏頂陀羅尼一巻

此陀羅尼者、渡海巡礼聖沙門〈盛算〉在二大宋国一之時、於二東京右街太平興国寺翻経院訳経三蔵賜紫令遵阿闍梨房一伝得之。雍熙二年乙酉二月朔八日記。

Ⅲ—11『元亨釈書』巻十六

釈奝然居二東大寺一学二三論一、又受二密乗于元杲一。永観元年秋入宋。東大寺送二書青龍寺一、比叡山寄二信天台山一。然持二一書一著二宋地一。太宗太平興国八年也。巡二礼勝地一、歴二観明師一、遂於二汴都西華門外啓聖禅院一、礼二優塡第二模像一、乃雇二仏工張栄一、模刻而得レ之。太宗詔二問我皇系暦祚一。然答詞詳備、君臣称嘆賜二紫衣一。辞上二五臺一。雍熙三年上二台州鄭仁徳舡一帰。永延元年也。然得二大蔵五千四十八巻及十六羅漢画像一。其優塡橕像見今在二嵯峨清涼院一。長和五年卒。

Ⅲ—12『宋史』日本国伝

（上略）雍熙元年、日本国僧奝然与二其徒五六人一、浮レ海而至、献二銅器十余事幷本国職員令・王年代紀各一巻一。奝然衣レ緑、自云二姓藤原氏一、父為二真連一。真連、其国五品品官也。奝然善二隷書一、而不レ通二華言一。問二其風土一、但書以対云、（中略）太宗召二見奝然一、存撫之甚厚、賜二紫衣一、館二于太平興国寺一。（中略）其国多有二中国典籍一、奝然之来、復得二孝経一巻、越王孝経新義第十五一巻一。皆金縷紅羅標、水晶為レ軸。孝経即鄭氏注者。越王者、乃唐太宗子越王貞、新義者、記室参軍任希古等撰也。奝然復求レ詣二五臺一、許レ之、令二所レ過続一レ食。又求二印本大蔵経一、詔亦給レ之。二年、随二台州寧海県商人鄭仁徳船一帰二其国一。

Ⅲ—13『日本紀略』寛和二年（九八六）八月二十七日条（『扶桑略記』は二十五日条とする）

仰二大宰府一、令レ帰二朝入唐僧奝然等一。

Ⅲ—14『小右記』永延元年（九八七）正月二十一日条

入唐師奝然昨夕入洛云々。即参二摂政殿一云々。

Ⅲ—15『続左丞抄』第一永延二年（九八八）二月八日官符（『平安遺文』四五七五号）

太政官符太宰府。応丁為レ使二伝燈大法師位嘉因一重発二遣大唐一令丙供二養五臺山文殊菩薩一兼請乙度新訳経論等甲事。従僧二口、童子二人。右得二入唐帰朝法橋上人奝然奏状一偁、奝然為レ遂二宿願一、去天元五年蒙二允許宣旨一、渡レ海入レ唐、適参二五山一、巡二礼文殊之聖跡一、更観二大宋朝一、請二来摺本一切経論一蔵一矣。抑寔雖レ致二巡礼伝法之功一、未レ遂二財施供養之願一、帰朝之後、雖下馳二願心於五臺清涼之雲山一、繫中供養於一万文殊之真容上、未レ遂二件願心一。因レ之差二嘉因法師一、重欲二発遣一。今件嘉因、久住二東大寺一、苦二学三論无相之宗教一、同往二西唐国一、共受二五部秘密之灌頂一。非三啻学二顕密之法一、兼以解二漢地之語一、然則足レ為二訳語一者也。望請、天恩、下二給宣旨於大宰府一、随二鄭仁徳等帰船一、発二遣大唐一、令下供二養文殊菩薩一、兼請中度新訳経論等上、将下奉レ祈二聖皇宝祚一、且遂中宿願遺余上者。左大臣宣、奉 レ勅、依レ請者。府宜二承知依レ宣行レ之。符到施行。右中弁正五位上兼行大学頭平朝臣。正六位上行右少史穴太宿禰。永延二年二月八日。

Ⅲ—16『日本紀略』永延二年二月八日条（『扶桑略記』もほぼ同文）

入唐帰朝僧奝然差二弟子嘉因幷唐僧祈乾等一奉二大宋国一。

Ⅲ—17『宋史』日本国伝……12に続く部分

（上略）後数年、仁徳還。奝然遣二其弟子喜〔嘉〕因一奉レ表来謝曰、日本国東大寺大朝法済大師賜紫沙門奝然啓。傷鱗入レ夢、不レ忘二漢主之恩一、枯骨合レ歓、猶亢二魏氏之敵一。雖レ云二羊僧之拙一、誰忍二鴻霈之誠一。奝然誠惶誠恐頓首頓首死罪。奝然附二商船之離岸一、期二魏闕於生涯一、望二落日一而西行、十万里之波濤難レ尽、顧二信風一而東別、数千里之山嶽易レ過。妄以二下根之卑一、適詣二中華之盛一。於レ是宣旨頻降、恣許二荒外之跋渉一、宿心克協、粗観二宇内之瓌奇一。況乎二金闕暁後一、望二堯雲於九禁之中一、巌扃晴前、拝二聖燈於五臺之上一。就二三蔵一而稟レ学、巡二数寺一而優游。遂使蓮華廻文、神筆出二於北闕之北一、貝葉印字、仏詔伝二於東海之東一。重蒙二宣恩一、忽趁来跡。季夏解二台州之纜一、孟秋達二本国之郊一、爰隷二明春一、初到二旧邑一、緇素欣待、侯伯慕迎。伏惟陛下恵溢二四溟一、恩高二五嶽一、世超二黄・軒之古一、人直二金輪之新一。奝然空辞二鳳凰之窟一、更還二螻蟻之封一、在レ彼在レ斯、只仰二皇徳之盛一、越レ山越レ海、敢忘二帝念之深一、縦粉二百年之身一、何報二一日之恵一。染レ筆拭レ涙、伸レ紙揺レ魂、不レ勝二慕恩之至一。謹差二上足弟子伝燈大法師位嘉因幷大朝剃頭受戒僧祚乾等一拝レ表以聞。称二本国永延二年歳次戊子二月八日一、実端拱元年也。又別啓、貢二仏経一、納二青木函一。琥珀・青紅白水晶・紅黒木槵子念珠各一連、並納二螺鈿花形平函一。毛籠一、納二螺杯二口一。葛籠一、納二法螺二口・染皮二十枚一。金銀蒔絵筥一合、納二髪鬘二頭一。又一合、納二参議正四位上藤原佐理手書二巻及進奉物数一巻・表状一巻一。又金銀蒔絵硯一筥一合、納二金硯一・鹿毛筆・松烟墨・金銅水瓶・鉄刀一。又金銀蒔絵扇筥一合、納二檜扇二十枚・蝙蝠扇二枚一。螺鈿梳函一対、其一納二赤木梳二百七十一、其一納二龍骨十橛・螺鈿書案一・螺鈿書几一一。金銀蒔絵平筥一合、納二白細布五匹一。鹿皮籠一、納二貂裘一領一。螺鈿鞍轡一副、銅鉄鐙、紅糸鞦、泥障、倭画屏風一双、石流黄七百斤。

Ⅲ—18『小右記』正暦元年（九九〇）七月二十日条……周文徳の船で帰朝[20]

義蔵闍梨・覚縁上人来談之次云、唐人舟一艘〈千五百石〉着岸。法橋奝然弟子去々年属二唐人一入唐、今般彼唐人及弟子法師等同以帰朝云々。

Ⅲ—19『日本紀略』正暦二年六月三日条

奝然法橋弟子僧奉レ迎二唐仏一入洛。

Ⅲ—20『小右記』（逸文）正暦二年六月四日条

法橋奝然示送云、文殊像昨日被レ奉レ迎二摂政《道隆》第一。以二皇太后宮職〈御曹〉一、過二十一日神今食一、可レ被レ安二置真言院一者。

奝然は東大寺三論宗の僧侶であったが、03・11によると、延暦寺ともつながりを持っていたことが窺われる。後述の寂照に関する史料の中で、『続本朝往生伝』大江定基条には「日本国不レ知レ人。令二奝然渡海一、似レ表レ無レ人、令二寂照入宋一、似レ不レ惜レ人云々」との評言が見え、01で奝然は自らを「日本国無才無行一羊僧」と称しており、これは謙遜を含むとしても、渡宋以前の奝然は必ずしも宗教界を主導する僧ではなかったようである。したがって入宋以前の奝然の事績は不詳の部分が多いが、『親信卿記』天延二年（九七四）五月十日条の季御読経の論議（大般若経）の記事に、「三番、〈答奝然、問源信《山》〉」として登場している。但し、「今日事、以二随喜御導師幷源信論議一諸人称レ美」と記されており、奝然はそれ程目立った存在ではなかったことが窺われよう。

奝然の一行は従僧四人（嘉因・定縁・康城・盛算）、沙弥二人（祈乾・祈明）という構成であり（07）、その行程は表3の通りであった[21]。この奝然の入宋に関しては、出入国に際して天皇の許可を得ていること、宋の皇帝に接見して銅器を献じて日本の風土を説明している（07・12）のは朝貢に准じる礼であることなどから、これを日本朝廷が公的通交の道を探る使命を帯びたもので、入宋僧が国使としての性格を有していた点に留意すべきだとする見解が示されている[22]。しかし、07・12の「王年代記（紀）」については、日本側の諸書に類例を見ない記述もあり、これを奝然が入宋後に皇帝の勘問に備えて記憶を頼りに作ったとする在宋作成説も呈されている[23]。

とすると、入宋前には皇帝との接見などは予想されていなかったことになり、献上品の銅器にしても、皇帝との面

表3　奝然の入宋行程

年次	行程
永観元・八・一	大宰府出発
永観元・八・一八	台州到着。開元寺に滞留
永観元・九・九	天台山に巡礼
永観元・一〇・八	天台山を出発。「宣旨」により台州使とともに上京
永観元・一〇・一一	新昌県で南山澄照大師作の百尺弥勒石を礼し、翌日出発 （この間、杭州・越州など数州を通過）
永観元・一一・一五	泗州普光寺で大聖を礼す
永観元・一一・一八	淮南揚州開元寺で栴檀瑞像を礼拝しようとしたが、南唐の金陵城長先寺や北宋の梁苑城開宝寺を経て、今は開封の内裏滋福殿にあると聞く
永観元・一二・一九	開封到着。郵亭に宿泊
永観元・一二・二一	太宗に謁見。紫衣・例物を賜り、随行の弟子たちも授かる。観音院に安置
永観二・正月中	聖旨により京内諸寺を巡礼。客省丞旨行首張萬と滋福殿に参じ、瑞像を礼拝
永観二・三・一三	五台山に出発。宣により旅装を与えられ、「津送」の便を得る
永観二・四・七	五台山大花厳寺真容院に到着
永観二・四・八	五台山巡礼を開始
永観二・五・二九	五台山を出発
永観二・六・一八	洛京龍門で善無畏三蔵の真身を拝礼
永観二・六・二四	京で太宗から慰問の言を受ける。釈迦瑞像の「移造」を企図（像は内裏西の啓聖福院にあり） （七・八月中～清昭三蔵から両部の灌頂を受ける）
永観二・一〇・七	太宗誕生日に弟子祈乾・祈明が具足戒を受ける
寛和元・二・一八	弟子盛算が梁苑城明聖観音院で開宝寺永安院本の『優塡王所造栴檀瑞像歴記』を写し取る
寛和元・三・二	太宗に面会し、「師号及大蔵経四百八十一函五千四十八巻・新翻訳経四十一巻・御製廻分偈頌、綿帛例物等」を賜与 （この間、口券・駅料を与えられ、伝送の便宜を得て帰途につく）
寛和元・六・二七	台州到着。知州行左拾遺鄭公が宣により安堵し、また州民と僧侶の歓迎を受ける。開元寺士景堯の管下に入る
寛和元・七・二一	釈迦瑞像の製作開始

寛和元・八・一	大蔵経の転読を発心
寛和元・八・一八	釈迦瑞像の完成
寛和二・六	台州商客鄭仁徳の船に便乗し、七・一帰国

見が予定されていた弟子嘉因の二度目の入宋時の携行品（17）と比べると、著しく見劣りがすることは否めない。勿論、奝然は新王朝である宋成立後の最初の渡海者であり、日本の説明を行い、自己の入宋の正当性を示すという意識も存したのであろうが、それを朝貢に近い公的なものと位置づけるのは難しいであろう。[24] 01の奝然の入宋目的、奝然帰朝後の弟子嘉因渡海の際の15の官符を見ても、積極的な外交関係構築の意図は看取できず、朝廷による入宋許可を受けたのは合法的な渡海のための手段であって、また日本の入宋僧を宋側が朝貢使として遇したのも、あくまでも宋側の論理に過ぎないと解するのがよいと考えられる。[25]

奝然の入宋巡礼に関わる事績として最も重要なのは、宋版大蔵経（摺本一切経）の将来と清凉寺式釈迦像と称される新様式の仏像（優塡王所造栴檀瑞像）の伝来である。10によると、弟子盛算も入宋中に経典入手に努めていたようであるが、奝然が将来したのは印本の大蔵経と宋代に進展する新訳経であり（08・12）、帰朝後に再度入宋した弟子嘉因の派遣も新訳経の入手を目的とするものであった（15）点に注目すると、成尋が奝然以降の新訳経を入手する行為（『参記』巻七熙寧六年（一〇七三）三月二十四日条、巻八四月十三日条など）につながる先蹤であったと位置づけることができよう。

成尋が弟子らの帰国に託して将来した新訳経の行方は不明であるが、奝然将来の大蔵経は当初蓮台寺に安置された（『日本紀略』、『小右記』、『百錬抄』永延元年二月十一日条）ものの、『御堂関白記』寛仁二年（一〇一八）正月十五日条によると、この時に奝然の弟子たち（盛算）により時の権力者藤原道長に献上されて二条第に移動され、『日本紀略』治安元年（一〇二一）八月一日条（『左経記』も参照）や『参記』巻七熙寧六年三月二十三日条には、最終的には法成寺に納められたことが知られるから、成尋入手の新訳経も藤原頼通の宇治御経蔵に納められるべきものであったと推定される。こうした摂関家とのつながりという点でも、奝然は成尋に至る系譜の先駆者的存在であった。

そして、奝然将来の釈迦如来像の胎内に収められた文書（08）の一つで、「奝然繋念人名交名帳」と名付けられた小冊子（四五七二号文書）に登場する人名である。その人名は図3の如くであり、彼はこれらの人々の支援を得て愛宕山に清涼寺を建立して、この像を安置しようとしたと考えられる。[26] ここには天皇・皇后をはじめ、藤原氏の九条流・小野宮流の実力者が網羅されているのに対して、源氏がはずされているのは、摂関家への接近を図る奝然の選択があったと評される所以である。[27] 弟子嘉因の二度目の入宋時の献上品が日本朝廷の威信をかけた内容になっている（17）のも、この摂関家による全面的支援を得たればこそのものであった。

上述のように、入宋前の奝然はそれ程傑出した高僧ではなかったようであるが、『小右記』永延元年三月十一日条に「入唐僧奝然給二法橋位一、若依二入唐帰朝一歟」とあり、摺本一切経、新様式の釈迦像、また十六羅漢絵像（『扶桑略記』永延元年二月十六日条）などの将来品が大きな評判を呼び、一気に名声が上がり、摂関家の注目を喚起して、奝然自身も摂関家と協力して自己の入宋成果を最大限に活用・定着しようとしたのであろう。[28]

さて、以上の入宋後の様子をふまえて、奝然の当初の入宋目的や入宋中の宋側の扱いに留意してみたい。まず01によると、奝然の当初計画としては、五台山巡礼を果たした後に、中天竺に赴き、釈迦之遺跡を礼拝することが掲げられていた。この天竺行きの着想については、『鵝珠鈔』下二所引「奝然法橋在唐記」逸文に、「又云、伝智元是日本大宰監藤原貞包〈養鷹〉息也、随二呉越商客一入レ唐、為レ往二西天一乗レ船去、到二瞻城国一酔レ水死」という伝智の試行を知っていたことに基づくものであることが指摘されており、[29] 一応このような立案であったと解される。そして、01では

図3　寛健・日延・奝然・寂照・成尋の関係者（点線は法系を示す）

[dotted box]＝寛建関係者、[dotted line]＝日延関係者

＝＝寂照関係者、[box]＝成尋関係者

――＝「奝然繋念人名交帳」記載の人々

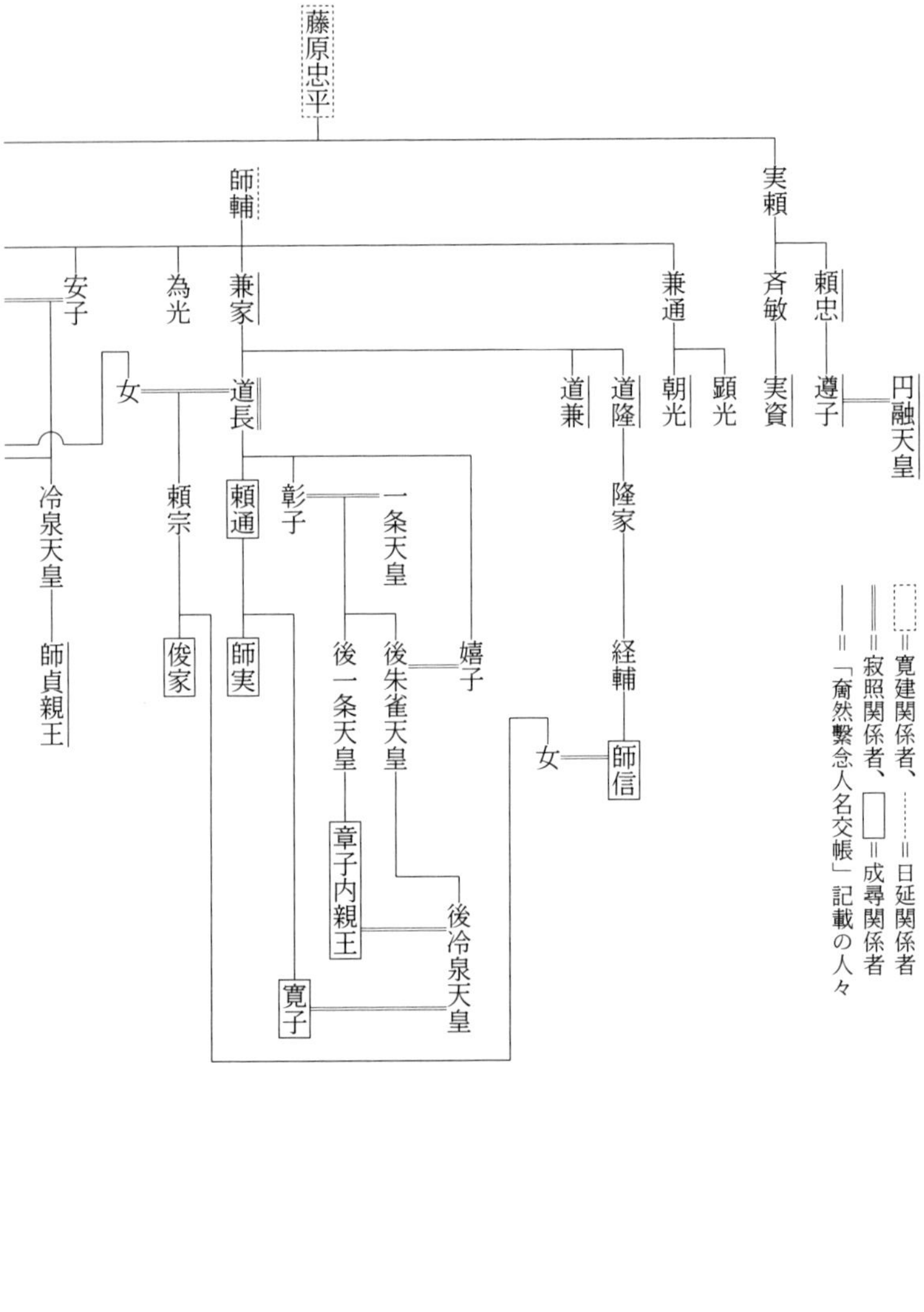

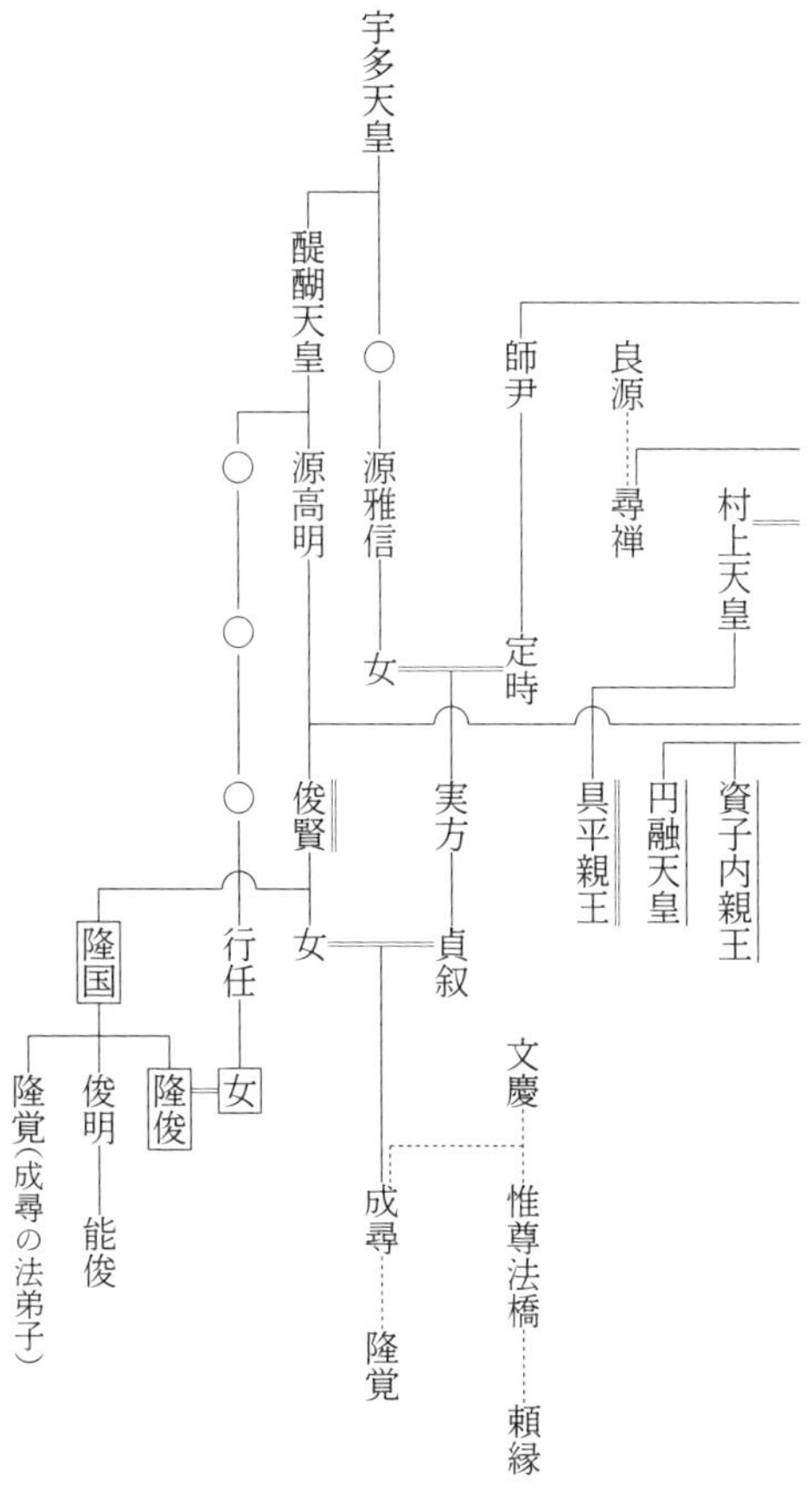

「仏子其行不㆔必得㆓綸言㆒、縦帰何敢貪㆓職任㆒」と称しているが、02・03の東大寺・延暦寺の文書を得て渡海しており、15で「去天元五年蒙㆓允許宣旨㆒、渡㆑海入㆑唐」と、奝然が朝廷の許可を得て出国、入宋したことはまちがいないであろう。ちなみに、01・04に慶滋保胤作の文章が存するように、天台宗にも通じていた奝然は、源信らを慕う文人貴族らとも交流を有しており、延暦寺の使命を託されることが可能であったと見られる(30)。

次に入宋後の奝然に対する宋側の扱いである。奝然が宋の都開封に上京し、皇帝と面見して、日本事情を伝達したことはよく知られており、07・12の如く、それらの情報は『新唐書』・『宋史』の編纂材料にも利用された。但し、08

によって詳しい旅程を整理すると、台州商人の船で渡海したためか、まずは台州にある天台山国清寺を訪れ、聖跡を巡礼した上で、杭州・越州を経由して入京するという手順をとっている。この行程は後の成尋と同様のものであり、成尋の場合は国清寺到着後に五台山巡礼の意志を明らかにし（『参記』巻一熙寧五年六月二日条）、幸いにも五台山行きの許可と上京・皇帝との面謁の勅旨を得ることができた（巻二熙寧五年閏七月六日・七日条）が、当初から上京許可の展望が確実であった訳ではない。奝然に関しても同様の手続きであった筈であり、というよりもむしろ成尋はこの奝然の先蹤に倣って皇帝との面見を指示されたと考えられ、奝然の事績に負うところが大きかったと言わねばなるまい。

奝然と皇帝の面見の様子は07・12に詳しいが、その日本事情伝達のあり方が後の寂照・成尋につながるものであることは別に触れた通りであり[31]、ここでは一々の検討を控える。但し、08に崇政殿で謁見があったのは、宋朝の朝貢使に対する扱いと同様で（成尋は最初の面見は延英殿、辞見の際に崇政殿で対面している〔『参記』巻四熙寧五年十月二十二日条、巻八熙寧六年四月二日条〕。なお、成尋の次に入宋した戒覚も『渡宋記』元豊六年（一〇八三）三月五日条に「依二宣旨一、経二朝見一。便於二崇政殿之前一、賜二紫衣一襲一〈衣・袈裟・裳〉、又出レ闕之後、追賜二香染装束并絹廿疋一」と記している）、成尋の場合と同じく、「蕃夷朝貢条貫」に基づく礼式がとられたものと考えられる。

皇帝面見終了後に、奝然には紫衣と「例物」、随伴した弟子らには褐衣が賜与され、京内の観音院に安下、そして路次の費用を公費で賄われて五台山巡礼を遂げたこと、皇帝の誕生節に弟子が受戒したこと、また法済大師という大師号を与えられたことなど、いずれも後の成尋の先蹤となるものであった。新訳経の賜与も勿論同様であり、様々な点において奝然の得た待遇が宋朝の日本僧に対する処遇の先例になったことを強調しておきたい。

そして、15〜20の弟子嘉因の再度の入宋である。15によると、奝然らが帰朝に利用した鄭仁徳の船が中国に戻る機会をとらえて、五台山の文殊菩薩供養と新たな新訳経論の入手を目的として、中国語を習得した嘉因と上述の宋で受戒を行った祈乾らを派遣しようとしたことがわかる。こうした彼我の連絡回路維持は円珍が唐商人らとの間に構築して以来、延暦寺、日本の天台宗と中国の天台山国清寺との通交という形で継承されてきたが、自らの直弟子を再度送り込む方法は、在唐僧が弟子を日本に帰国させて情報を得るのとは形態を異にし、宋商人の安定的な来航を受けて、奝然以降に始まるものと位置づけることができよう。そこには弟子の育成や自らの法系の安定を企図し(32)、帰国後も中国とパイプを維持することが期待されていたのである。成尋の場合は自身はついに日本に戻らなかったが、先行して一度は帰朝した快宗が、『続資治通鑑長編』元豊六年三月己卯（四日）条に「日本国僧快宗等一十三人見二於延和殿一。上顧二左右一曰、衣二紫方袍一者、何日所レ賜。都承旨張誠一対曰、熙寧中、従二其国僧誠尋〔成〕一対見被レ賜、今再入貢。上曰、非二国人入貢一也。因三其瞻二礼天台一、故来進見耳。並賜二紫方袍一」と、再度入宋していることが知られる(33)（但し、神宗はかつて自分が紫衣を賜与したことなど忘れていたことは興味深く、皇帝にとっての比重如何を窺う材料になろう）。

この嘉因の入宋に際して、日本側は17に記されたような贄を尽くした献上品を持たせており、宋側はこの「朝貢」を受け入れ、嘉因は文殊像を携えて帰朝することができた（19・20）。しかしながら、15の太政官符に見える嘉因の渡海目的や17の奝然の表文には、日本朝廷の公式な通交を仲介するという姿勢は看取できず、その通交はあくまでも巡礼僧を介した間接的外交に踏みとどまったもので、宋側が期待するような国書提出による直接的外交は企図されていなかった点に留意すべきだとする指摘も行われている(34)。この意味でも奝然の入宋は以後の入宋僧の通交形態を規定するものとなり、成尋につながる系譜の先駆者であったと言えよう。

三　寂照の入宋

最後に成尋入宋の至近の先例になったⅣ寂照について、その先駆者ぶりを見ておきたい。寂照は日本に帰国せず、宋で死去したという点で成尋の直接の先蹤となった。寂照の関係史料も多岐にわたるが、前節に倣って、その要諦を摘記する。

Ⅳ—01『日本紀略』永祚元年（九八九）三月七日条

入道前参河守大江定基、法名入空、上レ状請二入唐一。

Ⅳ—02『善隣国宝記』長保二年（一〇〇〇）条

釈寂昭入宋。叡山源信作二台宗問目二十七条一、付レ昭寄二南湖知礼法師一。礼延レ昭為二上客一。

Ⅳ—03『元亨釈書』巻十六

釈寂昭、諫議大夫大江斉光之子也。俗名定基。仕レ官至二参州刺史一。会レ失レ配、以二愛厚一緩レ喪、因レ観二九相一、深生二厭離一。乃割二冠纓一投二睿山源信之室一、早名二講学一。長保二年、信作二台宗問目二十七条一、付レ昭寄二南湖知礼法師一。礼延レ昭為二上客一。承相丁晋公欽二昭徳義一。礼答釈成、昭欲レ持二帰本土一。晋公思レ留レ之、啗以二如蘇山水之美一。昭愛二其奇秀一止二于呉門寺一、令下二其徒一送中礼答釈上。晋公披レ襟厚遇。昭有二黒金水瓶一、与二晋公一以レ詩曰、（中略）初景徳元年、昭上二進無量寿仏像一、本朝名刻也。真宗大悦賜二紫方袍一。

Ⅳ—04『元亨釈書』巻五安海条

（上略）当時源信・覚運、為二台門両輪一。海常曰、慧心浅広、掲厲可レ渡。檀那深狭、不レ過二踰跨一。信法師作二二十七疑一、問二宋之知礼法師一。海見二問目一曰、是等麤義豈須二遠問一。乃作二上・中・下三答一曰、宋国答釈不レ出二我三種一而已。及二礼答来一、海已死。台徒曰、礼之釈、多海之中・下義也。海之徒便持二宋答及海釈一、如レ墓読祭。時人曰、海骨放レ光。

Ⅳ―05『百錬抄』長保四年（一〇〇二）三月十五日条（『日本紀略』も参照）

入道前三河守大江定基〈法名寂照〉上レ状、向二大宋国一、巡二礼五臺山一。六月十八日首途。天下上下挙レ首、向二聖人房一受戒。世人云、是真仙也。

Ⅳ―06『成尋阿闍梨母集』巻二

むかし十五許なりしほどに、みかはの入道といふ人わたるとて、たうにゐてたてまつるぬひ仏、あつまりて人の見しに、「いかなる人ぞ」と人のいひしに、「をやをすてゝわたる、あはれ」など人いひし、なにともおぼえざりし。

Ⅳ―07『小記目録』巻十六異朝事 長保四年六月十八日条

寂照為二入唐一首途事〈不レ被レ許二入唐一事〉。

Ⅳ―08『扶桑略記』長保五年（一〇〇三）八月二十五日条

秋時、参河守大江定基出家入道、法名寂照、八月廿五日、寂照離二本朝肥前国一、渡レ海入唐。賜二円通大師号一。

Ⅳ―09『続本朝往生伝』

同定基者、斉光卿第三子也。早遂二祖業一、続為二夕郎一、栄爵之後任二参河守一。長二於文章一、佳句在二人口一。夢三必可二往生一、未二発心一之前、唯事二狩猟一。聞人笑曰、不レ可二是往生之人業一。其後於二任国一所レ愛之妻逝去、爰不レ堪二恋慕一、早不二葬斂一、観二彼九相一、深起二道心一、遂以出家〈法名寂照〉。多年之間修二行仏法一、或次第乞食、不レ屑二今生之事。住二如意輪寺一、以二寂心一為レ師。寂心遷化之後、長徳年中牒状申下依二本願一可レ拝二大宋国清涼山一之由上。幸蒙二可許一、既以渡海。進発之時、於二山崎宝寺一為レ母修二八講一、以二静照一為二講師一。此日出家之者五百余人〈至二婦女一者、自レ車切レ髪与二講師一云云〉、四面成レ堵、聴聞之衆莫レ不二涕泣一。到二大宋国一、安居之終列二於衆僧末一。彼朝高僧修二飛鉢法一、受二斎食一之時不二自行向一。次至二寂照一。寂照心中大耻、深念二本朝神明仏法一、食頃観念。爰寂照之鉢飛繞二仏堂一三匝、受二斎食一而来。異国之人悉垂二感涙一、皆曰、日本国不レ知レ人。令二奝然渡海一、似レ表レ無レ人、令二寂照入宋一、似レ不レ惜レ人云云。長元七年（一〇一四）於二杭州一遷化。臨終之尅、祥瑞掲焉。亦作二一絶之詩一。

（下略）

Ⅳ—10『善隣国宝記』寛弘三（元カ）年条（『楊文公談苑』は『参記』巻五熙寧五年十二月二十九日条所引と同文）

楊文公談苑曰、景徳三年（一〇〇六）、予知銀台通進司、有二日本僧一入貢。遂召問レ之。僧不レ通二華言一、善二書札一、命以レ牘対云、住二天台山延暦寺一寺僧三千人、身名二寂照一、号二円通大師一。国王年二十五。大臣十六七人、群寮百余人。毎歳春秋二時集二貢士一、所レ試或賦或詩、及第者常三四十人。国中専奉二神道一多二祠廟一。伊州有二大神一、或託二三五歳童子一降言二禍福事一。山州有二賀茂明神一、亦然。書有二史記・漢書・文選・五経・論語・孝経・爾雅・酔卿〔郷〕日月・御覧・玉篇・蔣魴歌・老列子・神仙伝・朝野僉載・白集六帖・初学記一。本国有二国史・秘府略・日本記・文観〔館〕詞林・混元〔坤〕録記等書一。釈氏論及疏・鈔・伝・集之類多有、不レ可二悉数一。寂照領二徒七人一、皆不レ通二華言一。国中多習二王右軍書一、寂照頗得二其筆法一。上召見、賜二紫衣・束帛一。其徒皆賜以二紫衣一。復館二于上寺一。寂照願レ遊二天台山一、詔令二県道続一レ食。三司使丁謂見二寂照一甚悦之。謂姑蘇人。為言二其山水奇見一、寂照心愛、因留二止呉門寺一。其徒不レ願レ住者、遣二数人一帰二本国一。以二黒金水瓶一寄レ謂、幷詩曰、提携三五載、日用不二曾離一、暁井斟二残月一、春爐釈二夜澌一。鄱銀難レ免レ侈、菜〔莱〕石易レ成レ虧、此器堅還実、寄レ君応レ可レ知。謂分二月俸一給レ之。寂照漸通二此方言一、持二戒律一精至、通二内外学一。三呉道俗以帰向。寂照東遊、予遣以二印本円覚経一、幷詩送之、后寄レ書、挙二予詩中両句一云、身随二客槎一遠、心与二海鷗一親、不レ可レ忘也。円覚固日不二暫舎一云。後南海商人船、自二其国一還、得下国王弟与二寂照一書上。称二野人若愚一、書末云、嗟乎、絶域殊方、雲濤万里。昔日芝蘭之志、如今胡越之身。非二帰雲一不レ報二心懐一、非二便風一不レ伝二音問一。人生之恨、何以過レ之。后題二寛弘四年九月一。又左大臣藤原道長書略云、商客至通レ書、誰謂二宋遠一、用慰二馳結一。先巡二礼天台一、更可レ攀二五臺之遊一。既果二本願一、甚悦甚悦。懐レ土之心、如何再会。胡馬猶向二北風一。上人莫レ忘二東日一。后題二寛弘五年七月一。又治部卿源英従書略云、所レ諮唐暦以后史籍及他内外経書、未レ来二本国一者、因寄二便風一為レ望。商人重レ利、惟載二軽貨一而来。上国之風絶而無レ聞、学者之恨在二此一事一。末云、分レ手之后相見無レ期、生為二両郷之身一、死会二一仏之土一。書中報二寂照俗家及墳墓事一甚詳悉。后題二寛弘五年九月一。凡三書、皆二王之迹、而野人若愚章草特妙、中土能書者亦鮮レ及。紙墨尤精。左大臣、乃国之上相、治部九卿之列。皇朝類苑曰、祥符中（一〇〇八～一六）、日本国忽梯航称レ貢。非二常貢一也。蓋因三本国之東有二祥光現一。其国素伝、中原天子聖明、則此光現。真宗大喜、勅二本国一建二一仏祠一、以鎮レ之、賜レ額曰二神光一。

Ⅳ―11『宋史』日本国伝

景徳元年（一〇〇四）、其国僧寂照等八人来朝。寂照不レ暁二華言一、而識二文字一、繕写甚妙。凡問答並以二筆札一。詔号二円通大師一、賜二紫方袍一。

Ⅳ―12『御堂関白記』寛弘元年（一〇〇四）閏九月二十三日条……九月二十六日・二十九日条、『本朝麗藻』巻下も参照

召二門外左京大夫一《源明理》、和下到二入唐寂上人旧房一之作上詩、及二師御許一。

Ⅳ―13『御堂関白記』寛弘二年（一〇〇五）十二月十五日条

従レ内還出。入唐寂照上人書持来。可レ憐二万里往来書一。

Ⅳ―14『権記』寛弘五年（一〇〇八）十二月十五日条

欲レ（着）二結政一之間、自二左府一有レ召詣。寂照返事封題等書レ之。（下略）

Ⅳ―15『御堂関白記』長和元年（一〇一二）九月二十一日条

候レ内間、理義朝臣大弐消息持来。唐人来着解文、又送家書一封。披見、入唐寂照消息書。幷所レ送二天竺観音一幅・大僚〔遼〕作文一巻一也。（下略）

Ⅳ―16『御堂関白記』長和二年（一〇一三）九月十四日条

入唐寂昭〔照〕弟子念救入京後初来、志二摺本文集幷天台山図等一。召レ前問二案内一、有二所レ申事一。又令レ覧下従二天台一送二延暦寺一物上天台大師形・存生時袈裟・如意・舎利壺等牒等。又献二寂昭・元澄書、又天台僧二人・在大宰唐人等書一。

Ⅳ―17『日本紀略』長和四年（一〇一五）五月七日条（『百錬抄』もあり）

入唐僧寂照・元燈・念救・覚因・明蓮等五人度縁請印。撰二能書一、以二白色紙一書レ之、以二朱砂一捺レ印。可レ渡二大宋一之故也。

Ⅳ―18『御堂関白記』長和四年七月十五日条

唐僧念救帰朝。従二唐天台山一所二求作一料物送レ之。（中略）付二念救一書様。日本国左大臣家施送、木槵子念珠陸連〈四連琥珀装束、二連水精装束〉、螺鈿蒔絵二蓋厨〔子脱カ〕壱雙、蒔絵筥弐合、海図蒔絵衣箱壱雙、屛風形軟障陸条、奥州貂裘参領〈長二領、一領〉、七尺鬘壱流、砂金佰両〈入二蒔絵丸筥一〉、大真珠伍顆、橦華布拾端〈在レ印〉。右依二大宋国天台山大慈寺伝疏一、施送如レ件。長和四年七月七日知家事右衛門府生従七位上秦忌寸貞澄。令従五位下行修理少進良峯朝臣行政。従大主鈴正六位上語公高世。別当。大書吏。「家司」。知家事。家司署名皆書。又送二寂昭許金百両一。是一切経論・諸宗章疏等可二送求一料也。又所レ志槵〔子脱カ〕念珠一連。又唐僧常智送文集一部、其返物貂裘一領送レ之。件返事等広業朝臣作。件施物文勘解由主典酒人光義書。我消息文侍従中納言書。人々加レ物有二其数一、領〔預〕二念救一。神埼御庄司豊島方人参上。件男下向、仍件念救付二方人一下向。件物等令レ領二知方人一。

IV—19『小右記』長和四年七月二十一日条

（上略）又座主云、故座主〈覚慶〉之時、太宋国天台牒二日本国天台延暦寺一、送二智者大師影像・説法時如意〈鉄〉・御袈裟・茶〔茶〕垸・壺一〈昔納二仏舎利一之壺、当時無二舎利一〉。而彼時無音、今彼使僧念救臨二退帰之剋一、返牒事触二慶円一。々々答云、彼時之事不レ知二案内一、亦物実不レ納二寺家一、因レ何当時可レ遣二返牒一乎。念救云、触二故座主弟子前僧都院源一、左右無レ答。随亦無レ請二納書一。若帰二宋国一、其責難レ避歟。仍念救中二左相府一、々々大怒云、院源太福着也。取二籠物実一不レ出二寺家一、極奇事也。念救向二院源所一、示二事由一者。念救応二相府命一、到二院源許一。院源取二出件四个種物一令レ受二念救一、々々請取授二慶円一、々々参二相府一申二案内一。命云、件事、初故座主件物等先可レ備二天覧一、次可レ令レ拝二見諸僧一、而不レ令二人拝一、置二一室中一、年月推移、座主遷化。其後前僧都院源、度々来向、不レ陳二此事一。仍又不レ問二案内一之間、念救頻有レ令レ申、至レ今物已出来、可レ送二返牒一。但答金百両許宜歟。僧綱等各出集有レ便歟。申云、件事有レ次奏二事由一、仰云、少々可二充給一、幾許可レ給乎者。奏云、下給之砂金数被レ仰二殿下一、自有レ所レ申歟。相府命云、先僧綱等所レ出数不レ足者、従二公家一申給其不足可レ宜者。牒状事触二式部大輔広業一、々々云、件宋人等返牒依二太〔左〕相府命一、二通作レ之、事已重畳。以二文章博士通直一可レ令レ作。即以二広業書札一示送了者。余答云、文章博士宣義作宜歟。然而示二送通直一了者。抑見二智者大師影像一、為二之如何一。座主云、密々可二奉請一者。

IV—20『百錬抄』万寿四年（一〇二七）今年条

入道参河守大江定基〈法名寂照〉、従二宋朝一奉二書状於入道太政大臣一。

Ⅳ―21『日本紀略』長元五年（一〇三二）十二月二十三日条（『百錬抄』今年条あり）

是日也、関白左大臣送二返状於入唐円通大師一。相二代所レ奉二先公入道禅下一之事也。

Ⅳ―22『元亨釈書』巻二十七天台条

（上略）初会昌之毀黜、台文散失、五代攘奪、残闕未レ復。義寂師求二遺文於高麗及我一。高麗先送、其書猶不レ備。長保二年〈宋咸平三〉寂照法師将二信公問章一入二宋地一。又持二台宗諸書一恵二彼人一。故慈雲南嶽止観序曰、日本国円通大師寂照、錫背二扶桑一、杯泛二諸夏一。既登二鄮嶺一、解レ篋出レ巻。大矣哉斯文也。始自レ西伝、猶二月之生一、今復東返、猶二日之升一。照又呈二問章於法智一、智嗟嘆答釈。自レ此彼方欽二我国台教之盛一焉。昔天竺失二起信論一而久矣、奘三蔵訳レ唐成レ梵、流二伝印度一。彼高麗之書不二全備一、宋人慳缺疑半矣。及二我書之至一、始驚三遼師之無二遺漏一。又見二問章一、益嚮二此士之有一レ人也。其後法智遣二比丘一、就レ我多写。由レ是視レ之、慈雲比二我日升一、不レ惜レ言乎。

寂照は俗名を大江定基といい、09に死去した妻の九相を見て道心を起こしたことや、『今昔物語集』巻十九第二話にはそれに加えて参河国で風祭と称す猪屠殺の祭祀を見たことなどを契機に出家し、寂心（慶滋保胤）に師事して修行したとされている。但し、この出家の背景には学問の家柄である大江家に生まれながら、家業の継承者になることができなかった鬱積にも留意すべきだとする指摘もあり[35]、様々な要素が出家という形に帰着したものと考えておきたい。

『参記』巻五熙寧五年十二月二十九日条によると、「寂照大師来唐日記」なるものが存在したことが知られるが、逸文すら伝来しておらず（「於二梵才三蔵房一見二奝然法橋並寂照大師来唐日記一。即借取書取楊文公談苑如レ右」とあり、以下に引用されている『楊文公談苑』に記された寂照らの事績（Ⅳ―10）を「来唐日記」と称したとすれば、これは日次記ではないことになる）、寂照の入宋の様子や旅程の詳細は不明とせねばならず、上掲の史料の中にその断片を探るしかないのが現状である。この寂照の入宋に関しては、02・03に源信の台宗問目二十七条を以て宋の知礼の答釈を得る使命を帯びていたことが記されている。とすると、日本天台宗の宗教上の疑問解決のためという延暦寺の要請による渡海であったのだろうか。また05には五台山巡礼という通有の目的も見えている。一方で、12〜21によると、寂照は当時国政の中枢を担っていた藤原道長と極めて密接な関係を有していたことが窺われる。18では道長は寂照に一切経論の入手・送付を期待していたようである。

奝然将来の大蔵経（摺本一切経経論）が最終的には道長の手を経由して法成寺に蔵されたことは前節で触れた通りであるが、18の時点では道長はまだこの一切経論を手中に納めていなかった。このような道長の一切経論獲得への執心に関連して、図3によると、彼は若年（一八歳）であったためか、前節で見た奝然の瑞像結縁に参加していなかったことが知られ、摂関家の人間として入宋僧後援者の名を残すことを希求したためであるとの指摘もなされており[36]、従うべき見解であると思われる。この見解ではまた07に寂照の入宋が朝廷に許可されなかったとある点にも着目し、奝然と弟子嘉因の二度にわたる通交により、宋側は彼らを朝貢使として遇し、日本との公的通交が期待されたため、寂照の入宋によってそうした外交関係が発生するのを恐れた朝廷は寂照入宋を支持しなかったが、上述のような道長の希求に基づいて入宋が強行されたのではないかと説明されている。これも支持すべき理解と考えられ、とすると、成尋が結局は勅許なしで、いわば密航の形で渡海せざるを得なかった事情の先蹤をなすものと位置づけることができよう[37]。

次に入宋後の寂照については、上述の「寂照大師来唐日記」が伝来していないので、細かな旅程は不明であるが、11によると、宋・景徳元年（一〇〇四）、10では景徳三年に宋の朝廷に迎えられたことが知られる。10には一条天皇が二五歳と記されているので、これは景徳元年＝日本・寛弘元年とするのが正しく（したがって既に注記したように、10の係年は寛弘元年に訂正すべきである）、寂照の入朝は景徳元年で、入宋後間もなく当時の真宗皇帝に招かれたのであって、宋側の日本に対する関心の高さを窺わせるものとされる所以である。[38]

10・11によると、寂照は皇帝の下問に対して日本情報を伝え、紫衣と円通大師の称号を賜り、また弟子たちにも紫衣が賜与されたという。この点に関しては、『参記』巻六熙寧六年正月二十七日条で成尋の五人の弟子が紫衣をもらった時、「五人賜紫院内諸僧感歓無㆑極、是只被㆑響㆓応大師㆒故也者。院内老宿等多着㆓黄衣㆒、今小師五人着㆑紫、是希有事也。（中略）引㆓見楊文公談苑㆒、円通大師従衆賜皆以㆓紫衣㆒。依㆓其例㆒所㆑賜歟」と見え、当初は伝法院の僧たちからもてはやされ大いに満足したものの、10によって単に寂照の弟子たちへの賜与の先例によったものであることが判明し、やや気落ちした叙述になっているように思われる記事を付加することができ、寂照に対する処遇が後の成尋一行の先例になったことが知られる。

09によると、寂照もまた五台山巡礼を目指したかに記されているが、10では皇帝と面見後に上寺＝開封の開宝寺の東院上方寺に滞在したことは確認できるものの、五台山巡礼の有無は不明である（10所引道長書状にはその旨が見える）。その後、寂照は天台山国清寺に戻る（02の源信の質問に宋の知礼が答えた『四明尊者教行録』の記載によると、寂照は咸平六年（一〇〇五）に天台山を訪れたとあり、入宋後にまず天台山に赴いたことが知られる。また22によると、経典を補充していることを希望し、蘇州出身の丁謂の招聘により蘇州の普門寺に居住したことがわかる。[39]『参記』巻三熙寧五年九月五日条にも、「辰時為㆑拝㆓円通大師影㆒向㆓普門院㆒」とあり、上京途中の成尋一行が蘇州でこの寂照ゆかりの寺院に立ち寄ったことが記されている。ここで成尋は「普門先住持日本国円通大師真讃」を拝見し、「拝㆓円通大師影㆒極以悲涙感喜」であったといい、「件伽藍本報恩寺僧房也。円通大師早以建㆓立一堂㆒之後、皇帝造㆓加諸堂㆒。広大寺也。参㆓大師仏殿一焼香了。住僧多々。問二円通大師入滅年紀一之処、寺主答云、卅年来云々」と説明されている。寂照はついに帰国することなく、宋で入滅した入宋僧になっており、この点は成尋や戒覚の先駆者と位置づけることができ、そのような覚悟をしていた成尋にとっては、関心が深かったのではないかと思われる。

その他、開封滞在中の出来事として、伝承的ながら、09や『今昔物語集』巻十九第二話、『宇治拾遺物語』一七二（巻十三ノ十二）には飛鉢の話、『今昔物語集』巻十九第二話には瘡病・穢気の女性を湯浴させたところ、その女性は文殊の化身であったという話、また巻十七第三十八話には日本の清範律師の生まれ変わりである宋の皇子に出会った話などが挙げられている。飛鉢の話の真偽は不詳であるが、こうした法力を発揮して宋の朝廷で認められたという点では、祈雨感応の成果を上げた成尋の先達になり、「日本の恥」を意識して尽力したところも[40]、やはり成尋の先蹤者としての位置を与えることができよう。『今昔物語集』巻十九第二話によると、「此ノ事共ハ寂照ノ弟子ニ念救ト云フ僧ノ共ニ行タリケルガ、此ノ国ニ返リ語リ伝ヘタル也」であったといい、巻十七第三十八話にも「此レハ彼ノ律師ノ共ニ震旦ニ行タル人ノ返テ語ルヲ、聞キ継テ語リ伝ヘタルトヤ」と記されており、寂照は弟子を帰国させ、在宋中の消息を故国に伝えようとしたことが知られ、この点も成尋の日本への連絡方法と通有するところであった。

寂照の入宋に藤原道長の後援が大きかったことは上述の如くであり、13〜15によると、弟子念救を帰朝させる以前にも、寂照は何度か道長に消息を齎していたようである。寛弘四（一〇〇七）・五年の日本からの返信は10に掲載されており、事情は不明であるものの、これらの返信は宋側の入手するところになっている。そして、念救の帰朝である。これは約一〇年ぶりに寂照一行の肉声を伝えるものであった。念救には「唐僧」と冠称されている例があるので(18)、彼を中国の僧侶と誤解する向きもあるが、『御堂関白記』長和二年十月十六日条によって土佐国出身者であることが知られ[41]、日本から随行した弟子であることにまちがいはない。以下、この念救の使命を通じて、寂照入宋中の活動を補足したい。

念救の正確な帰朝年月日は不明である（15については、大宰府に到着して一年くらい入京しない例もあるが、道長への報告という使命の一つを考えると、これを念救の帰朝記事と見るのは難しいであろう）が、長和二年夏秋頃には日本に到着していたと考えられる。16によると、彼は入京後まず道長のところに赴き、摺本の白氏文集や天台山図を献上している。そして、延暦寺宛の天台山国清寺からの牒を齎すとともに、寂照・元澄（燈）らの書状、中国の天台僧からの書状や大宰府に滞在する唐人の書状などを取り次いで将来したのであった。念救は道長以外にも藤原実資などのもとを訪れており（『小右記』長和二年九月二十三日・二十四日条）、広く貴族たちとも交遊を結んでいる。その後、彼は故郷土佐国に戻り（『御堂関白記』長和二年十月十六日条）、約二年間日本に滞在した上で、17の長和四年になって再び入宋するという行程をとったのである。

この念救帰国の使命は、①道長への報告、②宋の天台山から日本の延暦寺への連絡を伝達、③「大宋国智識使」（『小右記』長和四年六月十九日条）と記されているように、日本の諸貴族の結縁を募る、といった事柄に整理できると思われる。①・②は相通じる活動であり、①に関連しては、18で道長は天台山大慈寺（『参記』巻一熙寧五年五月十八日条の説明によると、国清寺と並ぶ戒壇が存し、国清寺戒壇は隋・煬帝、大慈寺のは陳・宣帝の建立という）の要請に応じて、諸々の物品を贈るとともに、寂照に対して砂金一〇〇両を送付して一切経論入手の資とすべきことを伝達している。この道長の結縁に追随するものなのか、③の念救の活動に応えて、諸貴族も念救に知識物を付託しており、『小右記』長和四年六月十九日条によると、実資は「大螺鈿鞍、以㆓倭織物㆒為㆓表敷㆒、散物鐙、」を提供したところ、「件物等、集㆓左相府㆒、注㆓一紙㆒可㆑被㆑送者」といい、七月十六日条にも「右衛門督示送云、昨日参㆓左相府㆒、雑物等被㆑預㆓入唐僧念救㆒〈卿相以下、智識物取集被㆑送云々〉」という懐平の見聞が記されている。

18では道長家施送状が作成されているが、『平安遺文』補遺二六四・二六五号文書には長和四年六月の藤原道長書状が存し、一通は寂照宛、一通は「大宋国天台山諸徳和尚」宛であった。但し、10に見える書状も含めて、これらはいずれも在宋の寂照への私状であったり、天台山宛の文書であったりと、決して宋皇帝との間に外交関係を取り結ぼうとするものではなかったことに留意したい。諸貴族の知識物供出もあくまで信仰心に基づく結縁のための行為であって、やはり外交の一環としての意識はなかった。これらの文書は10に「中土能書者亦鮮及」と評されているように、「日本の恥」になることを回避するために、諸博士による文案作成と藤原行成の如き能書家による清書が行われたものであった（14・17・18・19）が、宋人がこれらを見て評することに意は払われているものの、外交関係を顧慮したものではなかったのである。

同様に②についても、あくまで日本の延暦寺と宋の天台山の代々の宗教上の関係に関わるものであった。②に関連しては、『天台座主記』によると、当初これらを受納した座主覚慶（長徳四年（九九八）十月二十九日任）が長和三年（一〇一四）十一月二十三日に死去し、座主の交替があったものの、16で送付された品々をめぐって、新任の慶円（長和三年十二月二十五日任～寛仁三年（一〇一九）七月二十一日辞）はその存在を知らされておらず、覚慶の弟子で後には天台座主になる院源（寛仁四年七月十七日任～万寿五年（一〇二八）五月二十四日死）の下に留置されていたため、念救渡宋時の返牒作成に支障を来たすという出来事が起きている。19によると、道長は院源を叱責して、品々を座主慶円に引き渡すことを指示しているものの、返牒送付に伴う答金一〇〇両は仏教界の負担に課せられ、宗教界同士の交流であるという立場を示しているのだと考えられる。勿論、答金の額決定には道長が関与しており、答金が不足する時は朝廷からの補塡を考慮し、返牒作成にも文章博士を充てるなど、充分な支援は講じられていた。

以上が帰朝時の念救の活動の概要である。その後も20・21に寂照からの連絡が届き、道長、彼の死後は頼通と、摂関家による後援が続いたことが窺われる。[42] 但し、道長はついに寂照を通じて新たな一切経論を獲得することはできなかったようであり、これが上述の奝然将来大蔵経の入手、法成寺への安置という手段につながるものと思われる。奝然は宋皇帝の許可によって一切経論を将来することができたのであり、『参記』巻七熙寧六年三月十七日条によると、成尋も「三蔵来坐、議下定新経作二奏状一可レ申由上」と、新訳経の頒布には皇帝の許可が必要であったことが知られる。そこには当然宋皇帝との外交関係形成が必要になる。奝然帰朝後、寂照入宋時にそうした関係が回避されようとしたのは上述の通りであり、また成尋の弟子等の帰国後、宋皇帝の贈物への返礼をめぐって数年間に及ぶ協議が行われたことは別に整理したところである。[43] この点には日本側の公的通交回避の意図と東アジア国際関係における大蔵経の付与が持つ意味の兼ね合いがあり、[44] 道長の通交方式では大蔵経獲得は不可能であったと言わねばならない。

なお、寂照が延暦寺の使命として派遣された02・03の源信作成の台宗問目二十七条に関しては、どの時点で日本に齎されたかは不明であるが、知礼（法智）の『四明尊者教行録』に質問と答釈の全文が掲載されており、咸平六年（長保五＝一〇〇三）に寂照が天台山を来訪して付託されたものであることが記されている。04・22に窺われるように、この答釈に対する日本側の評価はあまり高いものではなかった。中国側の『仏祖統記』巻十二源信伝に「咸平六年、遣二其徒寂照一、持二教義二十七問一、詣二南湖一求レ決。法智為二一一答釈一。照欣帰レ国、信大服二其説一、西向礼謝」とあるのとは大きく懸隔すると言わざるを得ない。

この他にも、『元亨釈書』巻四（慧解三）慶祚条には「長徳三年（九九七）四月、宋国送二新書五部一、其文膚浅。朝廷勅二慈覚・智證両家一質破。其内龍女成仏義一巻祚預焉」と見え、第一節で触れた唐末・五代の混乱による経典散失などを経て、22に記されているように、当時教理研究の面では日本の仏教界、特に天台教学は宋のそれを凌駕していたようである。同じく第一節に掲げた『参記』巻六熙寧六年正月二十五日条には寂照の弟子元燈（澄）に師事した天台山大慈寺普賢懺堂住僧で左街景徳寺慈氏大聖院雄戩の存在が知られ、日本の入宋僧が彼の地の僧侶よりも教学理解が上であった点は、次に入宋する成尋も同様であり、寂照一行はこうした点で成尋につながる系譜を作り出した入宋巡礼であったとまとめることができよう。

むすび

本章では寛建〜寂照という成尋入宋につながる人々の動向を整理してみた。これらの人々が成尋の先駆者として、成尋に至る系譜を形成する様々な要素を築き上げたことは随所に触れた通りである。最後に成尋入宋の特色を箇条書き風に掲げ、その系譜を照合して、むすびとしたい。

①入宋目的が天台山・五台山などの聖地巡礼であり、入唐求法の時代とは様相を異にする。

②『成尋阿闍梨母集』によると、成尋は老母を日本に残して入宋し、生涯再会できない覚悟であったことが窺われるが、奝然や寂照も母のために逆修を行って渡海しており、同様の覚悟が必要であったと思われる（寂照は宋で死去し、成尋の先蹤者になった）。

③成尋は渡海許可を朝廷に要請した（『朝野群載』巻二十延久二年（一〇七〇）正月十一日僧成尋請渡宋申文）が、ついに認められることなく、「密航」の形で入宋せねばならなかった。この点は寂照入宋時からそのような障壁が存しており、日本朝廷の宋側からの公的通交要請を回避しようとする姿勢を反映したものであった。

④それにもかかわらず、成尋には図3のような後援者がおり、藤原頼通の子左大臣師実の護持僧であった成尋が、摂関家を中心とする人々の支援を得て渡海したこともまた事実として認めねばならない。(45) ここには、寛建以来の摂関

家による渡海僧支援と彼らを通じての公的通交を生じさせない形での文物獲得という伝統的手法が存した。

⑤成尋が入宋後にまず天台山に赴いたのは、到着地との地理的関係もあるが、日本の天台宗と中国の天台山との連絡維持の文脈で理解されるべきものと思われる。興福寺僧の寛建一行は別として、日延以下の渡海僧が天台山との関係保持に努めた経緯を、成尋は充分に享受することができた筈である。

⑥皇帝との面見のための上京、五台山巡礼が実現した背景には、奝然・寂照の築いた先例に依拠するところが大きかった。成尋自身と一行に対する処遇（紫衣や大師号など）、法力を買っての祈雨修法への屈請、新訳経の賜与など、いずれも奝然・寂照の事績と重なるものと言えよう。

⑦宋側は成尋の入朝を朝貢と位置づけ、日本に来貢を求める質問も行われたが、③の如く、日本側には公的通交の意志はなく、また入宋僧にも皇帝＝貴人と面見するという名誉心はあっても、自らを朝貢使とする認識はなかったようである。(46)

⑧こうした成尋の渡海・宋への入国、そして宋国内での活動を支えたのが来日宋商人であり、彼らの先導を得てこそ、国家間の公的通交とは異なる形での入宋巡礼を実現することができた。(47)そうした宋商人の来航と彼らに依存する形での彼我往来は九世紀後半以降に拡大しており、成尋の入宋もこうした歴史的環境をふまえて可能になったのである。

以上の成尋のあり方は、本章で整理した寛建〜寂照の中国渡海の系譜の上に成り立つものであった。しかしながら、その成尋も「密航」の形で入宋した点で、後代の渡海僧の先蹤に数えられるべき存在となるのである。成尋の次に入宋した戒覚の『渡宋記』元豊五年（永保二＝一〇八二）九月二十二日条では、宋皇帝への上表文の中で、「竊以、遠方異俗来朝入覲、巡二礼聖跡名山一例也、近則阿闍梨成尋去熙寧五年賜二宣旨一、遂二心願一先了」と喚起されており、成尋も渡海僧の系譜を次代につなぐ役割を担っていることがわかる。その意味ではこうした渡海僧の系譜を通時的に検討すべきことを強調して、拙い整理を終えることにしたい。

註

(1) 石井正敏「成尋生没年考」（『中央大学文学部紀要』四四、一九九九年）、「成尋」（『古代の人物』清文堂出版、二〇〇五年）。

(2) 拙稿「承和度の遣唐使と九世紀の対外政策」（『遣唐使と古代日本の対外政策』吉川弘文館、二〇〇八年）。

(3) 拙稿「菅原道真と寛平度の遣唐使計画」（註(2)書）。

(4) 恵蕚・恵運については、保立道久『黄金国家』（青木書店、二〇〇四年）、円珍に関しては、佐伯有清『智証大師伝の研究』（吉川弘文館、一九八九年）、『円珍』（吉川弘文館、一九九〇年）、『悲運の遣唐僧』（吉川弘文館、一九九九年）、真如をめぐっては、杉本直治郎『真如親王伝研究』（吉川弘文館、一九六五年）、田島公「真如（高丘）親王一行の「入唐」の旅」（『歴史と地理』五〇二、一九九七年）、佐伯有清『高丘親王入唐記』（吉川弘文館、二〇〇二年）などを参照。

(5) 石井正敏「入宋巡礼僧」（『アジアのなかの日本史』Ⅴ、東京大学出版会、一九九三年）。

(6) 拙稿a「劉琨と陳詠」（『白山史学』三八、二〇〇二年）、b「入宋僧成尋とその国際認識」（『白山史学』三九、二〇〇三年）、c「『参天台五臺山記』の研究と古代の土佐国」（『海南史学』四一、二〇〇三年）、d「宋朝の海外渡航規定と日本僧成尋の入国」（『海南史学』四四、二〇〇六年）（以上、いずれも本書所収）。

(7) 田島公『日本、中国・朝鮮対外交流史年表（稿）〔増補・改訂版〕』（二〇〇九年）、対外関係史総合年表編集委員会編『対外関係史総合年表』（吉川弘文館、一九九九年）。

(8) 国書逸文研究会編『新訂増補 国書逸文』（国書刊行会、一九九五年）による。

(9) 拙稿「平安貴族の国際認識についての一考察」（『古代日本の対外認識と通交』吉川弘文館、一九九八年）。

(10) 東野治之「平安時代の語学教育」（『新潮45』一二の七、一九九三年）。

(11)　王勇「ブックロードとは何か」(『奈良・平安時代の日中文化交流史』農山漁村文化協会、二〇〇一年)。
(12)　註(6)拙稿b。
(13)　竹内理三「「入呉越僧日延伝」釈」(『日本歴史』八二、一九五五年)。なお、竹内氏は後述の日延と藤原師輔との関係は、師輔が外護者であったことを推測するものの、その詳細は不明とする。
(14)　その他、『類聚符宣抄』第十承平六年八月二十七日外記宣旨に上召使能原恒典について、「預㆓少事㆒発㆓向大宰府㆒。宜㆘還向之間、准㆓見仕㆒給㆗上日㆖者」とあるのも、関連史料であろう。
(15)　原美和子「成尋の入宋と宋商人」(『古代文化』四四の一、一九九二年)で紹介されている孫吉などを参照。
(16)　高田義人「暦家賀茂氏の形成」(『国史学』一四七、一九九二年)。
(17)　註(2)拙稿。
(18)　佐藤信「古代の「大臣外交」についての一考察」(『境界の日本史』山川出版社、一九九七年)は、大宝令制下までは実際の外交交渉や外交事務の場面で太政官・大臣が外交の重要な一端を担うことが認められていたと解し、これを「大臣外交」と位置づける。この「大臣外交」の概念に対する批判は、拙稿「大宝度の遣唐使とその意義」(註(2)書)を参照していただきたいが、この摂関家による外交権の行使の方が佐藤氏の提唱する「大臣外交」に近いとも言えよう。なお、手島崇裕「平安中期国家の対外交渉と摂関家」(『超域文化科学紀要』九、二〇〇四年)は、05により日延の出入国は朝廷によって全面的に管理されており、帰朝に際しても、勅使蔵人が派遣され、将来品の天皇御覧が行われていたようであるから、日延の通交全般は天皇—朝廷によって管理・掌握されていた点で、奝然以下とは摂関家の関与のあり方が異なると見る。但し、この点については師輔段階の摂関家と天皇—朝廷の関係や摂関家の意志を国策に反映する方法と併考することにより、本章の視角とも矛盾するものではないと考える。
(19)　註(8)書「奝然在唐記」。
(20)　周文徳の来日が正暦元年であることについては、原美和子「勝尾寺縁起に見える宋海商について」(『学習院史学』四〇、二〇〇二年)を参照。
(21)　上川通夫「奝然入宋の歴史的意義」(『日本中世仏教形成史論』校倉書房、二〇〇七年)。

(22) 石上英一「日本古代一〇世紀の外交」(『東アジア世界における日本古代史講座』七、学生社、一九八二年)。
(23) 上川註(21)論文。
(24) 河内春人「『新唐書』日本伝の成立」(『東洋学報』八六の二、二〇〇四年)は、奝然の入宋は日宋両方によって公認されたものであり、「王年代紀」は宋に見せることを意識して、勘問を念頭に置きながら事前に日本で作成したと見ている。
(25) 石井註(5)論文、村井章介「中世における東アジア諸地域との交通」(『日本の社会史』第一巻、岩波書店、一九八七年)、「生身の釈迦、海を渡る」(『東アジアのなかの日本文化』放送大学教育振興会、二〇〇五年)、上川註(21)論文など。
(26) 塚本善隆『塚本善隆著作集』第七巻浄土宗史・美術篇(大東出版社、一九七五年)一八五頁。
(27) 石井註(5)論文。
(28) 『参記』巻四熙寧五年十月二十三日条には、奝然が新様式の釈迦像を得る契機になった啓聖禅院に成尋が参詣した時の様子が記されているが、仏牙を見て「今礼拝焼香、涙下数行」であったことは特記されているものの、仏像については特に目立った記述は見られない。なお、平林盛得「資料紹介　優塡王所造栴檀瑞像歴記」(『書陵部紀要』二五、一九七三年)によると、09の中には「雍熙二載乙酉二月十八日、於二梁苑城左〔右カ〕街明聖観音院一、借二得開宝寺永安院本一写取」と記されている。成尋は啓聖禅院参詣の翌二十四日に開宝寺も訪問しているが、感慈塔の記述が中心で、やはり仏像への言及はない。ちなみに、『古事談』巻二―七〇に「俊賢民部卿為二参議一書二定文一之時、不レ覚二奝然之奝字一。仍頗黒書レ之。一条左大臣〈雅信〉為二一上一、見レ之云、是ハ奝然之奝字歟、又敦歟云々。俊賢以二此書一為二終身之恥一云々」とあり、奝然や雅信との関係は年代的に俊賢にはあたらないが、奝然の「奝」字が難しかったか、あるいは奝然が無名の者であったことを示していよう。
(29) 上川註(21)論文。
(30) 上川註(21)論文、小原仁『文人貴族の系譜』(吉川弘文館、一九八七年)、『源信』(ミネルヴァ書房、二〇〇六年)、後藤昭雄『天台仏教と平安朝文人』(吉川弘文館、二〇〇二年)、桑原朝子『平安朝の漢詩と「法」』(東京大学出版会、二〇〇五年)など。
(31) 註(6)拙稿b。
(32) 註(6)拙稿c。

(33) 石井註(5)論文。
(34) 上川註(21)論文。
(35) 有馬嗣朗「寂照に関するノート」(愛知学院大学『文研会紀要』八、一九九七年)。
(36) 手島註(18)論文。
(37) 但し、05・06によると、寂照の入宋は公知の事柄であり、結縁を求める人々も多かったことが窺われる。寂照入宋時の和歌は『詞花和歌集』、『後拾遺和歌集』、『前大納言公任卿集』、『新古今和歌集』、『続後撰和歌集』などに散見し、多くの貴族と交わりがあったことがわかる。
(38) 石井註(5)論文。
(39) 田中健夫編『訳注日本史料　善隣国宝記・新訂続善隣国宝記』(集英社、一九九五年)五三〇頁補注によると、元豊七年(一〇八四)長朱文撰『呉都図経読記』や一九七四年に蘇州濂渓坊で発掘された明代の「普門禅寺碑」によると、寂照が滞在したのは普門寺であったことがわかるという。
(40) 註(9)拙稿。なお、こうした法力発揮について、小島毅『中国の歴史』07中国思想と宗教の奔流(講談社、二〇〇五年)一八～二〇頁は、既に禅の時代に入っていた宋では、成尋の祈雨成功は祈禱師・呪術師の仕事に過ぎないと認識されていたと位置づけ、彼は学者あるいは宗教者としては扱われなかったと見ている。『参記』には当時の王安石政権の中枢を担ったエリート官僚との交友関係は見えず、成尋は中国伝統文化の担い手である士大夫から殆ど相手にされなかったとも指摘されている。但し、成尋は当時の訳経事業中枢の僧侶と交わり、その宗教的見識を評価されているので、この見解には若干の修正が必要であろう。
(41) 拙稿「古代土佐国関係史料補遺三題」(『海南史学』三六、一九九八年)。
(42) その他、18によると、念救の大宰府への下向は肥前国の神埼庄司豊島方人に随行したものであることがわかるが、こうした大宰府周辺の官人・荘園と摂関家の関係については、手島註(18)論文を参照。
(43) 註(9)拙稿。
(44) 高麗版大蔵経をめぐる通交については、池内宏「高麗朝の大蔵経」(『満鮮史研究』中世第二冊、吉川弘文館、一九七九年)、村井章介「朝鮮の大蔵経を求請した偽使について」(『日本前近代の国家と対外関係』吉川弘文館、一九八七年)、川口卯橘「大蔵経求請と日鮮の交渉」(『青丘学叢』三、一九三一年)などを参照。

(45) 石井註(5)論文。

(46) 遠藤隆俊「宋代中国のパスポート」(『史学研究』二三七、二〇〇二年)。

(47) 註(6)拙稿a。

第二章　九世紀の入唐僧
――遣唐僧と入宋僧をつなぐもの――

はじめに

八世紀には一五～二〇年間隔で派遣されていた遣唐使は、九世紀に入ると派遣間隔が大きくなり、承和度の遣唐使が実際に渡海した使節としては最後の遣唐使であった。約六〇年後に寛平度の遣唐使が計画されるが、大使菅原道真の再度の建議、道真自身が九〇一年昌泰の変で左降されたこと、そして九〇七年には当の唐王朝が滅亡してしまうことなどにより、日本の遣唐使事業は終わりを告げることになる(1)。

承和度の遣唐使は二度渡海に失敗し、三度目に漸く入唐を遂げるが、副使小野篁の渡海拒否と処罰、唐の国情不安による賓待の縮小や請益・留学への制限など、従前とは異なる様々な問題が起きている(2)。篁が乗船予定であった第二船以外は帰路には使用不可能になったので、帰国時には新羅船九隻を雇い、当時絶頂期にあった新羅の張宝高による制海権掌握に守られて帰朝したことともども、東アジア情勢の変化を最前線で感じる機会になったであろう。また本来請益僧であった円仁は、張宝高とも密接なつながりを有する在唐新羅人の助力で唐に不法滞在し、入唐求法を続け、五台山巡礼や長安滞在と会昌の廃仏による還俗など稀有な経験を重ね、その一〇年間に及ぶ活動の様子は『入唐求法巡礼行記』に記され、承和度遣唐使の詳細や唐の実情を知る良好な考察材料になっている(3)。

この承和度遣唐使以降、寛平度の計画までの間にも、九世紀には何人かの入唐求法僧が渡海しており、遣唐使事業終了後には五代十国や宋への渡航、天台山・五台山などへの聖地巡礼は陸続とし、日本の仏教界、特に天台教団と中国の仏教界の交流、また唐・宋商人の来航による日中間の往来はさらに頻繁なものになっていく。私は先に十一世紀末の入宋僧成尋の渡航記録『参天台五臺山記』の読解を試み、それに関連して成尋に至る入宋僧の系譜をまとめたことがある。(4) その他、成尋をめぐる諸問題を検討する中で、承和度以降の入唐求法僧にも触れているが、(5) 九世紀の入唐僧の動向については個別に検討を加えておらず、史料整理を含めて、入宋僧への展開をさらに考究したいと思っていた。

そこで、本章では遣唐使以外の方法によって入唐求法を志した何人かの九世紀の僧侶を取り上げ、遣唐使に伴う請益・留学僧から独自に渡海方法を模索する入宋僧（勿論、摂関家などによる支援は存した）への変化をつなぐ存在の活動形態を私なりに明らかにしてみたい。以下、史料の収集・整理を軸に、九世紀東アジアにおける新たな通交の様相に光をあてる。

一　恵運の渡海

承和度遣唐使の請益僧円仁は一〇年間の入唐求法を終え、承和十四年（八四七）に帰朝した。その様子は『続後紀』承和十四年十月甲午条に、「遣唐天台請益円仁及弟子二人・唐人卌二人到レ自二大唐一」と記されている。『入唐求法巡礼行記』巻四承和十四年十月十九日条によると、円仁一行は五人で、唐人は金珍ら四四人となっており、金珍らは在唐新羅人であったことも知られる（後掲史料01など）。実は円仁は当初、張友信の船で帰国するつもりであった（巻四大中元年閏三月十日条）が、その船が既に出帆していたので、金珍らの船に乗船した次第である。

Ｉ―01『入唐求法巡礼行記』巻四大中元年（承和十四＝八四七）六月九日条

得二蘇州船上唐人江長、新羅人金子白・欽良暉・金珍等書一云、五月十一日、従二蘇州松江口一発二往日本国一。過二廿一日一、到二莱州界峅山一。諸人商量、日本国僧人等今在二登州赤山一、便擬二往彼相取一。往日臨レ行、以遇二人説一、其僧等已往二南州一、趁二本国船一去。今且在二峅山一相待、事須レ廻レ棹来二云々。書中又云、春大郎・神一郎等亦乗二明州張支（友）信船一帰国也。来時得二消息一、已発也。春大郎本擬下雇二此船一帰国上。大郎往二広州一後、神一郎将二銭金一、付二張支（友）信一訖。仍春大郎上二明州船一発去。春大郎児宗健兼有レ此、々々物、今在二此船一云々。又金珍等付二嘱楚州惣管劉慎言一云、日本国僧人到二彼中一、即発遣交来云々。

Ｉ―02『安祥寺伽藍縁起資財帳』（『平安遺文』一六四号）

（上略）天長十年奉　レ勅、被レ拝二鎮西府観音寺講師兼筑前国講師一、以為二九国二島之僧統一、特勾下当写二大蔵経一之事上。恵運固辞不レ許、強赴二任所一翹二競寸陰一而顕二得心仏之曼荼一。寧楽経二半紀一而叨為二首領之浮事一、儻値二大唐商人李処人等化来一。恵運就レ化、要下望乗二公帰船一入レ唐、巡二礼薦福・興善曼荼羅道場一、得レ見二青龍義真和尚一、請二益於秘宗一兼看中南岳・五臺之聖迹上。船主許諾云、東西任命、駈馳随力。遂則承和九年、即大唐会昌二年〈歳次壬戌〉夏五月端午日、脱二躧両箇講師一、即出二去観音寺一、在二太宰府博多津頭一始上レ船、到二於肥前国松浦郡遠値嘉島那留浦一。而船主李処人等、棄二唐来旧船一、便採二島裏楠木一、新織二作船舶一、三箇月日、其功已訖。秋八月廿四日午後上レ帆、過二大洋海一入レ唐〈得二正東風一六箇日夜、船着二大唐温州崇城県玉留鎮守府前頭一〉。経二五箇年一巡礼求学、承和十四年即大唐大中二〔元カ〕年〈歳次丁卯〉夏六月廿一日、乗二唐人張友信・元静等之船一、従二明州望海鎮頭一而上レ帆、（分註略）旋二帰本朝一。（下略）

Ⅰ―03『続後紀』承和十四年七月辛未条

天台留学僧円載傔従仁好及僧恵蕚等至レ自二大唐一、上二奏円載之表状一。唐人張友信等卌七人同乗而来着。

Ⅰ―04『続後紀』承和十四年九月庚辰条

入唐求法僧慧雲献二孔雀一・鸚鵡三・狗三一。

史料01によると、張信友の船には「日本国僧人」も乗船していたことが知られ、02・03を参斟すると、「僧人」とは承和度遣唐使の留学僧として唐に滞在していた円載の傔従仁好[6]、そして安祥寺の開基となる恵運や恵蕚などであった。恵運は02に「経二五箇年一巡礼求学」と記されているので、在唐は五年で、承和度遣唐使以降に何らかの手段を用いて渡海し、入唐求法していたことが判明する。

恵運の生涯は02の『安祥寺伽藍縁起資財帳』以外にはあまり材料がなく、安祥寺開基以降に関しても、仁寿三年(八五三)に権律師、貞観三年(八六一)には東大寺大仏修理供養の開眼導師(『東大寺要録』巻三)、同六年に少僧都となり、同七年には得度・受戒の制厳重化を申牒したことが特筆されるくらいで、同十一年九月に入滅、七二歳であった(『僧綱補任』)という(出典を注記したもの以外は当該国史)。02上略部分によると、恵運は東大寺の泰基や中継を本師としており、阿闍梨少僧都実恵に密教を伝授されたとあり、その後恵運は坂東で写一切経の校検に従事、そして大宰府でも一切経書写を担当している。

では、恵運が入唐を志した理由はどこにあるのだろうか。『安祥寺伽藍縁起資財帳』には、「或銅器等、余昔被レ拝二太宰府講師兼筑前国講師一之日、新羅商客頻々往来貨二賚銅鋺疊子等一。逢二著此客一、為レ備二之於道場一、用二国家講経之儭施一買得者也」とあり、「はじめに」でも触れた新羅の張宝高の制海権掌握により、当時は新羅商人来日も盛んであった[7]。『入唐求法巡礼行記』巻四会昌五年(承和十二=八四五)九月二十二日条に、「新羅人還俗僧李信恵、弘仁末載《弘仁六年》到二日本国太宰府一住八年、須井宮為二筑前太守一之時、哀二恤斯人等一。張大使天長元年到二日本国一、廻時付レ船却二帰唐国一。今見居二在寺荘一、解二日本国語一、便為二通事一」とある李信恵（巻二開成五年（承和七＝八四〇）正月十五日条には、「信恵〈住二日本国一六年〉」と見える）のように、大宰府周辺には滞留する新羅人が多くいたと考えられる[8]。

ただ、恵運も述べているように、そうした新羅人からの舶載品を購入するという環境は整っており、それを利用するには便利であったが、恵運自らが渡海を希望する要因は何であったのだろうか。02には「要下望乗二公帰船一入レ唐、巡二礼薦福・興善曼荼羅道場一、得レ見二青龍義真和尚一、請二益於秘宗一、兼看中南岳・五臺之聖迹上」という目的が記されており、密教の求法と聖地巡礼が挙げられている。

I―05承和四年正月九日僧実恵上表文案（『平安遺文』四四四〇号）

実恵大徳請二円行一入レ唐表。沙門実恵言、伏蒙二弁官仰一偁、真言宗請益・留学僧経二流宕一纔着レ岸。如レ是之類船上所レ忌、縦換二他人一、更不レ可レ乗。仍従二停止一者。左右随二仰旨一。雖レ然一物共（失カ）所、聖皇所輸。今真言宗新始二聖朝一、未レ経二幾年一、所レ遺経法及所二疑滞一無レ由二聞求一。此度不レ遣、何所二更求一。元興寺僧円行久習二真言一、稍得二精旨一、於二他学一亦通悟。伏望、以二此僧一為二請益一。但留学従二停止一。若此道於二国家一不要者、敢非レ所レ望。伏請二　天判一。不レ勝二鬱念一、謹奉レ表以聞。沙門実恵誠惶誠恐謹言。承和四年正月九日律師伝燈大法師位実恵。

承和度遣唐使は渡海を果たす以前に二度漂没しており、二度目の時には第三船は漂蕩・破裂し、生存者は真言宗の請益僧真済と弟子真然の二人のみという惨事に見舞われた（『続後紀』承和三年（八三六）八月丁巳条、『三代実録』貞観二年（八六〇）二月二十五日条真済卒伝）。そこで、05によると、こうした凶事に遇った人々が乗船することは不吉であるとして、三度目の出発時には真言宗の渡海僧そのものが拒否されそうになったが、延暦度に空海が将来した真言宗の定着のためにはさらなる経典の導入や宗教上の疑問点解消が必要で、遣唐留学者の派遣は不可欠であった訳である。

05では元興寺僧円行が推挙され、『入唐求法巡礼行記』巻一開成三年（承和五＝八三八）十月四日条によると、真言請益円行は大使に随行して長安への京上が許されている。(9)

その後の円行の動向については、「真言請益円行法師入㆓青龍寺㆒、但得㆓廿日㆒雇㆓廿書手㆒、写㆓文疏等㆒。法相請益法師不㆑得㆑入㆑京、更令㆓弟子義澄著㆑冠、成㆓判官傔従㆒令㆑入㆑京」（巻一開成四年二月二十日条）、「相㆓見真言請益円行法師㆒、語云、大使在㆑京、再三上奏、請益令㆑住㆓寺裏㆒、勅又不㆑許。後復上奏、僅蒙㆓勅許㆒、令㆑住㆓青龍寺㆒。於㆓義真座主所㆒、十五日受㆓胎蔵法㆒、供㆓百僧㆒、不㆑受㆓金剛界法㆒」（二十五日条）と、中途半端な目標達成の不満が示されている。唐では安史の乱（七五五〜七六三年）以後は国内情勢が不安定になり、日本の遣唐使も宝亀度、延暦度は唐側の賓待低下や留学者の受け入れ不充分な状況に辛苦するようになった。(10)承和度に至っては状況はさらに厳しくなり、「又留学生道俗惣不㆑許㆑留㆓此間㆒。円載禅師独有㆓勅許㆒、往留㆓台州㆒。自余皆可㆑帰㆓本郷㆒。又請益法師不㆑許㆑往㆓台州㆒」（巻一開成四年二月二十七日条）と、円仁の天台山での請益も不可能であるという結論で、円仁が唐への不法滞在→求法継続の道を選択する方向へと進んでいくのである。

こうした中で、円行が短期間とはいえ、青龍寺の義真から伝習に与り、経典の蒐集を行うことができたのは、まだ成果があった方である。しかし、それが不充分であったことは、上掲の円行の言に明らかである。恵運は密教においては05の上奏を行った実恵の弟子にあたり、以上のような経緯を考慮すると、実恵の系統の者が入唐して充分な形で求法を遂げることは、真言宗の課題として残されたのではあるまいか。02によると、恵運の渡海は承和九年（八四二）のことであり、大宰府における新羅商人との交流、承和度遣唐使の帰路は新羅船九隻を雇い、新羅人船頭の助力によって帰国が可能になったという実体験などから、ここに来日した外国商人の船で入唐求法するという新たな方法が創出されたものと考えられる。こうした大きな決断が可能であったのは、恵運の個人的希望だけではなく、真言宗全体としての要請が浮上していたことに留意したい。

Ⅰ―06『行歴抄』大中七年（仁寿三＝八五三）十二月十五日条

（上略）又徒衆曰、円載乍レ見二日本人一、惣作二怨家一。会昌三年《承和十＝八四三》、本国僧円修・恵運来二到此山一、具知二円載犯レ尼之事一。僧道詮和上曰、円修道心、多有二材学一。在二禅林寺一、見二円載数出レ寺、挙レ声大哭、国家与二汝糧食一、徒衆待下汝学満、却二帰本寺一、流中伝仏法上。何不レ勤レ業、作二此悪業一。蒼々天々。円載因レ此結レ怨含レ毒。円修従二天台一発、去二明州一已後、載雇二新羅僧一、将レ毒去、擬レ殺二円修一。修便上レ舡、発去多日、事不レ著。便新羅却来曰、趁レ他不レ著。載曰、巨耐巨耐〈和言阿奈称太、々々々々〉。

Ⅰ―07『行歴抄』大中八年（斉衡元＝八五四）二月初旬条

大中八年二月初旬、留学円載、出二剡県一去。此越州管、去二唐興県一、一百八十里。臨発之時、他説導、我未三曾聴二法華経一、所以今夏欲下去二湖州策闍梨処一聴読上。若要レ聴無。珍対レ他曰、遠来求法、要在二聴読一。而今山中応レ无二講席一、闍梨若要レ聴去、珍相共随喜。又珍向導、聞導越州良諝座主講説如レ法、到レ彼聴読不レ得。載曰、彼僧向前与二敬文一、得二恵運十両金一、与レ他作二悪文書一、毀二謗我宗一。所以彼人路上頻逢、我不二相見一云々。（下略）

恵運は承和九年に渡海し、同十四年に帰国しているので、02のように「経二五箇年一巡礼求学」という形であった。但し、円仁の『入唐求法巡礼行記』にも詳述されているように、承和九＝会昌二年（八四二）頃から唐・武宗の会昌の廃仏が本格化し、承和十三＝会昌六年（八四六）三月の武宗死去まで僧尼は厳しい状況下に置かれていた筈である。外国人の僧侶は滞在理由を申告させられ、様々な圧力を感じる程度であったが（巻三会昌三年正月二十八日条、五月二十六日条など）、会昌五年三月には外国人僧も還俗させて帰国を命じる方針になり（巻四会昌五年三月三日条、三～五月条）、円仁も辛苦して帰朝を果たしたことは周知の通りになっている。[11] したがってこの渦中に入唐した恵運も、充分な巡礼・求法を実現し得たかどうか疑問とせねばならない。

史料06・07は入唐中の恵運の足跡を知る材料であるが、そこには円修なる者も登場している。まずこの円修の人物像を明らかにすることで、恵運の入唐の周辺を考える糸口にしたい。(12) 円修は天台宗の僧で、『天台法華宗年分得度学生名帳』によると、円仁と同じく弘仁五年（八一四）に年分度の学生になり、遮那業を修行したが、比叡山には止住せず、高雄山寺に行き、師主最澄の膝下を離れたことがあった。(13) 円修は最澄に随行して延暦度遣唐使の一行として渡海した義真に師事したらしく、初代天台座主になった義真が死去する時、「天長十年七月睿山義真寂。以㆓座主位㆒私授㆓円修㆒、大衆不㆑肯、山上鼓噪。真之徒党㆑修之者五十余輩、大衆擯㆑之。勅㆓尚書右丞和真綱㆒上㆑山、罷㆓円修座主職㆒。修移㆓和州室生山㆒、承和中入㆑唐、帰㆓住山雲寺㆒（出雲寺カ）」（『元亨釈書』巻三十黜争志九）、「院内雑事、譲㆓授弟子僧円修㆒、私号㆓座主㆒。然而大衆不㆑許、上㆓奏於公家㆒。仍勅使右大弁和気朝日臣眞綱登㆑山止㆓其職㆒。因㆑之円修移㆓住大和国室生寺㆒云々」（『天台座主記』）と伝えられる騒動が起きている。結局、第二代天台座主には最澄の別の弟子円澄（武蔵国埼玉郡の壬生氏出身）が就任しており（承和三年十月二十六日に六六歳で入滅し、以後は第三代の円仁の就任まで座主は空位になる）(14)、師承関係をめぐる天台宗の裏面史が窺われる。

円修が居住した室生寺は興福寺と本末関係にあり、創建者である修円は一時最澄とも良好な関係にあったが、大乗戒壇創設の頃から対立が深まったようであり、また室生寺には祈雨の寺院という真言的要素があったから、遮那業を修めた円修が身を寄せるには相応しい場所であったと言える。但し、修円は承和元年（八三四）に死去しており、その後の円修の動向は不明である。06によると、承和十年には唐の天台山に到来しているので、同九年に恵運とともに渡海したものと推定できる。そして、『山王院蔵書目録』には「冥道無遮斎文一巻〈故修大德本、承和十一年従㆑唐将来〉」とあるので、円修は承和十一年には帰朝していたことがわかる。

06には承和度の留学僧円載が円修を殺害しようとした旨が記されているが、円修の帰国方法としては、『続後紀』承和十年十二月癸亥条「入唐留学天台宗僧円載之弟子仁好・順昌、与二新羅人張公靖等廿六人一、来二着於長門国一」とある一行に加わったと考えるしかないと思われる。06の記主円珍は義真に師事、第二代天台座主円澄の時に遣唐留学僧に選定された円載を嫌悪し、義真門下の円修に好意を抱いていたとされるので(15)、円載の円修殺害計画の実否は不詳である。円珍は、最澄—義真—円修—堅慧の付法血脈を伝える「大唐国日本国付法血脈図記」に貞観十六年（八七四）十一月四日の奥書を記しており、これは円珍が第五代座主になっていた時期のことで（貞観十年六月三日就任、寛平三年（八九一）十月二十九日入滅まで在位）、上述の初期天台宗の師資関係をめぐる争いと関連する行為と推定されよう。但し、06で円修が明州に赴いたとあるのは、円載の弟子たちと一緒に帰国の途に就くためであり、円載はむしろ円修に便宜を供していると解せられる。円修の殺害を請負ったという新羅僧も、在唐新羅商人による日本への帰国を円滑に進めるために助力した人物であったと位置づけるべきである。

ところで、上述の「付法血脈図記」は最澄に天台宗を伝授した唐の道邃と次の広修のところまでの唐・天台宗の付法血脈と上掲の最澄—義真—円修—堅慧という日本・天台宗の付法血脈を認定する内容になっている。この唐で作成された文書に懺堂徒衆として署名している道全は、06で円修を高く評価していたとある道詮に比定できる。但し、この文書の日付は会昌四年（承和十一＝八四四）二月九日であり、上述の円修の帰国方法推定よりも後のことになる。「付法血脈図記」には円修が唐・天台の第八伝法大師である広修の臨終に立ち会った旨が記されており、広修は会昌三年に死去したので、円修は生前の広修からこの付法血脈の認定を得ることができなかったと思われる。これが会昌三＝承和十年中に円修が日本への帰国を決意した理由であり、円載の弟子らの帰国の便船を逃すと、いつ帰国できるかわからないという当時の事情も大きかったと推定されるところである。

「付法血脈図」には円修の弟子堅慧までが記されており、おそらく円修に同行した堅慧は唐に留まり、会昌四年にこの図証を得たものと考えられる。堅慧は空海ともつながりを有し、室生寺に住していたこともあるとされるので、[16]円修との接点を想定できない訳ではないが、円修の付法血脈に連なることができた理由は判然としない。ただ、堅慧（恵）は後に大和国に仏隆寺を創建しており、奈良県仏隆寺鐘銘（『平安遺文』金石文編二二）には「沙門堅恵、頂戴妙経」、「万里求法、無還俗憂、仙橋花頂、遇而皆遊、日唐両国、付属領収」の語句が見えるので、渡唐や天台山滞在の事実はまちがいないものと思われる。

以上、恵運と同時に入唐した可能性のある者として円修・堅慧の事績を見た。円修は『日本高僧伝要文抄』第三音石山大僧都（明詮）伝に嘉祥三年（八五〇）二月の清涼殿における四巻金光明経講説の際に天台宗師として参加していることが知られ、「皆一時通人也」と評せられているので、天台宗の一つの流れを代表する存在と目されていたことが窺われる。とすると、円修には彼を後援する勢力があったものと推定され、唐・天台山に自己の付法血脈相承の正統性承認を求めて渡海することもやはり何らかの後援者が介在しないと不可能であると思われる。そこで、今度は円修とともに入唐した恵運の人脈を探ることで、彼らの渡海を支えた存在を明らかにしたい。

恵運は帰国後間もなくの嘉祥元年八月に安祥寺を創建している。安祥寺は藤原北家冬嗣の女で、仁明天皇の女御になり、文徳天皇を生んだ藤原順子の発願で、文徳天皇や女御藤原古子（冬嗣の女で、順子の姉妹）などの施入物も存する。今、『安祥寺伽藍縁起資財帳』によって安祥寺の資財形成に関連した人々を整理すると、表4のようになる。[17]

表4の中では日本の宗教界の関係者としてまず実恵に注目せねばならない。実恵は恵運の真言密教の師であり、表4では恵果→空海→実恵と伝来してきた由緒のある品を恵運に付託、また恵運も実恵を師と仰いでいたことがわかる。実恵は空海の同族で、讃岐国の佐伯氏出身、『続後紀』承和七年（八四〇）九月庚子条で少僧都になり、同八年二月戊

表4　安祥寺の資材形成に関係した人々

人　　名	施　入　物
太皇太后 （藤原順子，冬嗣の女，仁明天皇の女御，文徳天皇の母）	嘉祥元年8月安祥寺創建に際して，前摂津少掾上毛野松雄の私山を購入して施入 仏具・画像・聖教・宝幢・灌頂壇具・説法具・荘厳供養具・僧坊具 山城・近江・下野・周防・阿波の寺地
田邑天皇 （文徳）	仏像・画像
従一位藤原女御 （古子，冬嗣の女，文徳天皇女御）	仏像・画像・聖教・荘厳供養具
尚侍従三位広井女王 （天武天皇の子長親王の子孫）	仏像・聖教・荘厳供養具
大宰大弐藤原元利萬侶 （式家種継の孫）	近江国志賀郡の土地200歩
大唐青龍寺義真阿闍梨	仏舎利・儀軌・法具
実恵	白銅香爐・金剛子念誦珠《恵果→空海→実恵と伝来》 ＊秘密教伝法祖師の中に「実恵少僧都阿闍梨像壹軀」
春禎	鍮石香爐
恵蕚	仏頂尊勝陀羅尼石塔〈唐〉
「唐人直捨施」	庫頭具（鉄釜・竈・臼・甕など）
薬王寺の法性	山城国宇治郡の山4町

中条では定額寺に准じて高野山に灯分を施入し、仏聖二座を供養することを申請、『三代格』巻二承和十年十一月十六日官符「応下為二国家一於二東寺一定二真言宗伝法職位一幷修中結縁等灌頂上事」などにより、空海の後継者として真言宗の整備・確立に尽力していた。上掲史料05もそうした実恵の熱意を窺わせるものであり、恵運の入唐はまず実恵の真言宗隆盛の企図があったと推定されるところである。上述の円修は元来遮那業＝密教を修行しており、日本の天台宗の本流からはずれた彼が恵運とともに入唐できたのは、やはり実恵によってその密教的素養を認められたためと考えられる。なお、実恵は承和十四年十一月二十三日に六二歳で示寂しており（『僧綱補任』）、03の恵運の帰国直後の出来事であったことになる。

次に恵運の入唐中の事績としては、表4に青龍寺の義真阿闍梨との交流が知られ、これは02の「巡二礼薦福・興善曼荼羅道場一得レ見二青龍寺義真和尚一請二益於秘宗一」という入唐目的を果たすものであり、義真の存在は承和度遣唐使から得た情報に基づくものであって、上述の円行の密教伝習不充分を補足する役割になった。その求法の一端は承和十四年六月三十日僧恵運請来目録（『平安遺文』四四五四号）に看取されるところであり、「真言経儀軌等合壹佰捌拾巻」、「右従二大唐一将来仏舎利梵夾真言経像壇供具物数謹録上」とまとめられるように、膨大な量とは言えないが、密教経典の充足を果たしている。また07によると、恵運は金一〇両（以上）を持参して入唐したことが知られる。07に登場する越州良諝座主と敬文は天台山禅林寺の広修（承和度遣唐使が齎した天台宗の「難義」に対して「唐決」を呈す）の弟子で、良諝は越州開元寺の講天台座主であったから、ともに唐の天台宗の僧である。彼らが恵運の金一〇両を得て、「悪文書」を作って天台宗を毀謗したというのはどのような行為を示すのか不明であるが、真言宗の求法を行う恵運に対して好意的に応接したことに関して、円載が意見を異にするところがあったのであろうか。(18)

06を参考にすると、恵運はまず天台山に行き、次いで越州を経て長安に向かったと見なされ、恵運が携行した金（砂金か）は一〇両以上の相当な額であったと推定される（表5）。では、この金は誰が調達したのであろうか。恵運が独力で多額の金を持参できたとは考え難いので、やはりここには俗人の後援者を想定すべきであろう。04の朝廷への献上品もそうした後援者の存在を推定させる。

恵運が渡海した承和九年の廟堂構成を『公卿補任』で見ると、左大臣藤原緒嗣（六九歳、翌年に死去）、右大臣源常（三一歳）、大納言藤原愛発（五五歳）・橘氏公（六〇歳、三月四日に中納言から昇任）、中納言藤原良房（三九歳）などの面々がおり、七月十三日嵯峨太上天皇崩御に伴い勃発した承和の変では、藤原愛発は失脚、廃太子恒貞親王の東宮傅であった源常は新皇太子道康親王（文徳天皇）の東宮傅に転身、そして藤原良房は大納言に昇任となっている。この承和の変によって藤原良房の権勢が確立していくと言われるが、恵運の渡海はそれ以前から計画されていたものであ

表5　入唐留学僧が給付された賜金

年　次	僧名	賜金額	出　　典
延暦14	永忠	小300両	『紀略』延暦15年5月丁未条
天長元	霊仙	100両	『入唐求法巡礼行記』巻3開成5年7月3日条
天長3	霊仙	100両	
承和11	円仁	小200両	『続後紀』承和11年7月癸未条
	円載	小200両	※『入唐求法巡礼行記』巻3会昌2年10月13日条
承和15	円載	小100両	『続後紀』承和15年6月壬辰条
寛平6	中瓘	小150両	『菅家文草』巻10「奉　勅為太政官報在唐僧中瓘牒」
延喜9	中瓘	100両	『扶桑略記』延喜9年2月17日条
嘉祥3ヵ	円珍	30両	※右大臣（良相）から路粮として給付された金で材木を買い，国清寺止観院に三間房を造営 貞観5年11月13日円珍奏状（『平安遺文』4492号） 『参天台五臺山記』巻2熙寧5年5月14日条 なお，良房も砂金40両を賜与し，智者大師の墳塔および国清寺の仏殿の修理料に充てる

り、その段階では良房の権力は十全ではなかった。

『三代実録』貞観九年（八六七）十月十日条の藤原良房薨伝によると、良房の同母弟良相は「精㆓熟真言㆒」と評されており、良房・良相が後述の円珍の入唐求法を後援したことはまちがいないようである(19)（表5も参照）。しかしながら、恵運が入唐を計画した時点では彼らの権勢は確立していないので、恵運の後援者としてはやはり「深信㆓釈教㆒、建㆓立精舎㆒、額曰、安祥寺、資財田園割給甚多、年分度㆑僧、修㆓大乗道㆒焉」（『三代実録』貞観十三年九月二十八日条）と評される藤原順子しか想定し得ない(20)。承和三年五月五日付で実恵が唐の青龍寺に宛てて空海示寂を伝えた書状によると(21)、真言宗の「外護大壇主」として「今上陛下北面后宮」＝仁明天皇の女御藤原順子が挙げられており、安祥寺の創建との関係からは当然のことと言えるが、ここに実恵と順子の人脈が交わることになる。仁明天皇も「最耽㆓経史㆒、講誦不㆑倦、能練㆓漢音㆒、弁㆓其清濁㆒焉」（『続後紀』嘉祥三年三月癸卯条）と、唐文化に通暁していた様子が知られるが、仏教への関心は不明である。皇后・女御による渡海僧の派遣は次節で述べる橘嘉智子（嵯峨天皇の皇后、仁明天皇の母）の先蹤があり、嘉智子も尼寺ながら檀林寺という寺院を建立している（『文徳実録』嘉祥三年五月壬午条)。

ところで、02によると、恵運の入唐には「兼看二南岳・五臺之聖跡一」というもう一つの目的があった。上掲「請来目録」には五台山巡礼との関係を窺わせるものはなく、恵運の五台山などでの足跡は不明である。但し、01・03には恵運の帰国は恵蕚と行を共にしていることが知られ、表4にも安祥寺資財に対する恵蕚の貢献が窺われる。恵蕚は橘嘉智子とつながりを有する人物で、また五台山参詣との関係も深い。そこで、節を改めて、この恵蕚の検討に進むことにしたい。

二　恵蕚の活動

前節で整理した恵運は安祥寺を開基しており、師承関係や入唐・帰朝後の足跡をある程度辿ることができたが、恵蕚は諸所に活動が散見するものの、国内での動向は殆ど不明で、日唐間の国際舞台で活躍した人物という印象が強い。まず恵蕚の関係史料を整理すると、次の如くである。

Ⅱ―01『文徳実録』嘉祥三年五月壬午条（橘嘉智子伝）

（上略）后嘗多造二宝幡及繡文袈裟一、窮二尽妙巧一。左右不レ知二其意一。後遣二沙門恵蕚一泛レ海入レ唐、以二繡袈裟一奉レ施二定聖者・僧伽和上・康僧等一、以二宝幡及鏡奩之具一、施二入五臺山寺一。

Ⅱ―02『元亨釈書』巻十六

釈慧蕚、斉衡初、応二橘太后詔一、齎レ幣入レ唐、著二登萊界一、抵二雁門一上二五臺一。漸届二杭州塩県霊池寺一、謁二斉安禅師一、通二橘后之聘一、得二義空長老一而帰。又入二支那一重登二五臺一、適於二臺嶺一感二観世音像一。遂以二大中十二年一《天安二一》抱レ像道二四明一帰二本郷一。船過二補陀之海浜一、附二着石上一、不レ得レ進。舟人思二載物重一、屢上二諸物一、船着如レ元。及二像出一、船能泛。蕚度三像止二此地一、不レ忍二弃去一、哀慕而留、結二廬海嶠一以奉レ像、漸成二宝坊一、号二補陀落山寺一。今為二禅刹之名藍一。以レ蕚為二開山祖一云。

Ⅱ―03『元亨釈書』巻六

釈義空、唐国人。事二塩官斉安国師一、室中推為二上首一。初蕚法師跨レ海覓レ法。吾皇太后橘氏、欽二唐地之禅化一、委二金幣於蕚一、相二聘有道尊宿一。蕚到二杭州霊池院一、参二于国師一、且通二太后之幣一。国師感嗟納レ之。蕚曰、我国信根純然、教法甚盛、然最上禅宗未レ有レ伝也。願得二師之一枝仏法一為二吾土宗門之根柢一、不二亦宜一乎。国師令三空充二其請一。空便共レ蕚泛レ海著二大宰府一。蕚先馳奏。勅迎レ空館二于京師東寺之西院一。皇帝賚錫甚渥、太后創二檀林寺一居焉。時時問レ道、官僚得二指受一者多。中散大夫藤公兄弟其選也。蕚再入二支那一、乞二蘇州開元寺沙門契元一勒事レ刻二琬琰一。題曰二日本国首伝禅宗記一。附レ舶寄来。故老伝曰、碑峙二于羅城門側一。門楹之倒也、碑文又砕。見今在二東寺講堂東南之隅一。

Ⅱ―04『宋学士文集』巻三十八「贈令儀蔵主序」（『四部叢刊』集部）

（上略）達磨氏自身毒西来既至二中夏一、復示二幻化一、持二集履一西帰。後八十六当二推古女王之世一、達磨復示レ化至二其国一。世子豊聰過二和之片岡一、達磨身為二餒者一因臥二道左一。世子察二其異一、解レ衣衣レ之、已而入寂遂蔵焉、及レ啓レ棺無レ所レ有、唯賜衣存事、与二隻履一西帰、絶レ類所レ異者。当時無三人嗣二其禅宗一爾、自時厥後、橘妃遣二慧蕚一致二金繒一泛レ海、来二請齊安国師一、卒今義空比丘入東、其首伝禅宗之碑信不レ誣矣。（下略）

Ⅱ―05『籌海図編』巻二一「倭奴朝貢事略」（承和八＝八四一）

会昌元年入貢〈遣レ僧貢レ物入レ唐、礼二五臺仏法一〉。

Ⅱ—06『入唐求法巡礼行記』巻三会昌元年（承和八＝八四一）九月七日条

聞、日本僧恵蕚・弟子三人到二五臺山一。其師主発願、為レ求二十方僧供一、却二帰本国一、留二弟子僧二人一、令レ住二臺山一。

Ⅱ—07『入唐求法巡礼行記』巻三会昌二年（承和九＝八四二）五月二十五日条

（上略・楚州新羅訳語劉慎言の書状）恵蕚和尚附レ船到二楚州一、已巡二五臺山一、今春擬レ返二故郷一。慎言已排二比人船一訖。其蕚和尚去秋暫住二天台一。冬中得レ書云、擬下趁二李隣徳四郎船一取二明州一帰国上。縁下蕚和尚銭物・衣服幷弟子悉在二楚州一、又人船已備上、不レ免レ奉レ邀、従レ此発送。（下略）

Ⅱ—08『白氏文集』巻十一題記（金沢文庫旧蔵）(22)

大唐呉都蘇州南禅院日本国裏頭僧〈恵蕚自写〉文集、時会昌四年三月十四日、日本承和十一年也。（下略）

Ⅱ—09『入唐求法巡礼行記』巻四会昌五年（承和十二＝八四五）七月五日条(23)

（上略）又日本国恵蕚闍梨・弟子、会昌二年礼二五臺一、為レ求二五臺供一、就二李驎徳船一却二帰本国一去。年々将二供料一到来。今遇二国難一還俗、見在二楚（蘇カ）州一云々。（下略）

Ⅱ—10『続日本後紀』承和十四年七月辛未条（Ⅰ—03に同じ）

天台留学僧円載傔従仁好及僧恵蕚等至レ自二大唐一、上二奏円載之表状一。唐人張友信等卌七人同乗而来着。

Ⅱ—11『高野雑筆集』下所収「唐人書簡」④(24)（嘉祥二＝八四九）

蕚闍梨至枉二手字一、兼恵二方物一。大海間闊、如レ是留レ意、不レ忘二細微一、寄以二方物一。若非二吾人情至一、曷於レ是捧授。不レ勝二悚佩一。吾人在レ彼、雖二是異域一、行二於大法一。利レ物為レ心、沾二濡品類一、彼此豈殊。況承二国恩一、渥澤稠疊、亦人間盛事也。勉之〻〻。雲叙以二大教淪替一、曽為レ所レ駈、慙顔被二縫腋之衣一、未路阻二望烟之食一。尋遇二王臣外護一、塔寺爰興、禅林重賜、掄二材朽質一、蒙レ状入レ籍。微願既逼、永固可レ修。鄙情不レ勝二慶幸一、今蒙二衆令レ勾二当造寺一、道力軽微、庶事荒浅。且竭二蹇鈍一、敢有二怠息一。无三物可レ表二微誠一。白角如意謹寄上。望垂二検納一、幸甚。廻使還レ状、不宣。僧雲叙状上。大中三年六月七日。空禅兄国大徳〈侍者〉。（下略）

Ⅱ―12「唐人書簡」⑧　大中三年か

哀叙。謹具二短封一。仲夏毒熱。伏惟　和尚道體萬福。即日、度、晨昏外蒙レ恩。蕚和尚至伏蒙二恩念一、不レ忘三遠賜二存問一、幷恵二及名席一。拝受慙荷、下情難レ勝。不審近日寢膳何如、伏計不レ失二調護一。限以二山海阻隔一、毎恩頂礼无レ因、但積二瞻仰之極一。謹因二蕚和尚廻一、附状起居。不次、謹状。五月廿七日　趙度状上。空和尚〈法前〉。（下略）

Ⅱ―13「唐人書簡」⑩　大中三年か

蕚闍梨到蒙二　書問一、具知二彼徳趣平善深一。当二喜荷一。伏以闍梨紹二隆三寳一、遠渉二滄溟一、伝二西土佛心一、印二東土心佛一。法延流注、導二最上乗一。開二閫玄関一、投レ機而設レ語、上者不レ離レ凡而果レ聖、亦不レ与レ具レ語、下者不レ存レ聖而捨レ凡、亦不二申立一。不レ止不レ下者覺智永忙、對レ敵者一撃而矣。是上人之徳。漕渓玄旨、嘱在レ應レ機、衆會住持、當レ効先徳。毎開、彼国々王太后崇二敬佛法一、善名流二注於他邦一、人第有レ縁、衆皆賀喜。常聞、菩薩所レ作化レ人、大悲无レ倦。本国佛法、聖主今已再興、置レ寺度レ僧、倍加二厳峻一。雖レ則二癈興一今運、法満等亦且常耳。禅宗長老毎以欽レ風。若非レ有レ力者、焉以弘二持大教一。謹書二丹欵一、以代二鄙情一。時候是常、故不二煩述一。謹因二蕚闍梨廻信一、附レ状奉申。不宣、法満状上。空闍梨〈侍者〉。（下略）

Ⅱ―14「唐人書簡」⑬（仁寿三＝八五二）

不二頂謁一来、累二経数歳一。自二余弟廻日一、忽奉二　芳音一、頓解二思心一、无レ為レ所レ喩。仲夏炎毒、伏惟法體安和。即此弟子、塵俗之類、是事相纏。自下往年舎弟随二蕚禅一東行、達中於彼国上、毎蒙二恩眗一、眷念之深、愧佩在レ心、未レ能二陳謝一。又児子胡婆、自二小童一来、心常好レ道、阻下於二大唐一、佛法褱否上、遂慕二興邦一。伏惟和尚不レ弃二癡愚一、特賜㆓駈使㆒。此之度脱、无㆓喩可㆑陳。幸垂㆓日月之明㆒、廻㆓照心腑㆒、溟漢所㆑阻、頂拝来㆑問。恩羨之誠、毎増㆓馳糸㆒。今因㆓舎弟往㆒奏㆑状。不宣、謹状。大中六年五月廿二日蘇州衙前散将徐公直状上。義空和尚〈法前〉。（下略）

Ⅱ—15「唐人書簡」⑱　某年〈参考〉

孟冬薄寒。伏惟　和尚法體萬福。即此公祐在㆓客之下㆒、諸弊可㆑悉。前月中京使至、竟謝㆓垂情㆒、特賜㆓札示㆒。悚媿無㆑極。子姪愚昧、在㆑京深蒙㆘和尚賜㆖攸㆓教示㆒、甚困㆓心力㆒。反々側々。公祐今度所㆑将此子貨物来。特為㆓愚子姪㆒在㆑此、欲㆑得㆓看集㆒一転。伏望和尚慈流発遣、暫到㆓鎮西府㆒相見了、却令㆑入㆑京、侍㆓奉和尚㆒、伏惟照察。謹因㆓恵闍梨廻㆒奉㆑状。不宣。俗弟子徐公祐和南。十月廿一日。義空和尚〈法前〉。（下略）

Ⅱ—16『入唐五家伝記』所収「頭陀親王入唐略記」

（上略）《貞観三年》十月七日仰㆓唐通事張友信㆒令㆑造㆓船一隻㆒。四年五月造㆑舶已了。時到㆓鴻臚館㆒、七月中旬、率㆓宗叡和尚・賢真・恵蕚・忠全・安展・禅念・恵池・善寂・原懿・猷継幷船頭高丘真岑等及控者十五人〈此等並伊勢氏人也〉、柁師絃張友信・金文習・任仲元〈三人並唐人〉・建部福成・大鳥智丸〈二人並此間人〉、水手等、僧俗合六十人㆒、駕㆑船離㆓鴻臚館㆒、赴㆓遠値嘉島㆒。（中略）《貞観五年》十二月、親王・宗叡和尚・智聰・安展・禅念及興房・任仲元・仕丁丈部秋丸等、駕㆓江船㆒牽索、傍水入京。但賢真・恵蕚・忠全幷小師・弓手・柁師・水手等、此年四月自㆓明州㆒、令㆑帰㆓本国㆒畢。（下略）

Ⅱ—17『安祥寺伽藍縁起資財帳』（『平安遺文』一六四号）

仏頂尊勝陀羅尼石塔一基〈唐〉。恵蕚大法師所㆑建。

恵蕚は何度か彼我を往来したようであり、今、私案の理解と依拠史料を呈示すると、次のようになる。[25]

①承和八年（八四一＝会昌元）……史料05・06・07、（01・02）〔在唐新羅人の帰国船〕

↓承和九年（八四二＝会昌二）帰国……史料09〔李隣徳の船〕

②承和十一年（八四四＝会昌四）……史料08・09

※会昌の廃仏で一時還俗

↓承和十四年（八四七＝大中元）帰国……史料10、Ⅰ―01〔張友信の船〕

唐僧義空の来日〜史料14

↓斉衡三年（八五六＝大中十）頃に唐に帰国か

③嘉祥二年（八四九＝大中三）…史料11・12・13　＊徐公祐の来日

↓？帰国……（史料15か）

④斉衡元年（八五四＝大中八）または三年（八五六＝大中十）頃…史料02か

↓天安二年（八五八＝大中十二）帰国……史料02

⑤貞観四年（八六二＝感通三）…史料16（真如に随行）〔張友信の船〕

↓貞観五年（八六三＝感通四）……史料16

これらのうち、④の渡海年次に関しては、史料01の嘉祥三年五月には橘嘉智子が崩じているので、02の「斉衡初」には紀年の誤りがあると思われる。橘嘉智子の指示による五台山訪問は①または②を指すものと推定され、②では03に記された唐僧義空の招聘なども実現している。但し、02で述べられている帰国年次については正しいものとすると、やはり④の斉衡元年の渡海はあったものと考えられ、あるいはこれは同三年頃に比定されている唐僧義空の唐への帰国に随伴したもので、「元」と「三」の字形の相似により、渡海年次は斉衡三年に訂正すべきものであるかもしれない。(26)ちなみに、『文徳実録』斉衡二年七月丙寅条には「大宰府伝二進入唐留学僧円載上表一」とあり、この頃に唐から便船が到来したことが知られるので、恵蕚はその帰唐に随伴して渡海した可能性が考えられる。とすると、恵蕚は史料に知られる限りでも五度も日唐間を往来した人物ということになる。

では、恵蕚はどのような契機・目的で彼我を往来したのであろうか。またこのような頻繁な往来が可能になったのは何故であろうか。恵蕚は日本の宗教界での位置づけは不明で、宗派や師承関係も不詳とせねばならない[27]。僅かに史料02に観音信仰、03に禅宗との関係が窺われるが、観音信仰の方は唐宋商人など渡海交易に従事する海商の信仰とのつながりによるものと考えられ[28]、恵蕚自身の本当の信仰の所在はよくわからない。但し、①・②ではいずれも五台山に参詣しており、五台山信仰との関係が窺われるところである。

恵蕚①の渡海は承和度遣唐使が帰路に雇用した新羅船の船頭である在唐新羅人の唐への帰還に伴うものと推定されている[29]。『続後紀』承和七年九月丁亥条「大宰府言、対馬島司言、遥海之事、風波危険、年中貢調・四度公文、屢逢二漂没一、伝聞、新羅船能凌レ波行。望請、新羅船六隻之中、分二給一隻一。聴レ之」、『三代格』巻五承和七年九月二十三日太政官奏の「又遣唐廻使所レ乗之新羅船、授二於府衙一令レ伝二彼様一。是尤主船之所レ掌者也」などによると、新羅船への技術的信頼が窺われる。また『入唐求法巡礼行記』巻一開成四年（八三九＝承和六）三月十七日条「押二領本国水手一之外、更雇下新羅人諳二海路一者六十余人上」などから考えて、新羅人の航海技術への信任は高かったと思われる（巻一開成四年四月一～五日条も参照）。

史料07下略部分には「僧玄済将二金廿四小両一、兼有二人々書状等一、付二於陶十二郎一帰レ唐。此物見在二劉慎言宅一」とあり、新羅人船頭の陶十二郎なる者が日本から帰唐し、楚州の劉慎言に円仁宛の砂金や人々の手紙を付託したとある。劉慎言は承和度遣唐使の新羅訳語の一人を務めており（巻一開成四年三月二十二日条に初見）、その後楚州に戻ったらしく、円仁が入唐求法を終えて帰国する時も楚州惣管の地位にあった（巻四大中元年（八四七＝承和十四）六月九日条）。したがって恵蕚①の渡海は、こうした在唐新羅人による彼我往還の交通網に依存して実現したものと見ることができよう。

次に恵蕚の渡海が可能になった国内的状況を考えると、恵蕚には信仰面での入唐求法希望の様子は看取できないので、その渡海には何者かの指示、やはり史料01・02に記された橘嘉智子とのつながりが重視されねばならない。大中十二年（八五八＝天安二）五月十五日円珍入唐求法目録（『平安遺文』四四八〇・八一号）には、「本国僧田円覚、唐開成五年過来、久住二五臺一、後遊二長安一、大中九年城中相見」とあり、開成五年（八四〇＝承和七）は史料05から窺われる恵蕚①の渡海年次と若干のずれがあるが、この田円覚＝田口円覚は橘嘉智子の母田口氏（史料01上略部分）の縁者と推定され、[30]ここに恵蕚の渡海と橘嘉智子との関係が想定される。

では、この最初の渡海時に彼らはどのようにして五台山の存在を知ったのであろうか。上述のように、恵蕚と五台山信仰の関係は彼の渡海理由の唯一の確実な部分であるから、五台山信仰の日本への到来について検討してみたい。まず、承和度遣唐使の請益僧円仁の五台山行きの過程を見ると、円仁がこれ以前に五台山の存在を知っていた様子は看取できない。即ち、円仁は当初の目的であった天台山行きをあくまで熱望するが、行動の起点となる登州文登県赤山村からは五台山・長安の方が近いことを知らされ、五台山での求法に向かう。『入唐求法巡礼行記』巻二開成四年七月二十三日条には、

（上略）三僧（円仁と弟子の惟正・惟暁のこと）為レ向二天台一、忘二帰国之意一、留二在赤山院一。毎問二行李一、向レ南去、道路絶遠。聞導、向レ北巡礼有二五臺山一、去レ此二千余里、計レ南遠北近。又聞、有二天台和尚法号志遠・文鑑座主一、兼天台玄素座主之弟子、今在二五臺山一修二法花三昧一、伝二天台教迹一。北臺在二宋谷蘭若一、先修二法花三昧一、得レ道。近代有二進禅師一、楚州龍興寺僧也、持二涅槃経一千部一入二臺山一、志遠禅師辺受二法花三昧一、入二道場一求二普賢一、在

レ院行道、得レ見二大聖一。如レ今廿年也。依二新羅僧聖林和尚口説一記レ之。此僧入二五臺一及長安遊行、得二廿年一、来二此山院一。語話之次、常聞二臺山聖跡一、甚有二奇特一。深喜レ近二於聖境一、暫休下向二天台一之議上、更発下入二五臺一之意上。仍改二先意一、便擬三山院過レ冬、到レ春遊行巡二礼臺山一。

とあり、円仁は五台山での天台宗求法の可能性と五台山の聖境・聖跡なるを認識して、五台山行きを決めたという。この情報を円仁に教えたのは新羅僧聖林であり、彼の五台山・長安での求法を参考に、円仁の方針転換が図られた訳であった。九月一日条にはまた、新羅僧諒賢に五台山までの行程を確認しており、九月二十六日付で五台山行きの公験発給を申請することになる。

五台山は西晋の末頃、神仙道の者によって開かれ（酈道元『水経注』によると、永嘉三年（三〇九）と見える）、北魏代には「山紫府」、「仙者の都」と称されていたが、華厳経に登場する清涼山と結びつけられ、唐・高宗の儀鳳元年（六七六）には北印度罽賓国の仏陀波利が五台山を文殊菩薩の霊場と聞いて訪問するなど、仏教の聖地になっていた。特に則天武后は文殊信仰に篤く、六朝以来の大孚霊鷲寺を大華厳寺と改称し、五台山の位置づけが確立していくとされる(31)。円仁は『入唐求法巡礼行記』巻二開成五年三月五日条の三月三日付書状で、「遠聞、中華五臺等諸処、仏法之根源、大聖之化処、西天高僧踰レ険遠投、唐国名徳遊レ茲得レ道。円仁等旧有二欽羨一、渉レ海訪尋、未レ遂二宿願一」と述べているが、これは赤山法華院での知聞をふまえたもので、上述の経緯を見ると、円仁には事前に五台山の知識はなかったと思われる。ところが、円仁が五台山に到着すると、霊仙なる日本人僧の足跡が残されており、円仁はその波乱に富んだ生涯を記録することになる（巻二開成五年四月二十八日条、巻三同年五月十七日条、七月一日・二日条など）。

十一世紀末に聖地巡礼のため渡宋を求めた成尋は、「日域霊仙、入二清涼山一而見二一万菩薩一」（『朝野群載』巻二十延久二年（一〇七〇）正月十一日僧成尋請渡宋申文）と、霊仙を五台山巡礼の先駆者と位置づけている。『宋史』日本国伝には「次白壁天皇、二十四年、遣㆓僧霊仙・行賀㆒入㆑唐、礼㆓五臺山㆒学㆓仏法㆒」とあり、霊仙の入唐年次については光仁天皇の宝亀四年（七七三）説と桓武天皇の延暦二十四年（八〇五）説が存する。[32] 霊仙は興福寺僧で、宝亀四年入唐とすれば、永忠（三論宗）などと同じく、渤海使壱万福らの帰国に随伴して渤海路で渡海したことになり、その後の渤海経由での書状到来とも符合するが（『類聚国史』巻百九十四天長三年（八二六）三月戊辰朔条・五月辛巳条、『続後紀』承和九年三月辛丑条・四月丙子条）、これは霊仙が五台山で知己になった渤海僧貞素との関係による伝達経路であった（『入唐求法巡礼行記』巻三開成五年七月三日条所引「哭日本国内供奉大徳霊仙和尚詩幷序」）。霊仙は興福寺慈蘊撰『法相髄脳』跋文に「以上文、延暦廿二年付㆓遣唐学生霊船闍梨㆒渡㆓於大唐㆒」とあるように、やはり延暦度の留学僧であったと見るのがよいと思われる。

霊仙は般若三蔵を中心とする当時の訳経事業に参加したことで著名であるが、元和十五年（八二〇＝弘仁十一）には五台山に到り、太和二年（八二八＝天長五）以前に毒殺されたことが知られる（上掲『入唐求法巡礼行記』の各条）。霊仙は遣唐留学僧であったから、『続後紀』承和九年四月丙子条に「前年聘唐使人却廻、詳知㆓苾蒭霊仙化去㆒」とあるように、その死去の事実は承和度遣唐使が朝廷に報告していた。但し、円仁が五台山に到って初めて霊仙の存在を認識したと思しきように、霊仙の消息や五台山の情報が広く仏教界、あるいは一般に公開されていたとは考え難い。

しかしながら、I―02によると、恵運は五台山巡礼を入唐の目的の一つに掲げており、五台山の情報を知る者もいたことが窺われる。前節で触れたように、恵運は大宰府周辺の来日新羅人と交流があり、彼らを通じて赤山法華院経由の五台山情報を得ていたのかもしれない。但し、恵運の渡海が藤原順子の支援によるところが大であるとすれば、その方面の五台山巡礼希求は如何であろうか。『参天台五臺山記』巻五熙寧五年（一〇七二＝延久四）十二月一日条によると、成尋は後冷泉天皇の皇后であった皇太后四条宮寛子に託された御書経と太皇太后宮（後冷泉天皇の中宮で、後一条天皇の女章子内親王）の鏡・髪などを五台山に奉納しており、則天武后の文殊信仰の影響を受けてか、五台山への崇敬は女性の方が強かったと見受けられる。則天武后の事績は奈良時代の光明皇后や孝謙・称徳女帝には皇后・女性君主の手本として重視されており、(33) その後も為政者としての皇后・女帝の唯一の規範であったから、恵蕚と関係の深い橘嘉智子や仁明天皇の女御藤原順子なども同様に私淑していたのではないかと推定されるところである。(34)

史料01によると、嵯峨天皇の皇后で檀林寺を創建したので檀林皇后とも称された橘嘉智子は、五台山への奉納品を恵蕚に託したとあり、これは①・②の恵蕚の五台山行きを規定する派遣動機になったと思われる。霊仙の情報が朝廷に齎されたのは天長三年のことで、『類聚国史』巻七十八天長三年二月壬戌条「賜二唐留学僧霊船之弟妹、阿波国稲一千束一」とあるのは、朝廷で彼の事績を評価してのことと考えられ、同時に五台山の存在もクローズアップされたのではあるまいか。また大同元年（八〇六）十月二十二日僧空海請来目録（『平安遺文』四三二七号）には文殊師利菩薩を冠する経典がいくつかあり、(35) 文殊菩薩の本山たる五台山の情報とそれに対する関心が改めて喚起された可能性も考慮しておきたい。

ところで、史料03によると、恵蕚は①の帰路に李隣徳の船を利用しており、(36) ②の帰路には張友信の船と、在唐新羅人や渤海人を含む唐商人の来航船に依存して彼我往来を実現している。承和九年の恵蕚①の帰国とは別に、I—02によると、同年恵運は李処人なる者の船で入唐しているので、正史には残らない複数の唐商人が大宰府に来航していたことが窺われる。そこで、次に恵蕚らの渡海、日本への帰還を支えた唐商人との関係を検討してみたい。

九世紀の唐商人来航の様子は表6の如くである。八世紀後半には安史の乱による唐の混乱、対唐関係の安定、また自国の手工業生産の発展と中継貿易の展開を背景とした新羅の国際交易活動が盛んになっていた。(37) こうした新羅人の海上活動が最高潮に達するのが天長五年の張宝高の清海鎮大使就任であり（杜牧『樊川文集』巻二「張保皐鄭年伝」）、張

表6　九世紀代の唐人の来航例

年次	主な出典	出身・出発地	人名	備考
弘仁一〇・六・一六	紀略	越州	周光翰・言升則	新羅人船で来着
弘仁一〇	入唐求法巡礼行記 開成四・正・八条	揚州	張覚済	新羅人らと出羽国に漂着
弘仁一一・正・二二	紀略	越州	周光翰・言升則	渤海使に随伴して帰国
弘仁一一・四・二七	紀略		李少貞ら二〇人	出羽国に漂着 ＊李少貞は『続後紀』承和九・正・乙巳条によると、もと張宝高の臣で、この時には新羅武州列賀閻丈の牒を奏して来日
承和元・三・一六	続後紀		張継明	大宰府に滞在中 ↓入京
承和五	文徳実録 仁寿二・一二・二二条		沈道古	大宰府鴻臚館に滞在し、小野篁と詩賦を唱和
承和五～一一	文徳実録 仁寿元・九・二六条			大宰府少弐藤原武守が「大唐人貨物」を検校
承和八	入唐求法巡礼行記 会昌二・五・二五条		新羅人船頭 陶十二郎	恵蕚がその帰唐に随伴して入唐
承和九・五・五	平安遺文一六四		李処人	恵運の入唐、I―02
承和九・五	入唐求法巡礼行記 会昌二・五・二五条 会昌五・七・一条	明州	李隣徳	恵蕚が帰国
承和一〇・一二・九	続後紀		新羅人張公靖ら二六人	円載の弟子仁好・順昌が長門国に帰着
承和一四・七・八	続後紀	明州	張友信ら四七人 元静	恵蕚・恵運の帰国 I―01・02・03

承和一四・一〇・二	続後紀	蘇州	唐人江長 新羅人金子白 欽良暉 金珍	円仁の帰国ともに来日四二人、『入唐求法巡礼行記』大中元・六・九、一〇・一九条では四四人
嘉祥二・八・四	続後紀		大唐商人五三人	大宰府に来着
嘉祥二・閏一二・二四	高野雑筆集付収「唐人書簡」	蘇州	徐公祐	在日中の唐僧義空に贈物、大中年間に何度か来航
嘉祥二	三代実録元慶元・六・九条		崔勝	帰化
仁寿二・二	平安遺文四四九二		張友信	唐に帰る
仁寿三・七・一五	平安遺文一〇二～一一〇		王超・李延孝	円珍の入唐 ＊王超は平安遺文一二四に新羅商人とある
仁寿三・一二	平安遺文一〇三～一〇九		李延孝	円珍の従者の帰朝
斉衡二・七・二〇	文徳実録			大宰府から円載の上表を伝進～唐から来航か
斉衡三・三・九	平安遺文三四～三七	越州	詹景全・劉仕献 李延孝・李英覚	日本より帰国し、在唐の円珍に会う ＊李延孝・李英覚は渤海商人とある
天安二・六・八	平安遺文四四九二		李延孝・高奉・蔡輔・李達・詹景全	円珍の帰朝
貞観三・八・九	入唐五家伝	明州	李延孝	大宰府鴻臚北館に滞在
貞観四・七	入唐五家伝		張友信・金文習 任仲元	真如らの渡海
貞観四・七・二三	三代実録		李延孝ら四三人	大宰府に来着
貞観五・正・四	平安遺文四五三九		陳泰信	大宰府に滞在か
貞観五・四	入唐五家伝		詹景全・徐公直	真如の従者の帰朝。徐公直は公祐の兄
貞観五・八・四	平安遺文四五四一・四二		李達	

	四四八八～九〇			
貞観六	平安遺文四五四一・四二		詹景全	来日
貞観七・七・二七	三代実録 入唐五家伝		李延孝ら六三人 任仲元	大宰府に安置・供給 真如の天竺出発を報告
貞観七	平安遺文四五四一・四二		詹景全	来日
貞観八・五・二一	三代実録		任仲元	過所なしで入京企図
貞観八・一〇・三	三代実録		張言ら四一人	大宰府で安置・供給
貞観八	三代実録 元慶八・三・二六	明州	李延孝	宗叡の帰朝
貞観九	寺門伝記補録	蘇州	詹景全	円珍の依頼品を将来
貞観一六・七・一八	三代実録		崔岌ら三六人	大宰府に安置・供給
貞観一八・八・三	三代実録		揚清ら三一人	大宰府に安置・供給
元慶元・八・二二	三代実録	台州	崔鐸ら六三人	大宰府に安置・供給
元慶元・一二・二一	三代実録		駱漢中	智聡の帰朝
元慶元	平安遺文四五四一・四二		李延孝・詹景全	円載・智聡の帰朝 円載とともに溺死
元慶五	平安遺文四五四一・四二	蘇州	李達・張蒙	円珍の依頼品将来
元慶六・七・一五	平安遺文四五四一・四二	蘇州	李達	円珍の書状を託され帰国
元慶七	円珍伝		栢志貞	大宰府に到来し、国清寺諸僧らから円珍宛の書信を齎す
仁和元・一〇・二〇	三代実録		大唐商人	大宰府に来着→王臣家使の私交易を禁止
仁和二・六・七	平安遺文四五四八	揚州		円珍に写経五〇巻を送り、返礼の砂金を与えられる
寛平五・三	菅家文草巻九・一〇		王訥	在唐僧中瓘の書状を届ける
寛平八・三・四	紀略		梨懐（李環）	入京させる

宝高はこれ以前から日本との交易にも従事していたようであるが（『入唐求法巡礼行記』巻四会昌五年九月二十二日条）、朝鮮半島西南部の清海鎮を拠点に、航行する唐船や新羅船の貿易活動を保障するとともに、その代償に財貨を得て、また自らも配下の人々を組織して唐—新羅—日本を結ぶ交易網を構築している。張宝高の安定した制海権は承和八年十一月の彼の死去（『続後紀』承和九年正月乙巳条）の時点（新羅王権と対立して反乱）まで維持されていた。(38)

表6によると、唐人は当初新羅人の船で日本に到来しており、中には弘仁元年（八一〇）の李少貞のように、当時は張宝高の配下にあって、新羅人たることが明瞭な者（『続後紀』承和九年正月乙巳条を参照）が「唐人」として来航する場合も含まれている。これは張宝高の死後、在唐新羅人が唐から来航する点では「唐人」に他ならず、日本側の新羅商人の鴻臚館安置停止（『三代格』巻十八承和九年八月十五日官符、後掲史料h）の法網を免れて、唐人としての処遇を得るという便法を生み出す先駆形態になる。(39)承和度遣唐使派遣の時点でも大宰府には張継明や沈道古のような唐人が滞在していたが、彼らの来航方法は不明であり、今のところ唐人が主体になって日本に来航したことが判明するのは、承和九年恵運渡海時の李処人や、同十四年恵運帰国時の張友信などが早い事例と位置づけられる。(40)したがって、恵蕚①の渡海時点では、承和度遣唐使が帰路に雇用した新羅船の船頭の帰唐に随伴して入唐する方法しかなかったのである。

しかしながら、この恵蕚①の渡海と帰朝の間にちょうど張宝高の死去があり、恵蕚①・恵運の帰朝時からは唐人（含、在唐新羅人・渤海人）の日本来航を利用せざるを得なくなった。否、唐商人は日本人の彼我往来を名目に日本への通交ルートを確保していったと見ることができよう。恵蕚②の入唐では恵蕚は杭州塩官県霊池寺の斉安禅師と面識を得て、その高弟義空を随伴して帰朝している（02・03）。この時に婺州衙前散将徐公直の子胡婆が義空に随従して来日しており、公直は地方官の肩書を有する在地有力者で、その弟公祐が対日交易に従事するという形であった。(41)徐公祐は表6にも散見しており、来日時には甥である胡婆や義空と連絡を交わし、徐公直の書簡を届けたりしている（14、「唐人書簡」①〜③・⑭〜⑱）。恵蕚③の入唐時には義空の関係者への書簡の授受が知られ、またこの頃に徐公祐が来日していたことがわかるので、この③の渡海は徐公祐との関係で実現したものであり、義空と唐との連絡を仲介するという目的が含まれていたのかもしれない。14によると、徐公直も恵蕚の存在を認識しているから、恵蕚は義空を支援する徐氏の人々とつながりを得ることができたのであろう。これは橘嘉智子の死後にも恵蕚が彼我往来を続け得た背景の一つである。

恵蕚④の渡海は義空の帰国に随伴するものと推定され、これら②〜④の彼我往来では恵蕚は義空周辺の人々や徐公直・公祐らとの人脈を充分に利用できたと思われる。このように特定の唐人との関係維持、彼我の連絡網形成は後述の円珍にも窺われるところであり（表6）、円珍は入唐求法からの帰朝後も唐僧と書簡を交わし、また唐商人を通じて経典入手を企図する関係を維持している[42]。そうした人脈形成の方法の先駆者として、恵蕚の活動は重要であったと言えよう。なお、義空が日本への滞留を切り上げて、唐に戻った理由としては、恵蕚③の帰朝時に齎された唐からの書簡に、会昌の廃仏以後の唐の仏教界の復興が伝えられたこと（11・13）、この時点では日本では禅宗を受容する段階になかったことなどが考えられる[43]。

このような唐商人（俗人）の来日に対して、日本側は恵蕚や恵運などの僧侶だけが渡海していたのであろうか。日本側の俗人の動向は如何であったのか。この点に関しては恵蕚②・恵運の帰朝時の様子を伝える史料Ⅰ—01に日本側の俗人の渡海が記されている。恵蕚・恵運が利用したのは張友信の船で、この船は承和度遣唐使の天台請益僧で、その後唐に滞留して在唐新羅人の助力などで求法を続けた円仁も帰国に利用しようとしていたものであるが、日本人の春太郎・神一郎という者が銭金を支払い、彼らおよび恵蕚・恵運の帰朝に使用されることになったという（Ⅰ—03・

Ⅱ―10も参照)。恵蕚①の渡海には弟子僧二人が随行していたことが知られるが(07)、今回は恵蕚も恵運も在唐中であったから、この日本人の俗人の渡海に関しては、『入唐求法巡礼行記』巻四会昌六年(八四六＝承和十三)三月九日条に「得㆓大使書㆒云、近得㆓南来船上人報㆒云、日本国来人、僧一人・俗四人、見到㆓揚州㆒、将㆓本国書・信物等㆒、専来訪㆓覓請益僧㆒云々」とある、楚州李隣徳(恵蕚が①の帰朝時に利用したことのある人物)船に乗って到来した円仁の弟子性海(巻四会昌六年正月九日、四月二十七日、五月一日、十月二日条も参照)との関係が推測される。

a 『三代実録』貞観十六年六月十七日条

遣㆓伊予権掾正六位上大神宿禰己井・豊後介正六位下多治真人安江等於唐家㆒市㆓香薬㆒。

b 『朝野群載』巻一「捴持寺鐘銘」

(上略)多以㆓黄金㆒、附㆓入唐使大神御井㆒買㆓得白檀香木㆒、造㆓千手観世音菩薩像一躰㆒。仍建㆓衢場於摂津国島下郡㆒。安㆓置此像㆒、号曰㆓捴持寺㆒。(下略)

c 『三代実録』元慶元年(八七七)八月二十二日条

先㆑是、大宰府言、去七月廿五日、大唐商人崔鐸等六十三人駕㆓一隻船㆒、来㆓着管筑前国㆒。問㆓其来由㆒、崔鐸言、従㆓大唐台州㆒載㆓貴国使多安江等㆒、頗齎㆓貨物㆒、六月一日解㆑纜、今日投㆓聖岸㆒。是日、勅、宜㆓依㆑例安置供給㆒。

d 『三代実録』元慶元年六月二十五日条

渤海国使楊中遠等、自㆓出雲国㆒還㆓於本蕃㆒。王啓并信物不㆑受而還㆑之。大使中遠欲㆘以㆓珍翫玳瑁盃等㆒、奉㆗献天子㆖、皆不㆑受㆑之。通事園池正春日朝臣宅成言、昔往㆓大唐㆒多観㆓珍宝㆒、未㆑有㆑若㆑此奇恠㆒。(下略)

e 『平安遺文』四六三九号陳泰信書状(園城寺文書)貞観五年か(44)

孟春猶寒、惟□(大)徳道體動止康和。即日〈泰信〉蒙㆑恩、不審近日道體何似。伏許不㆑失㆓葆重㆒。〈自泰信〉従

（徒カ）二台州一四月一日得二疾病一、直到二本国一、不レ可レ上二鴻臚館一、更疾病因重、至二九月末間一、些々可レ瘥、頼得レ拾二活命一。今間従二京中一朝使来、収二買唐物一。承蒙二大徳消息一、伏知二大徳慶化一、〈泰信〉不レ勝二喜慶之至一。伏惟珍々重々。幸逢二播州少目春太郎廻次一、奉レ状起居。不宣。陳〈泰信〉再拝。正月四日。大徳〈座前／謹空〉。

f『日本紀略』延暦十一年（七九二）五月甲子条（参考）

唐女李自然授二従五位下一。自然、従五位下大春日浄足之妻也。入レ唐娶二自然一為レ妻、帰朝之日、相随而来。

ここに登場する春太郎は春日宅成、神一郎は神直己（御）井に比定される。(45) 神一郎は大神朝臣氏の傍系氏族に属する者であったが、『文徳実録』斉衡元年十月癸酉条で侍医神直虎主らとともに大神朝臣に改姓し、大神己（御）井として活躍することになる。彼はこの改姓時に少初位下であり、官人身分としては最下級に属していた。虎主は承和度遣唐使の医師で、「神参軍」と記される人物に比定できるから（『入唐求法巡礼行記』巻一開成四年四月八日条）、史料Ⅰ—01に関係する神一郎の承和十二年（八四五）末・十三年初頃の渡海はこうした同族の入唐経験者の存在とそのつてによって可能になったと推定される。そして、a・bによると、後年になって、時に伊予権掾正六位上で香薬購入のための入唐使に起用され、唐に渡ったことがわかる。その帰国はcで、今回は三年間程唐に滞在して、唐商人の便船で帰朝しており、唐商人との人脈を維持しながら、複数回の彼我往来を行っているのである。

春太郎は『三代実録』貞観元年（八五九）一月九日条（大初位下）、同三年正月二十八日条（播磨少目大初位上）、同十四年正月六日条（園池正正六位上）、元慶元年二月三日条（同上）と、四度にわたり渤海通事に起用されたことが知られ、渤海通事は中国語で通訳したと考えられているので、(46) 中国語に堪能な人物であったことが窺われる。またdによると、かつて唐に行き、多くの珍宝を観覧したといい、唐物に対する鑑識眼にも長けていたようである。彼は貞観三年の時点で播磨少目であったが、貞観五年に比定されるeでは、この時に唐物使として大宰府に派遣され、(47) 唐物の収買にあたっており、これはそうした能力を評価されていたことを裏付ける材料になる。史料I―01によると、春太郎は当初唐人江長らの船に乗ることを約束していたが、彼が広州に出かけて交易に従事している間に、神一郎が張友信の船を調達してしまったので、張友信の船で帰国することになったという。但し、江長らとの当初の約束を守るために、江長の船に息子の宗健と物実を託し、信頼関係の維持、また渡海時のリスク分散を企図している(48)。ここでは春太郎が息子を伴って渡海し、交易の実際を体験させようとしていたことが窺われる。そして、彼の構築した人脈は後年まで維持されていたようであり、eによると、円珍とつながりのある唐人陳泰信も春太郎と旧知の間柄にあったらしい。

ちなみに、fの唐女李自然は大春日浄足と結婚しているが、春太郎は春日姓で、和珥糸の本宗大春日朝臣とは異なり、傍系氏族であったと思われるので、浄足や自然との関係は不詳である。遣唐使に伴う入唐者と考えられる浄足が唐・衛禁律越度縁辺関塞条の「共為二婚姻一者、流二千里」の規定にもかかわらず(49)、自然を伴って帰国できた理由も不明であり、またこの二人の間の所生子の有無もわからないが、こうした一族の動向が春太郎のような人材を胚胎させた一因であったのかもしれない。春太郎はその後『三代実録』元慶元年十一月二十一日条で外従五位下、同二年四月二十二日条で大隅守になっている。大隅国は西海道の辺縁国で、国司の格としては低い(中国)が、十世紀以降の事例では薩摩守からの対外交易品の献上例が知られ(『小右記』長元二年(一〇二九)三月二日条)、その他南島との交易の可能性もあったのではないかと思われ(50)、憶説として記しておきたい。

以上の春太郎・神一郎は円仁を迎えに来た性海とは全く別行動をとっており、その帰国も円仁らの意向を忖度したものではなく、独自に便船調達を試みている。したがって彼らは性海の入唐とは別の目的で、渡唐可能な便船に乗り合わせたものと考えられ(51)、表6によると、今回の李隣徳の来日年次は不明であるが、当時彼我往来を支える唐商人の定期的な来航が続いていた。但し、この段階では国境を越える日本人の活動は唐商人の往来に依存しており、東アジア海域で日本人商人が独自に活躍するのは平安末期くらいを待たねばならなかった。[52] また春太郎・神一郎はともに最末端クラスとはいえ、官人の肩書を有して活動しているので、その渡海は官許や朝廷の意向を背景にする要素があったと考えられる。この点は渡海僧らの後援勢力の問題とも関係する論点であり、改めて総体的に検討することにしたい。

論を恵蕚に戻すと、恵蕚の渡海は新たな通交形態を切り開くものであり、恵蕚①の入唐は遣唐使には依存しない彼我往来のあり方を示す先蹤になった。管見の限りでは、恵蕚の最後の彼我往来になった⑤は後述の真如の渡海に伴うものであるが、史料16に見るが如く、恵蕚は長安に向かう真如一行とは別れて、一年弱の在唐で明州から帰国している。この真如の渡海団は混成旅団と言うべきもので、またかつて恵蕚が利用したことのある張友信の便船を用いている点は、恵蕚は真如の渡海を介添えする役割を果たすものであり、それ故に短期間の滞在で日本に戻ったとも考えられる。とすると、ここには恵蕚が構築した唐人や唐の仏教界とのつながりがなお有効であったことが看取され、[53] それらを結節する存在として恵蕚の同行が意味を持ったと解せられる。恵蕚①の渡海で入唐した田口円覚は在唐のまま活動を続けており、円珍や真如の唐での行動にも関与している。恵蕚とその周辺の人々の活動にはそうした後次の渡海者を支援する役割もあり、次に円珍や真如の入唐について検討してみたい。

三　円珍の入唐求法

円珍は第五代天台座主で、延暦寺を中心とする山門派に対して園城寺（三井寺）を中心とする寺門派の祖師として名高い。延暦度遣唐使の最澄・義真、承和度の円仁・円載に次いで入唐求法を行い、円仁とともに天台密教の確立に尽力した人物である。円珍に関しては優れた伝記的記述がまとめられており、[54]入唐求法のあり方についても『行歴抄』、『天台宗延暦寺座主円珍伝』、『唐房行履録』、『天台霞標』などの関連文書が集成されている。[55]

円珍は先行する入唐僧である恵蕚や恵運にも言及する場面があり、既に関係史料として利用しているものもある。このように円珍の入唐求法史料は膨大で、かつそれぞれに集成がなされているので、前二節とは異なり、ここでは関連史料の集成は行わず、まず円珍の入唐の様子を年表風に整理した上で、いくつかの論点に即して必要な史料を掲げる形で論述を進めることにしたい。

Ⅲ—01『請弘伝両宗官牒案』草本第一〈仁寿元年（八五一）〉

五月廿四日、得レ達二前処一。訪二問唐国商人張支（友）信廻船一其年二月、已発帰レ唐。伏縁レ無レ便二船人着一、慨悵難レ及。便寄二住城山四王院一。

Ⅲ—02『行歴抄』大中七年（八五三＝仁寿三）十二月十四日条

卯辰之間、上二晨朝一、上レ堂喫レ粥。粥時礼文、但唱二十二為并五悔一、不レ唱二仏名一。卯辰之間、上レ堂喫二小食一、食後下レ堂欲レ帰レ房。忽然起心、円載不レ久合レ来、不レ用レ入レ房、且彷徨待二他来一。思已、行到二南門看一望、橋南松門路上〈橋者寺門前橋也〉有レ師、騎馬来到二橋南頭一、下レ馬下レ笠。正是留学円載并也。珍便出レ門、迎二接橋北一、相看礼拝、流涙相喜。珍雖レ如レ此、載不二多悦一。顔色黒漆、内情不レ暢。珍却念、多々奇々。若本郷人元不二相識一、異国相見、親二於骨肉一。況乎旧時同レ寺比レ座。今過二此間一、似レ无二本情一。多々奇々。相共帰レ院、東道西説、无レ有二香味一、説導、我在二唐国一、已経二多年一、総忘二却日本語一云々。都不二語話一。入夜説導、送レ牒与二本国太政官一、不レ因二王勅一、不レ令二人来一。珍曰、太々好々。載曰、有二人説一、珍将二来五千両金一。珍曰、金有二何限一。

表7　円珍の入唐求法略年表

年次	事項
嘉祥三・春	円珍三七歳。夢告で山王明神が入唐求法を勧める
仁寿元・春	山王明神が再び入唐求法を勧め、円珍は上表して渡唐許可を得る
仁寿元・三・九頃	内供奉十大禅師に補任され、入唐に備えて僧位記と補任の治部省牒を特別に下賜される（↓唐に持参する公験とする）
仁寿元・四・一五	出京して大宰府に下向
仁寿元・五・二四	大宰府に到着↓便船がなく、月粮を給付され、城山四王院に寄住
仁寿二・閏八	唐国商人欽良暉・王超・李延孝らの交関船が到来
仁寿三・七・一六	博多を出帆し、肥前国松浦郡値嘉島に至り、鳴浦に停泊
仁寿三・八・九	進発
仁寿三・八・一五（唐・大中七）	福州に到着。一行は円珍・僧豊智（三二歳、後に智聡と改名）・沙弥閑静（三一歳）・訳語丁満（四八歳）・経生的良〈延福カ〉（三五歳）・物忠宗〈撣宗カ〉（三二歳）・大全吉（二一歳）・伯阿満（一八歳）の計八人。伯阿満は円珍の無事渡海を報じるために、福州より李延孝の渡航船で日本に帰国
仁寿三・八・二一	開元寺に安置され、生料を給付
仁寿三・八・二三〜二四	中天竺摩掲陀国大那蘭陀寺三蔵般若怛羅に梵字悉曇章を受学し、印法などを教えられる
仁寿三・九・一〇	福州より出発
仁寿三・一二・一	台州臨海郡に到り、開元寺に止宿。長老の知建は貞元二〇年（八〇四）に円珍の師義真とともに国清寺で具足戒を受けた間柄であった
仁寿三・一二・一三	国清寺に到着。国清寺では道邃の弟子広修の弟子物外が止観を長講
仁寿三・一二・一四	円載が越州より到来し、国清寺で会う
大中八・二	天台山禅林寺に上り、定光・智顗などの関係地を巡礼（円珍は国清寺で坐夏し、天台教法三〇〇巻を書写）
大中八・九・七	天台山を出発し、越州に向かう。閑静・物忠宗・大全吉は国清寺に留まる（越州では開元寺で良諝から講受を得る）
大中九・三	越州の公験を得て、進発
大中九・三・二九	蘇州に到着。円珍は病になり、徐公直宅に寄宿
大中九・四上旬	円載が到来し、共行する

大中九・四・二五	蘇州の徐公直宅より出発
大中九・五・六	洛陽に到着
大中九・五・一五	潼関にて豊智が智聡と改名
大中九・五・一九	円載は長安に入城し、左街崇仁坊王家店に止宿
大中九・五・二一	長安に到着。春明門外高家店に止宿
大中九・六・三	青龍寺法全に拝見し、大瑜伽法文を与えられる
大中九・六・八	左街崇仁坊の円載のところに寄住し、田口円覚と会う
大中九・七・一	右街崇化坊龍興寺浄土院新羅国禅僧雲居房に移居
大中九・七・一五	円載とともに法全から胎蔵界法を受学
大中九・一〇・三	法全から金剛界法を受学
	（「今上（清和天皇）御願大曼荼羅像」を図絵）
大中九・一一・四	法全から両部大教阿闍梨位灌頂を伝受
大中九・一一・六	大興善寺で不空の骨塔を礼拝し、智慧輪から両部大曼荼羅教秘旨を諮承され、新訳持念経法を授かる
	（千福寺・西明寺・慈恩寺・興福寺・崇福寺・薦福寺を巡礼）
大中九・一一・二七	円覚とともに長安より出発
大中九・一二・一七	龍門の広化寺で善無畏の舎利塔を礼拝
大中九・一二・一八	洛陽に到着。水南温柔坊新羅王子宅に寄住
	（大聖善寺・敬愛寺・安国寺・天宮寺・荷澤寺を巡礼）
大中一〇・正・一三	円覚と龍門西崗を廻至し、金剛智の墳塔を礼拝。さらに白居易の墓を見る
大中一〇・正・一五	洛陽を出発。僧伽和尚ゆかりの泗州普光寺に到る
	（蘇州に到着し、徐公直に滞在）
大中一〇・五・一七	蘇州の徐公直宅より出発
大中一〇・五・二三	越州に到着。開元寺に廻到し、良諝と会い、天台法文を捨与される。次いで天台山に向かう
大中一〇・六・四	国清寺に廻到
	（藤原良相から路粮として給付された砂金三〇両で材木を買い、国清寺止観院に止観堂を建立→九・七完成）
大中一二・二初頭	台州にて経論目録に判形をもらう
大中一二・六・八	商人李延孝の船で帰国の途に就く
大中一二・六・一九	肥前国松浦郡旻美楽埼に帰着

大中一二・六・二二	大宰府鴻臚館に廻至
大中一二・一二・二七	入京
天安三・正・一六	清和天皇に御願胎蔵金剛界大曼荼羅を献上

Ⅲ—03『行歴抄』大中七年十二月十五日条（下略部分の次にⅠ—06が続く）

（上略・円載に伝燈大法師位の位記を渡す）当時、載捧受頂戴、喜躍无レ限、礼二謝天台大師一、拝二賀円珍一。従レ此以後、口中吐二出本国言語一、不レ可二尽説一。因二此事次一、具知二此人本性未レ改。帰二到房裏一、更与二土物沙金・綿・絁一、転益歓喜、因語二次第一。載問曰、丁満年幾。珍曰、四十九歳。載曰、不レ合二領来一。多日取二戹年一、恐路上有レ煩。天涯地角、自レ此已来語得。或時円珍対レ他、試二問天台義目一、曾无二交接一。両三度略如レ此。在後休去、更不二談話一。珍心惆悵。山宗留学、因レ何如レ此。貞元年留学円基、佯称二眼疾一、便帰二本国一、作二外州県綱維知事一、恥二辱宗徒一。今度円載見解已爾、恐辱二徒衆一、都无二利益一。既不レ及二叡山沙弥童子見解一、況於二僧人一。嗚々呼々。載来二山中一経二十余（日）一、或喚二出丁満一、問二珍身辺多少金一、或喚二小師一、偷問二金数一。（下略）

Ⅲ—04『行歴抄』大中九年（八五五＝斉衡二）五月二十三（二十二カ）日条

（上略・長安高家店に止宿）在レ此伝二語載一、珍欲下得二東行西遊一、求上レ得レ学。載伝語曰、行動不レ似二此間人一、莫二出行一也。

Ⅲ—05『行歴抄』大中九年五月二十五日条

丁満入レ城、於二常楽坊近南門街一、逢二着玄法寺法全阿闍梨一。便伏レ地拝、和上恠問、若是円仁闍梨行者否。丁満答レ爾。因二何事一更来。随二本国師僧一来、特尋二和尚一。和尚喜歓、便領将去二青龍寺西南角浄土院和上房一、与レ茶飲喫。便伝語来、存二問円珍一。

Ⅲ—06『行歴抄』大中九年五月二十八日条

円珍到青龍寺、礼拝和尚、并入道場、随喜礼拝。便於院中、喫茶飯了。和尚問曰、将去大儀軌、抄取得否。珍対曰、不敢自擅。和尚便入灌頂道場、開厨取本、過与円珍。又入房坐、略説五大種子及以手印等。珍随分記得、将瑜伽本出寺、帰到春明門外高家店写。怕他悪人、不敢更往阿闍梨院。其載座主、彼十九日、到城、権下崇仁坊王家店。

Ⅲ—07『唐房行履録』巻中 在唐目録

縁身不調、経三五七日、爾覲和尚。和尚歓喜且借与件大瑜伽本。乍喜戴帰店、夜中無任渇仰、手抄印名、略渉三巻了。経両宿許、和尚親到店下、教示曰、爾住店中、写文書。恐街家所由、勘責来由、事触老僧。早返瑜伽本。再三召返、珍諮曰、抄写不日合了之。還給本了、帰寺。其後不日畢、手奉還焉。

Ⅲ—08『行歴抄』大中九年十月三日条

入金剛界灌頂。当夜夢、従壇上諸尊脚足底下一一流白乳、入円珍口。至明旦、不向人説。従此以後、和尚一切如法、決疑往復、諸事惣得。説云、郷賊与爾甚妨難、都不欲得成就。ム暫時取彼他語、悩乱大徳、此ム錯処云々。珍第二遍見和尚時、具知賊事、佯不知之。但尽礼慶、和尚感之。在後具説一切事、委曲知之。珍不敢説。和上説導、者賊久在剡県、養婦蘇田、養蠶養児。無心入城、纔見珍来、作鬼賊、趁逐入来。叵耐叵耐。所説甚多。向後諸事一切不教賊知之。従天台相見之日、至乎長安、忽有无量事、不用具記。

Ⅲ—09吉水蔵目録「金剛頂瑜伽真実教王成身会品」第一

載留学与珍、学両部大法。而於此賢劫十六及二十二天印、面不受学之。赴他人斎、廻日写所珍手記也。

故記レ之。

Ⅲ—10『智証大師将来目録』大中十年（八六五＝斉衡三）秋月（八月十三日か）

〔円覚〕出遊、往到二広州一、遇二本国商人李英覚・陳太信等一附二送前件信物一。今将二本国一、永充二供養一。

Ⅲ—11『天台宗延暦寺座主円珍伝』大中十年条

円珍尋二訪旧事一、祖師最澄大法師、貞元年中、留二銭帛於禅林寺一造レ院、備二後来学法僧侶一。而会昌年中、僧人遭レ難、院舎随去。仍将下右大臣給二円珍一宛二路糧一沙金三十両上、買二材木一、於二国清寺止観院一、備二長講之設一。又造二三間房一、塡二祖師之願一、即請二僧清観一為二主持人一。

Ⅲ—12大中十二年閏二月台州公験案（『平安遺文』一二四号）

（上略）小師閑静・撣宗、先未二受戒一。蒙二前使裴端行一賜二給所由一、往二於東都一、十二（一カ）年三月八日求二受具戒一訖。（下略）

Ⅲ—13『行歴抄』天安三年（貞観元＝八五九）正月十六日条

召入レ内、対二見龍眼一。竝将二両部曼荼羅像幀一、着二殿上一御覧。仁座主前在レ内見、次二大臣、右大弁、右大将、宗叡師兄、同見二曼荼羅一。其二像便留二太政御消曹司一了。便出二内裏一、更見二太政・右両大臣一。当時帰レ寺。此日両処施レ物。

Ⅲ—14『三句大宗』背書　大中十年正月一日条

（上略）又夢、珍等行レ路、路上過レ時、未レ喫レ飯、到否教レ作レ飯。当時日近二中頭一、而智豊逐便来、顔色憂愁、多在二困乏一、以乞二飲食一。延福亦爾。珍不二肯与一レ飲、両人徘徊不レ去也。

Ⅲ—15『天台宗延暦寺座主円珍伝』元慶六年（八八二）条

差二僧三慧一入レ唐、重令レ捜二写闕経三百四十余巻一。先後和尚所二写伝一経論章疏目録、文多不レ載。

Ⅲ—16『三代実録』元慶元年十二月二十一日条

是日、令下二大宰府一量中賜唐人駱漢中并従二人衣粮上。入唐求法僧智聡在レ彼廿余載、今年還レ此。漢中随二智聡一来。智聡言曰、漢中是大唐処士、身多二伎芸一。知二其才操一、勧令二同来一。不レ事二蹤求一、独取二艱渋一。願加二優恤一、以慰二旅情一。詔依レ請焉。

Ⅲ—17『天台宗延暦寺座主円珍伝』

其後入唐沙門智聡帰朝語云、智聡初随二留学和尚円載一、乗二商人李延孝船一過レ海。俄遭二悪風一、舳艫破散、円載和尚及李延孝等、一時溺死。時破レ舟之間、有二一小板一、智聡覚得レ乗二著之一。須臾東風迅烈、浮査西飛、一夜之中漂二着大唐温州之岸一。其後亦乗二他船一、来二帰本朝一。於レ是、計二円載和尚没溺之日一、正是和尚悲泣之時也。天下莫レ不二歎異一。

Ⅲ—18『扶桑略記』貞観十九年（元慶元）閏二月十七日条

延暦寺僧伝燈大法師位済詮、伝燈満位安然・玄昭・観漢等四人、給二伝食駅馬一、令レ向二太宰府一。縁二済詮等求法入唐一也〈安然和尚受記云、安然以二貞観十八年二月一、有二入唐事一。私云、若貞観十九年歟〉。智證大師伝云、惣持院十禅師済詮将三入唐求法幷供二養五臺山文殊一。主上及公卿、多捨二黄金一、以為下供二養文殊一之資上。済詮辞レ山之日、拝二別和尚一、便問二大唐風俗一兼将レ習二漢語一。和尚黙然、无二一所レ対。済詮深有二恨色一、起レ座。和尚語二門人一言、此師雖レ有二才弁一、未レ暁二空観一。入唐之謀、似レ衒二名高一。若心殿未レ掃、何得三三尊之加持一。若加持不レ至、何踰二万里之険浪一。済詮果不レ着二唐岸一、又不レ知レ所レ至。和尚先識機鑒、皆此類等也。

円珍は延暦度遣唐使の最澄の請益に同行し、初代天台座主になった義真の弟子で、遮那業出身、比叡山の真言学頭に推されており、手に印を結び口に真言を唱え、心を一点に集中して瞑想する密教の行法を天台宗の中に取り込み、台密を完成させる使命を負っていた。唐・大中十二年閏二月乞台州公験案（『平安遺文』一二四号）によると、円珍の入唐求法は「当朝藤侍郎相公（良相）、専与二執奏一、大尉相公（良房）同力主持」によって勅許されたといい、第一節でも触れたように、「精二熟真言一」していた藤原良相、そしてその兄で廟堂の中心にいた藤原良房の後援によって実現したものである（表5、史料11も参照）。この頃、良房は惟仁親王（清和天皇）立太子を企図しており、表7や史料13に看取されるように、惟仁親王の無事生育を祈願して御願両部曼荼羅像を唐で作成させることも計画に入っていたと考えられる。[56]

表7によると、円珍の入唐求法は天台宗では越州開元寺の良諝、密教に関しては長安青龍寺の法全を中心に伝授を得ており、こうした受学受法、諸経典の入手や校勘、そして真言五祖（金剛智・善無畏・一行・不空・恵果）に対する礼拝供養などを柱とするものであったと解される。円珍が入唐した時期は会昌の廃仏が終息し、新皇帝宣宗による仏教復興が進む気運にあり、恵運や恵蕚、また円仁のような廃仏の辛苦を経験することはなかった。円珍には七名の随行者がおり、経典の書写・校勘に備えた経生も同行している。訳語丁満は円仁の従者丁雄満で、在唐経験豊富な人物であり、法全とも顔見知りであったので（史料05）、円珍が法全から受学する上で大いに役立った（06〜09）。また渡海後にも承和度の留学僧円載や恵蕚①で渡海した田口円覚など、唐の事情に通じた存在が助力してくれ、往復の船旅を含めて、円滑な求法を遂げることができたと言えよう。

その円載との関係は、第一節で触れた初期天台宗の継承問題もあって、良好なものではなく、しばしば円珍を悩ませている。[57] 円載側の記録はなく、専ら円珍側からの描写であるが、02によると、円載は「不レ因二王勅一、不レ令二人来一」、即ち私的渡航を禁じるように進言し、遣唐使による正規の留学僧でない円珍の私的な入唐求法を見下しており、再会の当初から円珍は円載に悪感情を抱いたようである。円載の天台教学の研鑽が進んでいない様子や円珍所持の砂金への関心（03）、円載が会昌の廃仏で還俗した時に妻帯し、妻子を養う生活ぶり（08）など、唐での円載の生活に対する円珍の非難が述べられている。

円珍は頭頂が尖っていて、「霊骸」という特異な骨相を持っており、唐では「持其頭髏、以為蔵往知来之用、求福致利之資」ので、旅行中に殺害されないように注意せよと忠告されたといい（『天台宗延暦寺座主円珍伝』）、現在残されている円珍の像を見ても、異相であることがわかる。円珍は、

　余曾習論、随方有之。遊歴大唐、見聞朝野、自他学問、無有執論、絶謗法事。若講論疏、値斥他失錯、不用委釈、略述而過。縁本郷執聴之、寂漠以不快消也。下講詣房、諮陳前意、座主答曰、此土風俗、護他学意、伝我宗教。如今在座把疏、聴徒多此他宗、成名徳者、為人情故、屈老関座。若留心意、決択嫌斥、長他瞋恚、損我宗門。所以略過、不用決消。但同宗人、於房尽意、商量疏義、成己懐抱云々。

と記しており（『仏説観賢菩薩行法経文句合記』巻下）、これは越州で良諝の講筵に連なった時のことのようであるが、円珍の探求心、討論を好む傾向を窺わせている。真言宗とは別に台密を確立するための立場もあろうが、「唐朝老宿貶醍醐於蘇、本国幼重（童ヵ）濫甘露乎毒乳」、「或立十住心判一代教、未合此疏、不足為論耳」と（『大毘盧遮那経指帰』）、空海を厳しく批判した言辞も見られる。(58)

円珍は求法の証明として祖師最澄に倣って台州の判印をもらう際にも、再三にわたり申請を行っており、時として激烈に行動するところが看取される。その他、18にも円珍の容易には理解し難い、意固地な態度が知られる。04で円載が円珍に自由な求法を戒めたのは、唐で辛酸を舐めて、慎重に行動すべきことを悉知していた円載がそれとなく注

意したものかもしれないが、これは円珍の意に沿わなかったようであり、08・09によると、円載の悪評や受法の際の態度もあるが、長安での受学受法後は円載と行を分かつことになる。円載の処世にも不審な点はあるが、上掲の良諝の講説の考え方、またⅠ―07を参照すると、円載は必ずしも唐仏教を全面的に評価していた訳ではなく、円載なりの視点があったと見なされる。

なお、円珍の弟子豊智＝智聡は円珍帰国後も長く唐に滞留し、史料16の元慶元年に漸く帰朝している。この点について、14の弟子派遣や表6に看取される唐商人との関係維持による経典収集と同様、智聡の在唐を円珍の求法の継続という文脈で理解する意見もある。(59) しかし、17によると、智聡は円載と行動をともにしていたようであり、15の「智豊」は豊智＝智聡、「延福」は経生の的良のことで、ともに円珍の下を去って円載についていたので、夢の中のこととはいえ、円珍は彼らに厳しい態度をとったと考えられる。(60) 表7によると、豊智は長安の手前の潼関で突然改名して智聡と名乗ったとあり、このあたりから円珍と智聡らには分裂が生じ、彼らは円載側に随行したので、円珍の憎悪の対象になったと見なしたい。円載には彼らを引きつけるもの、学識や唐での経験があり、そこに円珍から離脱する大きな理由があったと思われる。

Ⅰ―06については、円載が新羅人と人脈を有し、日本からの渡海者にも便宜を図っていたことを窺わせると位置づけたが、表7によると、円珍は長安では新羅国禅僧雲居房、洛陽では新羅王子宅に寄住している。後者の新羅王子宅は、新羅人旅行者の宿泊施設として提供されていたのではないかと推定されており、長安の雲居からの紹介で利用することができたとする説明もある。(61) そうした側面も考慮すべきであろうが、ここには円珍が入唐時に利用した在唐新羅人欽良暉（Ⅰ―01参照）の紹介、(62) あるいは円載が有していた在唐新羅人の人脈による要素も想定してみたい。円珍の求法が円滑に遂行された要因として、円珍の好悪は別にして、円載ら在唐日本人の果たした役割は重視すべきであると思われる。

以上、円珍の入唐求法に関連して、その円滑な活動を支えた要素を整理し、円載など在唐日本人の助力も重要であったと考えるべきことを述べた。蘇州の徐公直との関係（表7）も、前節で検討した恵蕚らが築いたものであり、円珍の渡海はこうした諸条件の整備という時宜を見据えたものであったと言えよう。なお、10によると、田口円覚は長安からの帰路、さらに広州にまで足を延ばしており、円珍帰朝後も在唐を続け、次の真如の唐での活動も支えている。円珍と袂を分かった智聡も真如と関係しており、唐に留まり何らかの活動を続けるという道も開けていたようである。そこで、次に田口円覚・智聡、そして円載も関係を有する真如の渡唐について検討することにしたい。

四　真如とその一行

真如は俗名を高丘親王といい、平城天皇の皇子で、嵯峨天皇即位時には皇太子になっていたが、弘仁元年（八一〇）の薬子の変（平城上皇の変）で廃太子になり、三論宗の道詮の下で出家、次いで空海の弟子として真言宗の枢要な地位にも就いていた。しかし、志半ばで断たれた政治への感情を振り払うかの如くに仏教の真理を探究しようとした真如は、宗教上の疑問を解明すべく入唐、さらには天竺行きを敢行し、途中の羅越国で客死してしまう（後掲史料01など）。

真如の入唐に関しては『入唐五家伝』に「頭陀親王入唐略記」があり、伝記的考察も行われているので[63]、ここでもまず真如の渡海経緯や入唐後の動向を年表風に整理することから始めたい。

Ⅳ—01『三代実録』元慶五年（八八一）十月十三日条

表8　真如の渡唐（＊は『三代実録』その他は「頭陀親王入唐略記」に依拠）

年次	経過
貞観三・三	入唐を許可される
貞観三・六・一九	池辺院を出発し、巨勢寺に向かう
貞観三・七・一一	巨勢寺を出発し、難波津に向かう
貞観三・七・一三	大宰府の貢綿船に乗り進発
貞観三・八・九	大宰府鴻臚館に到着
貞観三・九・五	壱岐島に去向 ＊さらに肥前国松浦郡栢島に移る
貞観三・一〇・七	大唐通事張友信に造船を命じる
貞観四・五	造舶終了し、鴻臚館に到る
貞観四・七月中旬	乗船し鴻臚館を出発し、値嘉島に向かう。一行は宗叡・賢真・恵蕚・忠全・安展・禅念・恵池・禅寂・原懿・猷継、船頭高丘真岑、控者一五人（伊勢興房ら伊勢氏の人々）、柁師張友信・金文習・任仲元（以上の三人は唐人）・建部福成・大鳥智丸、水手ら計六〇人
貞観四・八・一九	遠値嘉島に到着
貞観四・九・三	出帆
貞観四・九・七	明州楊扇山に到着
貞観四・九・一三	明州の役人が船上の人・物を点検
貞観四・一二	勅符が到来し、越州での滞在を許可される （この間、入京許可を待ち、所々を巡礼）
貞観五・四	賢真・恵蕚・忠全と小師、弓手、柁師、水手らは明州より日本に帰国
貞観五・九	入京許可が届く
貞観五・一二	長安に向けて出発。一行は宗叡・智聡・安展・禅念、伊勢興房、任仲元、仕丁丈部秋丸 （途中、汴河が凍結して前進できないので、泗州普光寺に寄住し、僧伽和尚霊像を供養）
貞観六・二月中旬	長安に向けて再出発 （宗叡は五台山に向かうため、ここで別れる）
貞観六・二月晦	洛陽に到着し、五日間滞在。良師を求めるも、人なし

貞観六・五・二一	長安に到着し、西明寺に安下 （円載が真如の入城を皇帝に奏聞したところ、阿闍梨を派遣して難疑解決の指示がある。六ヵ月を経ても疑問点は解決できず、円載を介して西天竺行きを上奏し、勅許を得る）
貞観六・一〇・九	伊勢興房は淮南に退廻し、処々寄附功徳物の請取りを進める （返還しない者や詐訴する者があり、興房は楊州府に糺問を依頼する。感通六年（貞観七）に宗叡が長安から帰来し、雑物を早く請取り、広州に向かうべき旨を告げるので、興房は広州に行こうとしていると、任仲元が真如の書を将来し、稽留すべからざる旨、李延孝の船で帰国すべき旨の指示がある）
貞観七・正・二七	真如は安展・田口円覚・丈部秋丸らとともに西に向かう
貞観七・六	宗叡・伊勢興房は李延孝の船で帰国 （なお、智聡は在唐を続け、帰国せず）
貞観七・七・二七	李延孝の船が大宰府に到着。一行は六三人（＊）
貞観八・五・二一	唐人任仲元が過所なしで入京し、譴責を被り、大宰府に還される（＊）
元慶五・一〇・一三	在唐僧中瓘の申状が届き、真如が羅越国で遷化した旨が判明する（＊）

是日、頒二下所司一曰、无品高丘親王、志深二真諦一、早出二塵区一。求法之情、不レ遠二異境一、去貞観四年自辞二当邦一、問二道西唐一、乗レ査一去、飛レ錫无レ帰。今得二在唐僧中瓘申状一偁、親王先過二震旦一、欲レ度二流沙一。風聞、到二羅越国一、逆旅遷化者。雖二薨背之日不一レ記、而審問之来可レ知焉。親王者平城太上天皇之第三子也。母贈従三位伊勢朝臣継子、正四位下勲四等老人之女也。去大同五年廃二皇太子一。親王帰二命覚路一、混二形沙門一、名曰二真如一、住二東大寺一。親王機識明敏、学渉二内外一、聴受領悟、罕見二其人一。稟二学三論宗義於律師道詮一、稍通二大義一。又真言密教究二竟秘奥一、門弟子之成熟者衆。僧正壹演為二其上首一。詔授二伝燈修行賢大法師位一。親王心自為、真言宗義、師資相伝、猶有レ不レ通。凡在二此間一、難レ可二質疑一。況復観二電露之遂空一、顧二形骸之早弃一。苦求三入唐了二悟幽旨一、乃至庶三幾尋二訪天竺一。貞観三年上表曰、真如出家以降四十余年、企二三菩提一、在二一道場一。竊以菩薩之道、不二必一致一。或住二戒行一、乃禅乃学。而一事未レ遂。余纂稍頽、所レ願跋二渉諸国山林一、渇二仰斗藪之勝跡一。勅依レ請。即便下二知山

陰・山陽・南海等諸道一、所レ到安置供養。四年奏請、擬レ入二西唐一。適被二可許一、乃乗二一船一、渡レ海投レ唐。彼之道俗、甚見二珍敬一。親王遍詢二衆徳一、疑旨難レ決。送二書律師道詮一曰、漢家諸徳多乏二論学一、歴二問有意一、无レ及二吾師一。至二于真言一、有レ足二共言一。親王遂杖レ錫就レ路、□脚孤行。（下略）

Ⅳ―02『三代実録』元慶八年三月二十六日条

僧正法印大和尚位宗叡卒。宗叡、俗姓池上氏、左京人也。幼而遊学、受二習音律一、年甫十四、出家入道。従二内供奉十禅師載鎮一、承二受経論一。登二棲叡山一、無二復還情一。天長八年受二具足戒一。就二広岡寺義演法師一、稟二受法相義一。数年復帰二叡山一、廻心向大、受二菩薩戒一、諳二究天台宗大義一。随二円珍和尚一、於二園城寺一受二両部大法一。于レ時叡山主神仮二口於人一告曰、汝之苦行、吾将二擁護一。遠行則雙鳥相随、暗夜則行火相照。以レ此可レ為二徴験一。厥後宗叡到二越前国白山一、雙鳥飛随、在二於先後一、夜中有レ火、自然照レ路。見者奇レ之。久之移二住東寺一、就二少僧都実恵一、受二学金剛界大法一、詣二少僧都真紹一、受二阿闍梨位灌頂一。自二内蔵寮一、給二料物一焉。清和太上天皇為二儲貳一之初、選入侍二東宮一。貞観四年高丘親王入二於西唐一、宗叡請レ従渡レ海。初遇二汴州阿闍梨玄慶一、受二灌頂一、習二金剛界法一。登二攀五臺山一、巡二礼聖躰一。即於二西臺維摩詰石之上一、見二五色雲一、於二東臺那羅延窟之側一、見二聖灯及吉祥鳥一、聞二聖鐘一。尋至二天台山一。次於二大華厳寺一、供二養千僧一。即是本朝御願也。至二青龍寺一、随二阿闍梨法全一、重受二灌頂一、学二胎蔵界法一、尽二其殊旨一。阿闍梨以二金剛杵幷儀軌法門等一、付二属宗叡一、用二充印信一。更尋二慈恩寺造玄・興善寺智慧輪等阿闍梨一、承二受秘奥一、詢二求幽賾一。廻至二洛陽一、便入二聖善寺善無畏三蔵旧院一。其門徒以二三蔵所持金剛杵幷経論梵夾諸尊儀軌等一授レ之。八年到二明州望海鎮一、適遇下李延孝遥指二扶桑一将上レ泛二一葉一、宗叡同舟。順風解レ纜、三日夜間帰二着本朝一。主上大悦、遇以二殊礼一。当時法侶、皆望三和尚之伝二金剛界法胎蔵界法密教一、和尚於二東寺一教二授之一。学徒有レ数、傾レ懐而説。（下略）

IV—03『批記集』阿闍梨大曼荼羅灌頂儀軌の奥書の裏書（『大日本仏教全書』智証大師全集、仏書刊行会、一九一七年）

貞元（観ヵ）五年、宗叡来二於三井一、学二胎蔵悉地両部法一了、略授二伝法一訖。其後叡至二禅林寺紹僧都処一、有二本意一故更受二此金剛界一也。其因縁者、紹和上此実慧僧都弟子也。宗於二慧大徳処一、初受二一字法一、後受二金剛界一。叡云、有下思二本師一志上、故表二受法志一。其事後、於二東七条故左大弁藤原有蔭朝臣宅一珍召、在二東寺一叡師問二案内一。答曰、於二紹僧都処一受二伝法印一者。是於二三井一受二胎蔵大日尊印一、更無二他事一。又叡写二此戒儀一入手了、諸瑜伽及大法等多抄取了。而入レ唐与二円載師一相話之後、叡意改変、即学二取円載所レ対（封ヵ）式歟人法一、帰国再三封レ之呪二詛於余一（此夢中所レ示也）。而遵或無レ験、再三妬怒、再三趠躍云云。此善神所レ示也。後人知レ之。珍記。

上件伝法印事、在レ此之日面陳如レ此。而従レ唐帰向二公輔朝臣一云、珍不レ受二伝法印一、仍思二返三井所レ受法一云云。

此高太夫面説也。

IV—04『書写請来法門等目録』（宗叡著）

（上略）右雑書等、雖レ非二法門一、世者所レ要也。大唐感通六年(64)従二六月一迄二于十月一、於二長安城右街西明寺日本留学円載法師院一求写雑法門等目録具如レ右也。日本貞観七年十一月十二日却二来左京東寺一重勘定。入唐請益僧大法師位。

IV—05『都氏文集』巻三「大唐明州開元寺鐘銘一首并序」（貞観七年（八六五）二月十五日）

乙酉歳二月癸丑朔十五日丁卯、日本国沙門賢真敬造二銅鐘一口一。初賢真泛レ海入レ唐、経二過勝地一、明州治南得二開元寺一、可三以繋二意馬一、可三以降二心猿一、自レ就二一遊一、留連数月、有二雲樹一、有二烟花一、有二楼台一、有二幡蓋一。禅器之類、亦多備焉。但独闕者、楗椎而已。挙レ寺僧徒相共恨レ之。其中長老語二賢真一云、嘗聞、本国好レ修二功徳一。若究二衆治之工一、以合二双楽之製一、従二彼扶桑之域一入二我伽藍之門一、遍満二国土一、不レ得レ不二随喜一、第二天衆不レ得レ不二驚聴一。

爾時賢真唯然許レ之、帰郷之後、便鑄二此鐘一遂遣二彼寺一、遂二本意一也。（下略）

Ⅳ—06『三代実録』貞観九年六月二十一日条

詔以二近江国滋賀郡比良山妙法・最勝両精舎一為二官寺一。故律師伝燈大法師位静安所レ建也。静安弟子伝燈大法師位賢真従レ唐還レ此、自申牒請レ預二於官寺一。従レ之。

Ⅳ—07『三代実録』貞観八年五月二十一日条

唐人任仲元、非レ有二過所一、輙入二京城一。令下加二譴詰一還中大宰府上。重下二知長門・大宰府一、厳二関門之禁一焉。

Ⅳ—08『入唐五家伝』所載 景福二年（八九三＝寛平五）閏五月十五日在唐僧好真牒

在唐僧好真牒。好真伏聞、教興二天竺一、伝二授支那一。摩騰〔頃カ〕入レ漢、乗二白馬一以駄レ経。僧會来レ呉、舎利以主乗。降続来三蔵不二名言一、聖典韋興、遐邇遍布。且好真伏困、項年随二師良大徳一、適獲レ届二大唐一、不幸和尚在レ唐遷化。好真因修駐留陪講以聴採、未レ若二深和一。今伏見上都崇聖寺長講経律弘挙大徳、志在二伝燈一、偏灑二法雨一。虔誠三請、願下赴二本国之宗源一、闡一中乗之法相上。伏蒙レ開二慈悲之路一、啓二提誘之方一。免〔允カ〕許降臨、親飛二杖錫一、将二数百巻之真語一。官船以鮮覧〔纜カ〕、庶福龍図、社稷祥耀、遍霑雨。謹具二事由一申報。伏乞栢〔相カ〕公仁恩、特賜レ奏。牒件状如レ前。謹牒。

真如の渡海の様子は史料Ⅱ—16に詳しく、大宰府の大唐通事張友信の造船を利用し、唐への到着から入国許可取得までも張友信に依存するところが大きかった。張友信はⅠ—03・Ⅱ—10の恵運・恵蕚②の帰朝時に初めて来日し、表6に看取されるように、その後何度か彼我往来を行うとともに、来日唐商人の先駆者的存在であったためか、唐人来航に対するために大宰府の大唐通事に起用された人物である(65)。張友信の帰唐はこれが最後で、『三代実録』貞観六年八月十三日条「先レ是、大宰府言。大唐通事張友信渡レ海之後、未レ知二帰程一。唐人往来、亦無二定期一。請友信未レ帰之間、留二唐僧法恵一、令レ住二観音寺一、以備二通事一。太政官処分、依レ請」とあるように、張友信が日本に戻ってくることはなく、一方では表6に見るが如く、唐商人は陸続と来航しているので、大唐通事の存在が不可欠とされた次第であった。

張友信は肥前国松浦郡値嘉島で造船を行ったとあるが、『肥前国風土記』松浦郡値賀島条には「西有二泊レ船之停二処一〈一処名曰二相子之停一、応レ泊二二十余船一、一処名曰二川原浦一、応レ泊二一十余船一〉、遣唐之使従二此停一発、到二美禰良久之済一〈即川原浦之西済是也〉、従レ此発レ船指レ西度之」と記されており、東シナ海を横断する南路による遣唐使船の出発地点になっていた。I―02では李処人がやはり楠木を伐採して船を新造したといい、「唐人等必先到二件島一、多採二香薬一以加二貨物一、不レ令三此間人民観二其物一□。又其海浜多二奇石一、或鍛練得レ銀、或琢磨似レ玉。唐人等好取二其石一、不レ暁二土人一」とも報告されており（『三代実録』貞観十八年（八七六）三月九日条）、造船や航海技術だけでなく、唐商人は日本人が気づいていない資源利用方法にも通暁していたようである。

真如自身の入唐目的やその行程は史料01・表8の通りであるが、ここでは真如と行をともにした他の僧侶の動向を検討してみたい。恵蕚については上述したところであり、唐での足跡が知られる宗叡と賢真に触れる。宗叡は『入唐五家伝』にも史料02とほぼ同文の「禅林寺僧正伝」があり、入唐五家の一人に数えられている。02下略部分によると、宗叡は「性沈重、不レ好二言談一。当二於斎食一口不レ言二濃淡一。未三嘗寝脱二衣裳一、念珠不レ離レ手」という人物で、清和太上天皇の信頼が篤く、出家後の引導を行ったとされる。表8および02によれば、宗叡は汴州で長安に向かう真如一行と別れて、五台山に道をとったといい、当初から真如とは求法目的を異にしていたようである。02には五台山で様々な奇瑞を得たことが記されているが、これは成尋の『参天台五臺山記』巻五熙寧五年（一〇七二）十一月二十七日・二十八日条に書写された参詣者たちの壁記と相通じるもので、その真偽は不明とせねばならない。なお、この五台山参詣は大華厳寺での千僧供養[66]が「是本朝御願也」とあるように、清和天皇の意を体したものであった。

その後、宗叡は長安に赴き、真如一行と合流したらしく、真如と同様、承和度の留学僧円載の助力を得ている。前節で見た円珍と円載の関係、円載の悪評とは異なり、ここでは円載は真如など日本僧と唐の朝廷とを仲介する役割を果たしており、西明寺に居住して日本僧の世話をすることができるだけの立場にあったことが知られる。その円珍との関係では、宗叡は円珍から両部大法を受学していた。但し、02によると、宗叡は天台宗から出発しながらも（Ⅲ―13に「宗叡師兄」とあるように、円珍と同じく義真に師事）、様々な宗派の人々に受学受法しており、特に密教に関しては入唐後も複数の学匠に伝授を求めている。これは円珍の求法にも同様のあり方が看取でき、01・表8の真如の求法もやはり密教の真髄を究めようとするものであり、真如や宗叡は日本の密教に物足りなさを感じていたのではないかと思われる。

03の貞観五年には宗叡は入唐求法中であったから、03の年次には誤りがあると考えられるが、03には宗叡が円珍から受法を完遂しないままに、実恵系の禅林寺真紹に就学したことが非難されている。03は円珍の著作であり[67]、特に宗叡が唐で円載と接近したことは問題視されており、宗叡が円載から学んだ方法で円珍を呪詛しようとしたが、効果がなかったと述べられているのは、Ⅰ―06・07、Ⅲ―08などと同じく、円載の悪行を喚起しようとするものであろう。したがってこれは額面通りには受け入れられず、むしろ円載の学識に魅了されるところがあったために、宗叡は円珍よりも円載の方を支持したと考えられる。04によっても、宗叡が円載に親しんでいた様子は看取され、真如の求法援助ともども、円載の学匠としての力量には見直しが必要である[68]。

表8によると、宗叡は長安から淮南に先行した伊勢興房に真如の指示を伝える役割を果たしている。興房は真如の母方の一族で、真如の渡海には控者として伊勢氏の者一五人が同行しており、興房はその筆頭となる人物であったらしい。興房は、『三代実録』貞観十四年（八七二）五月二十二日条では前筑後少目従七位上で渤海使の領帰郷客使通事、元慶七年（八八三）正月一日条でも存問渤海客使の通事になったとある（時に前筑後少目従八位上とあるのは、どちらかが

位階に誤記があるか）ので、上述の春太郎（春日宅成）と同様、帰国後は在唐経験を生かした役割に起用されていたことがわかる。興房は宗叡から広州行きの指示を伝達されたといい、これは真如の天竺行きの準備を進めるためか、あるいはⅠ—01に描かれた上述の春太郎と同様に、交易活動に従事するためかは不詳である。但し、宗叡の次に任仲元が到来し、その指示によると、興房は宗叡・任仲元らとともに李延孝の船で日本に帰国すべきことを命じられており、このあたりの事情はよくわからない(69)。

07によると、任仲元は李延孝の船で来日した上で、真如の動向を直接報告するためか、畿内にまで入ろうとして、朝廷から追却されている。この年四月十一日には瀬戸内海地域に海賊追捕命令が出されており、唐人が勝手に関門之禁を犯すことは認められなかった。ただ、ここには応天門の変をめぐる藤原良房・基経と伴善男・藤原良相との対立があり、両派には海上交通や対外関係に関する方策でも相違があったので、特に良房は前代の王権に連なる真如の動向にも敏感になったのではないかとする見方もある(70)。

次に05・06には賢真の動向が知られる。賢真は真如らの長安上京には同行せず、恵蕚らとともに明州から帰国している。半年間程の在唐であり、当初から明州あるいは越州で唐の仏教界と接した上で(71)、早々と帰国する計画であったと考えられる。06によると、賢真は法相宗の静安（元興寺）の弟子で、真如の渡海団が様々な目的・宗派の人物によって構成されていたことを改めて認識させてくれる。05の明州開元寺への鐘の寄贈は他の史料に見られない逸話であり、どのようにして鐘を送ったのか不明であるが、開元寺の鐘の欠如は会昌の廃仏の余燼を窺う材料になる。賢真の正確な渡海目的は不詳とせねばならないが、入唐を契機とする唐の仏教界との関係形成や帰国後の交流維持の事例として留意したい。

真如自身の入唐求法や天竺行きの詳細には不明の部分が多いので、真如とともに渡航した人々の活動を探ってみた。

前節で触れた円載や智聡の在唐活動はもうしばらく続き（Ⅲ―16・17）、この他にも01で真如死去の風聞を齎した中瓘のような在唐僧もいたことが知られる。中瓘は寛平度の遣唐使計画とも関係して登場する人物で、[72]唐滅亡後も中国に滞留して、日本朝廷に情報を送り、砂金の賜与を得ている（『日本紀略』、『扶桑略記』延喜九年（九〇九）二月十七日条）。08の好真も同様の事例である。好真は師の師良大徳とともに入唐したが、師良が唐で死去してしまったので、単身在唐して様々な講席に陪聴して修行を続けているのだという。彼らはともに渡海時期、事情不明であるが、当時こうした形の在唐日本僧が何人かいたことがわかり、興味深い。

この好真は08で長安崇聖寺の弘挙大徳の日本行きを推挙し、入国許可を依頼しており、これは『入唐五家伝記』所載の大宰府宛寛平五年八月十六日官符で許可されている。『菅家文草』巻九寛平六年九月十四日「請レ令三諸公卿議二定遣唐使進止一状」には「在唐僧中瓘去年三月附二商客王訥等一所レ到之録記」が見えており、08の好真牒もあるいはこの王訥に付託されて日本に届いたのかもしれない。中瓘は温州刺史朱褒の意、[73]さらにはその背後にある唐朝廷の来貢要求を得て連絡をとったものであり、王訥の役割に弘挙大徳の随伴が含まれていたとすると、寛平度の遣唐使派遣計画をめぐる唐側からの接近をもう少し敷延することができそうであるが、記録には残らないものも含めて、当時唐商人の来航が複数存する場合も見られるので（表6）、好真牒の付託や弘挙大徳の随伴と王訥の関係は必ずしも確定的とは言えない部分もあり、保留しておきたい。

なお、師や渡海団の中心人物が死去した後も、残りの人々が活動を続ける事例としては、延長五年（九二七）に後唐に渡航した興福寺寛建の一団を挙げることができる。[74]彼らは唐滅亡後、五代十国の混乱から宋による統一までの動乱期に渡海したという事情もあり、中国に留まり、日本には帰国できなかった。そのうちの一人、超会は五代十国の混乱を乗り切って宋代までの中国を体験し、開封の左街天寿寺に居住しており、最初の入宋僧である奝然と邂逅し、寛建一行のその後を伝えることができている（『鵝珠抄』二「奝然在唐日記」逸文）。但し、「超会雖レ有二談話志一、本朝言語皆以忘却。年八十五云々」と記されており、五〇年以上の滞在でもはや祖国の記憶も薄らいでいたと思われる。一方ではそこに国境を超越した活動や意識の醸成を読み取ることもできるが、それは九世紀中葉頃から散見する、遣唐使には依拠しない入唐求法や渡海交易者の行動を前提として可能になったものである点に留意しておきたい。

むすびにかえて

本章では事実上の最後の遣唐使になった承和度遣唐使以降に散見する、遣唐使に依拠しない九世紀の入唐者の存在に着目して、特に入唐求法僧を中心に、十世紀以降の巡礼僧への展開を考える材料を整理した。承和度遣唐使の帰国直後から始まる恵蕚・恵運の渡海、そして円珍の入唐求法、真如一行の入唐と複数の目的を持った活動のあり方、またその他の史料にかいまみられる渡海時期・事由不明の人々の存在などである。

g 『三代格』巻十八天長八年（八三一）九月七日官符

応レ検二領新羅人交関物一事。右被二大納言正三位兼行左近衛大将民部卿清原真人夏野宣一偁、奉レ勅、如レ聞、愚闇人民傾二覆櫃運一、踊貴競買。物是非レ可レ韜。簟弊則家資殆罄。躭二外土之声聞一、蔑二境内之貴物一、是実不レ加二捉搦一所レ致之弊。宜下下二知大宰府一厳施二禁制一、勿上レ令二輙市一。商人来着、船上雑物一色已上、簡二定適用之物一、附レ駅進上。不レ適之色、府官検察、遍令二交易一、其直貴賤一依二估價一。若有二違犯一者、殊処二重科一、莫レ従二寛典一。

h 『文徳実録』仁寿元年九月乙未条藤原岳守卒伝

（上略）《承和》五年為二左少弁一、辞以二停耳不一レ能二聴受一。出為二大宰少弐一、因検二校大唐人貨物一、適得二元白詩集一奏

上。帝甚耽悦、授二従五位上一。（下略）

i『続後紀』承和九年（八四二）正月乙巳条

（上略）是日、前筑前国守文室朝臣宮田麻呂、取二李忠等所レ齎雑物一。其詞云、宝高存日、為レ買二唐国貨物一、以レ絁付贈、可レ報二獲物一、其数不レ尠。正今宝高死、不レ由レ得二物実一。因取二宝高使所レ齎物一者。縦境外之人、為レ愛二土毛一、到二来我境一、須下欣二彼情一令上レ得二其所一。而奪二廻易之使一絶二商賈之権一、府司不レ加二勘発一、肆令二并兼一、非レ失二賈客之資一、深表レ無二王憲之制一。仍命二府吏一、所レ取雑物、細砕勘録、且給且言。兼又支二給粮食一、放帰二本郷一。

j『三代格』巻十九延喜三年（九〇三）八月一日官符

応レ禁三遏諸使越レ関私買二唐物一事。右左大臣宣、頃年如レ聞、唐人商船来着之時、諸院諸宮諸王臣家等、官使未レ到之前遣レ使争買。又墎内富豪之輩心愛二遠物一、踊レ直貨易。因レ茲貨物價直定准不レ平、是則関司不レ慥二勘過一、府吏簡二略検察一之所レ致也。律曰、官司未二交易一之前私共二蕃人一交易者准盗論、罪止徒三年。令云、官司未二交易一之前不レ得下私共二諸蕃一交易上。為レ人糺獲者、二二分其物一、一分賞二糺人一、一分没官。若官司於二所部捉獲一者、皆没官者。府司須下因二准法条一、慎中其検校上。而寛縦不レ行、令二人狎侮一、宜下更下知、公家未二交易一之間厳加二禁遏一勿中復乖違上。若猶犯レ制者、没レ物科レ罪、曾不二寛宥一。

恵蕚は橘嘉智子、恵運は藤原順子の後援によって渡海しているが、彼女らはいずれも当時の仁明天皇周辺の人物である。上述のように、仁明天皇は唐文化に通暁しており、桓武朝～嵯峨朝の唐風化推進やgの船載品への憧憬の時代に生育した仁明は、hの逸話にも窺われるように、唐物の獲得を重視している。延喜十四年（九一四）の三善清行の意見封事十二箇条には、「仁明天皇即位、尤好二奢靡一、雕文刻鏤、錦繡綺組、傷二農事一、害二女功一者。朝製夕改、日変月悛、後房内寝之修、飫宴謌楽之儲、麗靡煥爛、冠二絶古今一。府帑由レ是空虚、賦斂為レ之滋起。於レ是天下之費、二分而一」（『本朝文粋』巻二）と非難されており、国史を見る限りは、当時それ程奢侈の風が問題になっていたとは思えないが、これも唐物愛好によって惹起された現象であるのかもしれない。[75]

jによると、こうした唐物の希求は衰えるどころか、むしろ益々盛んになっていくようであるが、[76] g・jのような唐物獲得競争の中ではiの文室宮田麻呂事件の如き紛擾も起きている。この事件は新羅の清海鎮大使として唐―新羅―日本を結ぶ交易網を構築していた張宝高の活動に関連して、その使者来日時に筑前守であった（承和七年四月六日任、同八年正月解任か）宮田麻呂が、絁を贈して「唐国貨物」購入を依頼したことに起因し、その後張宝高が新羅王権と対立して敗死したため、かつての宝高の部下で、新羅王権側に寝返った李少貞らが来日して日本にある宝高の資産を回収しようした際に、宮田麻呂が「去年廻易使李忠等所ﾚ齎貨物」を抑留したというものである。その後の展開として、宮田麻呂は突如として謀反の嫌疑がかけられ、勅使が難波・京の宅を捜索したところ、若干の兵器が見つかり、宮田麻呂は伊豆国配流に処せられるので（『続後紀』承和十年（八四三）十二月丙子・戊寅・庚辰・癸未条）、抑留事件の方の結末は不明になっている。

文室宮田麻呂は、iと同年に嵯峨太上天皇死後に勃発した承和の変で処罰された参議文室秋津の一派として処断されたとも言われるが、[77] この事件の真相は未解明の部分が多い。張宝高との交易自体は朝廷が許可しているので、宮田麻呂の交易には問題がなかった筈であるが、彼が新羅人貨物を抑留し続けることで、張宝高の残党とその残党取締りに来日した李少貞が大宰府に滞留し、新羅の内政問題に巻き込まれることの方が重大事であったとする指摘もなされている。[78] また宮田麻呂は内竪によって召喚され、蔵人所で詰問されているので、宮田麻呂の半年強の筑前守在任は、蔵人所―大蔵省・内蔵寮による唐物獲得の一環として、交易のために特任派遣されたもので、少し後に登場する入唐交易使の先駆的形態ではなかったかとも言われる。

k『三代格』巻十八承和九年八月十五日官符

応レ放二還入レ境新羅人一事。右大宰大弐従四位上藤原朝臣衛奏状偁、新羅朝貢其来尚矣。而起レ自二聖武皇帝之代一、迄二于聖朝一、不レ用二旧例一、常懐二奸心一、苞苴不レ貢、寄二事商賈一、窺二国消息一。望請、一切禁断、不レ入二境内一者。右大臣宣、奉レ勅、夫徳澤泪レ遠、外蕃帰化。専禁二入境一、事似二不仁一。宜下比二于流来一充レ粮放還上。商賈之輩飛帆来着、所レ齎之物任聴二民間一令レ得二廻易一、了即放却。但不レ得下安二置鴻臚館一以給上レ食。

張宝高の死去による混乱と文室宮田麻呂事件の中で大宰大弐に任じられた藤原衛は四条起請を呈し、新羅人の入境を一切禁断することを求めた（『続後紀』承和九年八月丙子条）。宮田麻呂が筑前守であった時、大宰少弐には文室真屋（室）という者があり、宮田麻呂の交易活動遂行に強力な後ろ盾になったと思われるが、衛の方策はこうした大宰府周辺の動向、g・jで問題視される交易のあり方を牽制することが主眼であったと考えられる。但し、kによると、朝廷は新羅人入境者に対して、『三代格』巻十八宝亀五年（七七四）五月十七日官符の流来新羅人への対処に准じて充粮放還とすること、gの民間交易の規定による交易活動は認可すべきことを令しており、従来の基本方策を総合する形での対応策を示している。鴻臚館安置・供給を禁止した点では衛の起請の意に沿った部分もあるが、上述の唐物希求の風潮の中では交易は存続せざるを得なかったのである。

ただ、承和の変、また応天門の変などを通じて、藤原良房・基経による前期摂関政治が確立し、摂関に権力が集中すると、入唐僧の後援など、外交権の行使主体にも変化が看取される。即ち、恵蕚は橘嘉智子、恵運は藤原順子の後援を得ており、また文室宮田麻呂の逸脱行為など、嵯峨太上天皇や仁明天皇の存在とは別に、複数の外交権行使が可能であったのに対して、円珍は藤原良房・良相の後援や清和天皇の勅許、真如についても清和天皇の渡海許可を得て入唐しており、以後は天皇とそれを支える摂関など権力中枢者の意向に依存する形になっているのである。ここには張宝高が新羅王権と対立した際に、日本にも後ろ盾を求めて遣使したのに対して、「人臣無㆓境外之交㆒」の原則でこれを退けた経験が大きく作用しており（『続後紀』承和七年十二月乙巳条、同八年二月戊辰条）、外交権の所在が改めて規定されたのではないかと考えられる。(79)

十世紀以降の渡海僧に関しては、寛建と藤原忠平、日延と藤原師輔、寂照と藤原道長の如く、摂関政治の確立に伴う、渡海僧に対する摂関家の支援という要素が顕著になる。(80) 最初の入宋僧である奝然に対しては、藤原兼家・道隆など摂関家の人々だけでなく、天皇家の人々も結縁を行っているが、(81) やはり当時の国政担当者の権限は大きかったと見なされる。こうした十世紀以降のあり方を考える上で、遣唐使による留学・請益とは別の方法で彼我往来を行った九世紀中葉の入唐僧の出現は重要であり、そこには国政運営の構造や対外政策の変化などの要素を探る方途もあることを指摘して、本章のむすびにかえたい。

註

（1）拙稿「菅原道真と寛平度の遣唐使計画」（『遣唐使と古代日本の対外政策』吉川弘文館、二〇〇八年）。なお、石井正敏「寛平六年の遣唐使計画について」（『情報の歴史学』中央大学出版部、二〇一一年）も参照。

（2）佐伯有清『最後の遣唐使』（講談社、一九七八年）。拙稿a「漂流・遭難、唐の国情変化と遣唐使事業の行方」・b「承和度の遣唐使と九世紀の対外政策」（註（1）書）も参照。

（3）小野勝年『入唐求法巡礼行記の研究』全四巻（法蔵館、一九八九年）、E・O・ライシャワー『円仁　唐代中国への旅』（講談社、一九九九年）、佐伯有清a『慈覚大師伝の研究』（吉川弘文館、一九八六年）、b『円仁』（吉川弘文館、一九八九年）など。

（4）拙稿「入宋僧成尋の系譜」（『遣唐使の特質と平安中・後期の日中関係に関する文献学的研究』平成十九年度〜平成二十年

度科学研究費補助金（基盤研究（C））研究成果報告書（研究代表者・森公章）、二〇〇九年〔本書所収〕）。

（5）拙稿a「劉琨と陳詠」（『白山史学』三八、二〇〇二年）、b「入宋僧成尋とその国際認識」（『白山史学』三九、二〇〇三年）、c「『参天台五臺山記』の研究と古代の土佐国」（『海南史学』四一、二〇〇三年）、d「宋朝の海外渡航規定と日本僧成尋の入国」（『海南史学』四四、二〇〇六年）〔以上、いずれも本書所収〕。

（6）円載については、佐伯有清『悲運の遣唐僧 円載の数奇な生涯』（吉川弘文館、一九九九年）を参照。

（7）田中俊明「安祥寺開祖恵運の渡海」（『皇太后の山寺』柳原出版、二〇〇七年）は、資財帳のこの部分の記述には触れるが、円仁と張宝高の説明が殆どで、恵運の入唐求法そのものについてはあまり探究されていない。

（8）註（2）拙稿b。

（9）円行に関しては、佐藤長門「入唐僧円行に関する基礎的考察」（『国史学』一五三、一九九四年）、高田淳「國學院大學図書館蔵 入唐僧円行関係文書の紹介」（『國學院大學図書館紀要』六、一九九四年）などを参照。

（10）註（2）拙稿a。なお、氣賀澤保規『中国の歴史』06絢爛たる世界帝国 隋唐時代（講談社、二〇〇五年）も参照。

（11）ライシャワー註（3）書、佐伯註（3）書bなど。

（12）小野勝年「入唐僧圓修・堅慧とその血脈圖記」（石濱先生古稀記念『東洋学論叢』一九五八年）。円修と円珍の関係については、佐伯有清『円珍』（吉川弘文館、一九九〇年）、仲尾俊博「円修と円珍」（『日本密教の交流と展開』永田文昌堂、一九九三年）などを参照。

（13）初期の天台宗、特に遮那業（密教）をめぐる問題の一端は、佐伯有清『最澄と空海』（吉川弘文館、一九九八年）を参照。

（14）森田悌「国史の円澄伝」（『続日本紀研究』三七九、二〇〇九年）。

（15）小野勝年『入唐求法行歴の研究』上（法蔵館、一九八二年）一二二頁。円珍の円載に関する叙述に偏頗があることは、佐伯註（6）書を参照。

（16）小野註（12）論文。その他、小山田和夫「堅慧と円修」（『智証大師円珍の研究』吉川弘文館、一九九〇年）も参照。

（17）安祥寺については、松田和晃「安祥寺資財帳について」（『日本歴史』四四九、一九八五年）、京都大学大学院文学研究所二一世紀COEプログラム「グローバル化時代の多元的人文学の拠点形成」成果報告書『安祥寺の研究』Ⅰ（二〇〇四年）、上原真人編『皇太后の山寺』（柳原出版、二〇〇七年）などを参照。

(18) 佐伯註(12)書一〇一頁は、「良諝は以前に、敬文とともに、恵運の十両の金を手にして、他の者と一緒になって、怪しからぬ文書を作り、わが天台宗を謗った」と解するが、同註(6)書一三七頁では、「他の者と一緒になって」の部分は削除されている。あるいはここは「為他」（「他」＝円載に対して）と解するべきかもしれない。

(19) 佐伯註(12)書、『智證大師伝の研究』（吉川弘文館、一九八九年）。なお、良房と良相の関係の行方については、瀧浪貞子「陽成天皇廃位の真相」（『平安京とその時代』思文閣出版、二〇〇九年）を参照。

(20) 保立道久『黄金国家』（青木書店、二〇〇四年）一六八～一七〇頁。

(21) 『弘法大師全集』第五輯（密教文化研究所、一九七八年）三九一～三九二頁。

(22) 池田温『中国古代写本識語集録』（大蔵出版、一九八八年）三四六～三四七頁。

(23) 楚州→蘇州の校訂は小野註(3)書四巻二〇六頁による。また保立註(20)書一九二頁註(26)は、「年々」の「々」を「又」の誤写と考え、「本国に帰却し、去年、又、供料をもたらして到来す」と読むべきことを提案している。

(24) 『高野雑筆集』は内閣文庫本、大谷大学所蔵本、石山寺蔵本などの写真版を参考にし、石井正敏「九世紀の日本・唐・新羅三国間貿易について」（『歴史と地理』三九四、一九八八年）、高木訷元「唐僧義空の来朝をめぐる諸問題」（『空海思想の書誌的研究』法蔵館、一九九〇年）、田中史生a「唐人の対日交易」（『国際交易と古代日本』吉川弘文館、二〇一二年）、b「入唐僧恵蕚に関する基礎的考察」（『入唐僧恵蕚の求法活動に関する基礎的考察』二〇〇七年度～二〇一〇年度科学研究費補助金（基盤研究（C））研究成果報告書（研究代表者・田中史生）、二〇一一年）、山崎覚士「九世紀における東アジア海域と海商」（『人文研究』五八、二〇〇七年）、大槻暢子「唐僧義空についての初歩的考察」（『東アジア文化交渉史研究』一、二〇〇八年）などを参照して、適宜文字の取捨を行った。なお、11～14に見るが如く、恵蕚は「蕚闍梨」と表記されており、15の「恵闍梨」はそれらとは異なる表示であるが、参考のために掲げておいた。

(25) 田島公『日本・中国・朝鮮対外交流史年表（稿）〔増補・改訂版〕』（二〇〇九年）、対外関係史総合年表編集委員会編『対外関係史総合年表』（吉川弘文館、一九九九年）も参照。

(26) 佐伯註(19)書一一七～一一八頁は、『宋高僧伝』唐杭州塩官会昌院斉安伝により、斉安は会昌二年（八四二＝承和九）十二月二十二日に入滅しているので、義空の来日は恵蕚①の帰国の承和九年のことであったと見るが、高木註(24)論文は史料14の「不ㇾ頂謁ㇾ来、累ㇾ経数歳ㇾ」により、この表現は承和九年来日だと、相応しくなく、やはり承和十四年来日と見る方がよいとしており、義空は会昌の廃仏を経た唐の仏教界の荒廃を機に来日したと考えられるので、恵蕚②の帰国時来日説を支持しておきたい。田中註(24)論文aは義空の来日をやはり承和十四年とし、その後程なく（一〇年未満のうちに）義空は唐に戻ったと見ており、それは斉衡三年前後のことであったと推定している。

(27)　恵蕚の全般的な年譜は、橋本進吉編「恵蕚和尚年譜一巻」（『大日本仏教全書』遊方伝叢書、仏書刊行会、一九二二年）、保立註(20)書一四七～一五六頁などを参照。

(28)　山内晋次「航海と祈りの諸相」（『古代文化』五〇の九、一九九八年）、「航海守護神としての観音信仰」（『古代中世の社会と国家』清文堂出版、一九九八年）など。

(29)　小野註(3)書第三巻四〇六～四〇八頁、対外関係史総合年表編集委員会編註(25)書八三頁。

(30)　佐伯有清「円珍と円覚と唐僧義空」（『最澄とその門流』吉川弘文館、一九九三年）。宝賀寿男『古代氏族系譜集成』（古代氏族研究会、一九八六年）田口朝臣の項によると、姉は権命婦（権典侍）とあり、『続後紀』承和十三年正月庚戌条・五月丁卯条に登場する田口全子に比定される。なお、保立註(20)書一九二頁は、田口円覚を恵蕚と同行した弟子二人（史料06）のうちの一人と見ている。

(31)　日比野丈夫・小野勝年『五台山』（平凡社、一九九五年）、齋藤忠『中国五台山竹林寺の研究』（第一書房、一九九八年）など。なお、中田美絵「五臺山文殊信仰と王権」（『東方学』一一七、二〇〇九年）は、不空の領導による唐・代宗期の金閣寺修築にも画期を求めている。

(32)　日比野・小野註(31)書八六頁、齋藤註(31)書七八～八〇頁、大屋徳城「日本国譯経沙門霊仙三蔵に関する新史料」・「霊仙と其の後の史料」（『日本仏教史の研究』東方文献刊行会、一九二八年）などは宝亀四年説、堀池春峰「興福寺霊仙三蔵と常曉」（『南都仏教史の研究』下、法蔵館、一九八二年）、高楠順次郎編「霊仙三蔵行歴考」（『大日本仏教全書』遊方伝叢書、仏書刊行会、一九二二年）、石井正敏「日唐交通と渤海」（『日本渤海関係史の研究』吉川弘文館、二〇〇一年）などは延暦二十四年説。

(33)　拙稿「遣唐使と唐文化の移入」（註(1)書）。

(34)　保立註(20)書一一一頁は、霊仙と五台山の関係が五台山信仰と五台山巡礼の直接の原型になったと見ているが、それはこうした文脈を加味した上で支持できる。なお、表5によると、霊仙は渤海経由で何度か砂金を送ってもらっており、これは円載の滞在方法のヒントになったのではないかと思われる。但し、円載がこうした方法、また霊仙の存在を渡海前から正確に認識していたか否かは不明である。

(35)　石田茂作『写経より見たる奈良朝仏教の研究』（原書房、一九八二年）、木本好信編『奈良朝典籍所載仏書解説索引』（国書刊行会、一九八九年）などによると、既に奈良時代から文殊関係の経典は書写されている。なお、東野治之「遣唐使の文化的役割」（『遣唐使と正倉院』岩波書店、一九九二年）、川崎晃「僧正玄昉の教学について」（『古代学論集』慶應義塾大学出版会、二〇一二年）などは、霊亀度の留学僧玄昉が五台山を巡礼していたとするが、時代が隔絶しているので、その後の五台山信仰の継受は不詳である。「清涼（山）伝」の書写（『大日本古文書』七—四八九、八—二五九など）も同様に位置づけたい。

(36)　佐伯註(12)書二四頁は、この時に恵蕚は円載に依頼されて『唐決』を日本に齎したとする。

(37)　東野治之「鳥毛立女屛風下貼文書の研究」（『正倉院文書と木簡の研究』塙書房、一九七七年）、李成市『東アジアの王権と交易』（青木書店、一九九七年）、田中史生「「帰化」と「流来」と「商賈之輩」」（『日本古代国家の民族支配と渡来人』校倉書房、一九九七年）、「筑前国における銀の流通と国際交易」（註(24)書）など。

(38)　蒲生京子「新羅末期の張保皐の抬頭と反乱」（『朝鮮史研究会論文集』一六、一九七九年）、石井註(24)論文、濱田耕策「王権と海上勢力」（『新羅国史の研究』吉川弘文館、二〇〇二年）、渡邊誠「文室宮田麻呂の「謀反」」（『平安時代貿易管理制度史の研究』思文閣出版、二〇一二年）など。

(39)　唐商人の国籍に関しては、鈴木靖民「渤海国家の構造と特質」（『日本の古代国家形成と東アジア』吉川弘文館、二〇一一年）を参照。九世紀の新羅人来航に対する日本側の外交方策については、註(2)拙稿bを参照されたい。

(40)　張友信については、拙稿「大唐通事張友信をめぐって」（『古代日本の対外認識と通交』吉川弘文館、一九九八年）、村上史郎「九世紀における日本律令国家の対外交通の諸様相」（『千葉史学』三三、一九九八年）などを参照。

(41)　宋代の史料であるが、『全宋文』巻千八百七十六蘇軾二十八「乞禁商旅過外国状」や『朝野群載』巻二十宋・崇寧四年六月提挙両浙路市舶司公憑などによると、「物力」と称される資本提供者が交易船を派遣していたことが知られ、徐公直と公祐の関係もそうした文脈で理解できる役割分担であったのかもしれない。なお、註(5)拙稿dも参照。

(42)　松原弘宣「九世紀における対外交易とその流通」(『古代国家と瀬戸内海交通』吉川弘文館、二〇〇四年)は、このような関係が円珍から始まるとするが、恵蕚の活動にその画期を見出すことができると思われる。

(43)　唐の仏教界の概略については、藤善眞澄『隋唐時代の仏教と社会』(白帝社、二〇〇四年)を参照。なお、佐伯註(12)書二五六〜二五八頁は、円珍の『仏説観普賢菩薩行法経文句合記』に記された義空の言説により、義空が日本の僧尼が戒律を守っていないことに失望していた点を指摘している。

(44)　大屋徳城「智證大師の入唐求法」(『園城寺之研究』星野書店、一九三一年)、田島公「大宰府鴻臚館の終焉」(『日本史研究』三八九、一九九五年)二二頁は、天安三年(八五九)に比定している。松原弘宣「陳泰信の書状と唐物交易使の成立」(『続日本紀研究』三一七、一九九八年)が貞観五年に比定しており、近年では田中註(24)論文aなど、この見解を支持するものが多い。なお、渡邊誠「日本古代の対外交易および渡海制について」(『東アジア世界史研究センター年報』三、二〇〇九年)は貞観二〜七年のいずれかに比定している。その他、円珍の『行歴抄』天安二年十二月十七日条に「午後、従二山寺一発、日落到二上出雲寺一宿。取二葛野路一、従二城北一来刑大典先在レ寺、侍候。二更、春録事来二寺中一相見。両君各前後去」とあり、佐伯註(12)書一七三頁、松原註(42)論文三七七頁は、春録事を播州少目とある春日宅成(春太郎)に比定し、円珍と旧知の間柄で、円珍を核とする唐商人との人脈にも連なっていたと見ている(刑大典は大宰府の大典刑部造真鯨(『平安遺文』四四六六号文書を参照)で、円珍系図(和気系図)にも登場するように、円珍とつながりが深かった)。但し、小野勝年『入唐求法行歴抄の研究』下(法蔵館、一九八三年)三九七頁は春原姓者に比定しており、春録事の人物比定に確証はないが、春日宅成は『三代実録』貞観元年二月九日条で、渤海使烏孝慎来日時の渤海通事に起用された際には少初位下で、同三年正月二十八日条で播磨少目少初位上と見えるので(播磨は大国で、少目の相当位は従八位下)、天安二年の時点で録事＝目クラスは相当位が高すぎるように思われる。また史料eを貞観五年に比定できるとすれば、春日宅成の播磨少目在任期間との関係からも、この「春録事」を春日宅成に比定することは躊躇され、姑くは小野氏の見解を支持しておきたい。

(45) 佐伯有清「承和の遣唐使の人名の研究」(『日本古代氏族の研究』吉川弘文館、一九八五年)。
(46) 酒寄雅志「渤海通事の研究」(『渤海と古代の日本』校倉書房、二〇〇一年)。
(47) 松原註(44)論文はeの貞観五年を唐物使の初見としたが、田中註(24)論文a、山崎註(24)論文は『高野雑筆要集』下所収「唐人書簡」⑱の「京使」により、大中六年(八五二＝仁寿二)には唐物使の派遣が行われていたと見る。渡邊註(44)論文は、「京使」は東寺西院に止住した義空から来日中の徐公祐に書状を届けた使者の意とも解釈できるので、唐物使の初見はやはりeの記述であるとする(氏はeを貞観二～七年に比定している)。
(48) 『参天台五臺山記』巻八煕寧六年(一〇七三＝延久五)六月十二日条「天晴。卯時陳詠来相定、新訳経・仏像等買レ船可二預送一并賜下預大宋皇帝志送二日本一御筆文書上。至二于物実一者入二孫吉船一了。五人相共今日乗二孫吉船一了」によると、成尋の五人の弟子たちが先行して帰国する際に、陳詠と孫吉(孫忠)のどちらが渡海を担当するか対立があったが、新訳経・仏像や宋皇帝の文書といった最も名分のあるものは成尋の通事を務めた陳詠が運ぶことにし、皇帝の信物などの物実や五人の僧侶については孫吉の船で運ぶことにするという形で決着がついたようである。このようにいわば利権を分けることで、両人の渡海の名目を確保し、両人との関係維持を図ることができたと思われる。なお、註(5)拙稿aを参照。
(49) 拙稿「古代日本における在日外国人観小稿」(註(40)書)。
(50) 山里純一「南島赤木の貢進・交易」・「夜光貝と檳榔の交易」(『古代日本と南島の交流』吉川弘文館、一九九九年)。
(51) 保立註(20)書一六二頁は、内蔵頭であった藤原良相による仁明天皇のための「要薬」の入手という目的を示唆している。
(52) 榎本渉「宋代の「日本商人」の再検討」(『東アジア海域と日中交流』吉川弘文館、二〇〇七年)。
(53) 橋本編註(27)論文によると、『仏祖統記』大中十二年条、『仏祖歴代通載』、『定海庁志』、『補陀洛迦山伝』、『重修普陀山志』、『重修南海普陀山志』などの中国側の史料には史料02末尾の補陀落山寺開基に関わる伝承が掲載されている。保立註(20)書一五四～一五五頁は、恵萼が島民の「張氏」と計って観音院を建立したとある点に注目し、この「張氏」は史料10、I―01の張友信と関係するものであり、恵萼が中国江南の海商社会と深いつながりを有していたことを示していると見ている。
(54) 佐伯註(6)・(12)書。

(55) 小野註(15)・(44)書、佐伯註(19)書、園城寺編『園城寺文書』第一巻智證大師文書（講談社、一九九八年）、大日本仏教全書『智証大師全集』（仏書刊行会、一九一七年）など。

(56) 佐伯註(12)書二六〜二七・三八〜三九・一九二〜一九三頁。その他、二〇四〜二〇五頁では、円珍の一族の改姓に関連して、伴善男ともつながりがあったとされる（円珍の母は空海の姪で、讃岐国の佐伯氏出身とされ、伴＝大伴氏は佐伯氏の本宗ともつながりが深い）。

(57) 佐伯註(6)・(12)書。

(58) 佐伯有清「円珍の同族意識」（註(19)書）によると、母方の親族としての空海に対する親近感を窺わせる事例もあるという。

(59) 小野註(15)書一七頁。

(60) 佐伯註(6)書一四八頁は、「良」（リァアン）と「延」（イアイ）は音通、「良」と「延」を「ナガ」もしくは「スケ」と読めば同訓になり、的姓で「良某」という名前であった的良を延福と同一人物に比定できると見る。

(61) 小野註(15)書八頁、註(44)書二八八頁。

(62) この点については、李炳魯「円珍の唐留学と新羅人」（『桃山学院大学総合研究所紀要』三四の三、二〇〇九年）も参照。

(63) 佐伯有清『高丘親王入唐記』（吉川弘文館、二〇〇二年）、杉本直治郎『真如親王伝研究』（吉川弘文館、一九六五年）、田島公「真如（高丘）親王一行の「入唐」の旅」（『歴史と地理』五〇二、一九九七年）、川尻秋生「入唐僧宗叡と請来典籍の行方」（『早稲田大学會津八一記念博物館研究紀要』一三、二〇一二年）など。

(64) 佐伯註(63)書一九六〜一九七頁は、ここに「感通六年」とあるのは、表8の宗叡の帰国年次、またこの後文に貞観七年＝感通六年に日本の東寺にいたとあることから考えて、感通五年の誤りであろうとする。なお、02に宗叡の帰国を貞観八年と記すのも同様のまちがいということになる。

(65) 註(40)拙稿。

(66) 史料02は五台山での奇跡体験に続いて、「尋至㆓天台山㆒」とあるが、その次には五台山の大華厳寺での千僧供養、そして長安での活動が記されており、表8の行程から見ても、宗叡が台州の天台山に参詣したとは考えられない。したがってこれも誤解が混入したものと思われる。

(67) 佐伯有清「円載と円珍」(註(19)書)一〇八〜一一〇頁によると、03には「故左少弁藤原有蔭朝臣」とあり、『尊卑分脈』によれば、有蔭は仁和元年十二月に六二歳で死去しているので、03はこれ以後の円珍の晩年の記述であるとされる。

(68) 佐伯註(6)書一七四〜一七五頁。

(69) 佐伯註(63)書二〇四〜二〇五頁は、興房の広州行きを待っていると、西天竺への渡航の都合によい季節風を逃してしまうので、真如は任仲元や智聡の案内で広州に先行しており、広州から任仲元を遣して、興房に帰国の指示を与えたと説明している。

(70) 佐伯註(63)書二〇七〜二〇八頁。松原弘宣「海賊と応天門の変」(註(42)書)、瀧浪註(19)論文なども参照。

(71) 入唐僧にとっての越州の意味合いについては、藤善眞澄「入唐僧と杭州・越州」(『参天台五臺山記の研究』関西大学出版部、二〇〇五年)を参照。

(72) 註(1)拙稿。

(73) 朱褒については、鈴木靖民「遣唐使の停止に関する基礎的研究」(『古代対外関係史の研究』吉川弘文館、一九八五年)二七一〜二七六頁を参照。

(74) 註(4)拙稿。

(75) 十世紀以降の唐文化吸収のあり方や唐物獲得については、榎本淳一「「国風文化」の成立」・「文化受容における朝貢と貿易」(『唐王朝と古代日本』吉川弘文館、二〇〇八年)、河添房江『源氏物語時空論』(東京大学出版会、二〇〇五年)、『源氏物語と東アジア世界』(日本放送出版協会、二〇〇七年)、『光源氏が愛した王朝ブランド品』(角川学芸出版、二〇〇八年)などを参照。

(76) 「唐物」の持つ意味合いについては、皆川雅樹「九世紀日本における「唐物」の史的意義」(『専修史学』三四、二〇〇三年)、「九〜十世紀の「唐物」と東アジア」(『人民の歴史学』一六〇、二〇〇五年)、「平安朝の「唐物」研究と「東アジア」」(『歴史評論』六八〇、二〇〇六年)、「孔雀の贈答」(『専修史学』四一、二〇〇六年)などを参照。

(77) 李成市『東アジアの王権と交易』(青木書店、一九九七年)、山崎雅稔「「承和の変」と大宰大弐藤原衛四条起請」(『歴史

学研究』七五一、二〇〇一年）、保立註(20)書、松原註(70)論文など。

(78)　渡邊註(38)論文。

(79)　瀧浪註(19)論文が述べる良房と良相の対立、註(1)拙稿で触れた宇多天皇・菅原道真の外交権行使に対する藤原時平の立場など、摂関家による外交権掌握にはまだいくつかの紆余曲折がある。

(80)　註(4)拙稿。

(81)　平林盛得「資料紹介　優塡王所造栴檀瑞像歴記」（『書陵部紀要』二五、一九七三年）、石井正敏「入宋巡礼僧」（『アジアのなかの日本史』V、東京大学出版会、一九九三年）など。

第三部　『参天台五臺山記』とその周辺

第一章　遣外使節と求法・巡礼僧の日記

はじめに

様々な日記一覧表の劈頭を飾るのは『伊吉連博徳書』であり、これが現存最古の「日記」とされる。『博徳書』は『日本書紀』に引載されており、斉明五年（六五九）七月戊寅条分註所引によると、博徳は同年の遣唐使の一員として入唐した人物であることがわかる。同条には二隻の遣唐使船の編成、難波三津出発以降の渡海の様子と入唐後の唐での諸行事が日次記風に記されており、これが最古の「日記」とされる所以である。

今回の遣唐使は翌年の唐・新羅による百済討滅の機密が漏洩するのを防止するため、唐に抑留され辛苦することになるが、斉明六年七月乙卯条所引には百済王らの洛陽への連行の様子、同七年五月丁巳条所引では帰路の旅程と耽羅王子の随伴事情などが記されており、既に百済復興運動支援を決定し、百済救援の派兵指揮のために筑紫の朝倉橘広庭宮の遷居していた斉明大王に帰朝報告するところで記述は終わる。

本書は七世紀後半の東アジアの動乱の一端を具体的に伝える史料として重要であり[1]、『日本書紀』の叙述を補足するものとして引用されているのであろう。博徳は天智三年（六六四）、同六年に旧百済領に駐留する唐の鎮将からの使者に応対し、送使として渡海する（『善隣国宝記』天智三年条所引「海外国記」、『日本書紀』天智六年十一月己巳条）、持統九年（六九五）遣新羅使に起用される（持統九年七月辛未条）など、遣外使節や外交の実務に活躍しており、また大宝律令撰定にも参画し（『続日本紀』文武四年（七〇〇）六月甲午条など）、律令国家の確立に尽力している。

但し、本書は単なる斉明五年遣唐使の記録ではなかったようである。『日本書紀』には「伊吉博徳言」という形で、白雉五年（六五四）遣唐使一行のその後の足跡を伝える記述が存し（白雉五年二月条）、そこには乙丑年＝天智四年の定恵（中臣鎌足の子）、庚寅年＝持統四年（六九〇）の智宗の帰国なども言及されている。そもそも博徳は天武十二年（六八三）までは伊岐史姓であり（天武十二年十月己未条で連賜姓）、『伊吉連博徳書』という名称は後代のものである。『博徳書』と「博徳言」が一連の内容のものかどうかは措くとしても、上述の斉明五年遣唐使の記述には博徳の功績を強調するところが看取され（唐での使人に対する冤罪を救うとか、使人が寵命を蒙らなかったことに対する不満と譏者への天譴を述べるなど）、遣唐使の正式な報告書ではなく、別の目的で編纂されたものではないかと考えられてくる。

博徳は、朱鳥元年（六八六）天武天皇死後に起きた大津皇子謀反事件で処罰されており（持統即位前紀十月己巳条）、その後復権して外交や律令編纂など国家の要務に起用されるようである。したがって『博徳書』は持統四年頃に官界復帰する際に、自己の国家に対する貢献の足跡をまとめて提出したものと考えられ、それ故に上記のような特徴が窺われることになる。斉明五年遣唐使に関しては、『難波吉士男人書』も引用されているが、短文の引用であり、様々な局面で外交に従事し、より整備された『博徳書』の方が当該期の外交のあり方を知る材料として重視されたのであろう。持統五年には十八氏に「其祖等墓記」を提出させるなど（持統五年八月辛亥条）、時あたかも『日本書紀』に結実する編纂事業が進む時期であり、博徳もまた自己の功績を顕彰する機会としたのではあるまいか[2]。

以上を要するに、『伊吉連博徳書』は純粋な意味での日記とは言えないが、遣唐使の記録が日次記風に記してあるのは、そうした手控えの資料が存したことを窺わせる。それは近年出土点数が増加する七世紀の木簡のあり方を参考にすると、木簡に記されていたものかもしれない。いずれにしても、こうした遣外使節の業務が記録されていた可能性は、国政運営や官司の日常業務の実際を検討する上で興味深い。日記一覧の中にもいくつかの渡航体験に関わる日記の存在が知られているが、国内の事柄を記した通常の古記録ほどにはその日記としての特色が探究されている訳ではないと思われる。そこで、以下、「日記の総合的研究」の一隅として、遣外使節、九世紀の入唐求法僧や十世紀以降の巡礼僧の日記について知見を整理することにしたい。

一　遣唐使の「日記」

『伊吉連博徳書』や『難波吉士男人書』を参照すると、少なくとも遣唐使には関係の日記があったことが推定され[3]、これは国家事業としての遣外使節、遣新羅使や遣渤海使などにも該当する。ここに業務記録としての日記のあり方を検討する糸口もあると思われる。遣唐使の「日記」としては、村上天皇の皇子具平親王の『弘決外典鈔』（正暦二年（九九一）成立）巻一に「天平勝宝二年遣唐記」の存在が知られ、これは勝宝二年（七五〇）任命で、実際には勝宝四年に渡海した勝宝度の遣唐使（鑑真一行を随伴して帰朝したものとして名高い）が呈した正式の入唐記録であろう[4]。但し、その内容は、「按二天平勝宝二年遣唐記一、天宝十二年癸巳、当二本朝天平勝宝五年一」とあるのが判明するだけで、全体像はわからない。

〔史料1〕『続日本紀』宝亀九年（七七八）十月乙未条

遣唐使第三船到二泊肥前国松浦郡橘浦一。判官勅旨大丞正六位上兼下総権介小野朝臣滋野上奏言、臣滋野等、去宝亀八年六月廿四日、候レ風入レ海。七月三日、与二第一船一同到二揚州海陵県一。八月廿九日、到二揚州大都督府一、即依二式例一安置供給。得二観察使兼長史陳少遊処分一、属二禄山乱一、常館彫弊、入京使人、仰限二六十人一。以二十月十五日一、臣等八十五人発レ州入レ京、行百余里、忽拠二中書門下牒一、撙二節人数一、限以二廿人一。臣等請、更加二廿三人一。持節副使小野朝臣石根、副使大神朝臣末足、准判官羽栗臣翼、録事上毛野公大川、韓国連源等卅三人、正月十三日到二長安城一。即於二外宅一安置供給。特有二監使一、勾二当使院一、頻有二優厚一、中使不レ絶。十五日、於二宣政殿一礼見。天子不レ御。是日、進二国信及別貢等物一、天子非分喜観、班二示群臣一。三月廿二日、於二延英殿一対見。所レ請並允。即於二内裏一設レ宴、官賞有レ差。四月十九日、監使揚光耀宣二口勅一云、今遣二中使趙宝英等一、将二答信物一、往二日本国一。其駕船者仰二揚州一造。卿等知レ之。廿四日、事畢拝辞。奏云、本国行路遥遠、風漂无レ准。今中使云レ往、冒二渉波濤一、万一顛躓、恐乖二王命一。勅答、朕有二少許答信物一、今差二宝英等一押送、道義所レ在、不二以為レ労。即賜二銀鋺酒一、以惜別也。六月廿四日、到二揚州一。中使同欲二進発一、船難二卒成一。所由奏聞、便寄二乗臣等船一発遣。其第一・第二船、並在二揚子塘頭一。第四船在二楚州塩城県一。九月九日、臣船得二正風一、発レ船入レ海、行已三日、忽遭二逆風一、船着二沙上一、損壊処多、竭レ力修造。今月十六日、船僅得レ浮、便即入レ海。廿三日、到二肥前国松浦郡橘浦一。但今唐客随レ臣入朝、迎接祇供、令レ同二蕃例一。臣具牒二大宰府一、仰令二准擬一。其唐消息、今天子広平王、名迪、年五十三。皇太子雍王、名适。年号大暦十三年、当二宝亀九年一。

〔史料2〕『続日本紀』宝亀九年十一月乙卯条

第二船到二泊薩摩国出水郡一。又第一船海中々断、舳艫各分。主神津守宿禰国麻呂并唐判官等五十六人、乗二其艫一而着二甑島郡一。判官大伴宿禰継人并前入唐大使藤原朝臣清河之女喜娘等卌一人、乗二其舳一而着二肥後国天草郡一。継人等上奏言、継人等去年六月廿四日、四船同入レ海、七月三日着二泊揚州海陵県一。八月廿九日、到二揚州大都督府一。即節度使陳少遊且奏且放、六十五人入京。十月十六日、発赴上都。至二高武県一、有二中書門下勅牒一、為三路次乏二車馬一、減二却人数一、定二廿人一。正月十三日、到二長安一。即遣二内使趙宝英一、将レ馬迎接、安二置外宅一。三月廿四日、乃対二龍顔一、奏レ事。四月廿二日、辞見、首路。勅令二内使楊光耀監送一、至二揚州一発遣。便領二留学生一、起レ京。又差二内使掖庭令趙宝英・判官四人一、齎二国土宝貨一、随レ使来朝、以結二隣好一。六月廿五日、到二惟楊一。九月三日、発レ自二揚子江口一、至二蘇州常耽県一、候レ風。其第三船在二海陵県一、第四船在二楚州塩城県一、並未レ知二発日一。十一月五日、得二信風一、第一・第二船同発入レ海。比レ及二海中一、八日初更、風急波高、打二破左右棚根一、潮水満レ船、蓋板挙流、人物随漂、無レ遺二夕撮米水一。副使小野朝臣石根等卅八人・唐使趙宝英等廿五人、同時没入、不レ得二相救一。但臣一人潜行着二舳艫角一、顧二眄前後一、生理絶レ路。十一日五更、帆檣倒二於船底一、断為二両段一、舳艫各去未レ知レ所レ到。卌余人累居二方丈之舳一、挙レ舳欲レ没、截レ纜枕レ柂、得二少浮上一、脱二却衣裳一、裸身懸坐。米水不レ入レ口、已経二六日一、以二十三日亥時一漂二着肥後国天草郡西仲嶋一、臣之再生、叡造所レ救、不レ任二歓幸之至一。謹奉レ表以聞。

〔史料3〕『日本後紀』延暦二十四年（八〇五）六月乙巳条

遣唐使第一船到二泊対馬島下県郡一。大使従四位上藤原朝臣葛野麻呂上奏言、臣葛野麻呂等、去年七月六日、発レ従二肥前国松浦郡田浦一、四船入レ海。七日戌刻、第三・四両船、火信不レ応。出二入死生之間一、掣二曳波濤之上一、都卅四箇日、八月十日、到二福州長渓県赤岸鎮已南海口一。鎮将杜寧・県令胡延沂等相迎、語云、当州刺使柳冕、縁レ病去レ任、新除刺史未レ来、国家大平者。其向レ州之路、山谷峻隘、担行不レ穏、因廻レ船向レ州。十月三日、到レ州。新除観察使兼刺史閻済美処分、且奏、且放二廿三人一入レ京。十一月三日、臣等発二赴上都一。此州去レ京七千五百廿里、星発星宿、晨昏兼行。十二月廿一日、到二上都長楽駅一。廿三日、内使趙忠、将二飛龍家細馬廿三匹一迎来、兼持二酒脯一宣慰、駕即入二京城一、於二外宅一安置供給。特有二監使高品劉昴一、勾二当使院一。第二船判官菅原朝臣清公等廿七人、去九月一日、従二明州一入レ京、十一月十五日到二長安城一、於二同宅一相待。廿四日、国信・別貢等物、附二監使劉昴一、進二於天子一。劉昴帰来、宣レ勅云、卿等遠慕朝貢、所レ奉進物、極是精好。朕特嘉歓。時寒、卿等好在。廿五日、於二宣化殿一礼見。天子不レ御。同日、於二麟徳殿一対見。所レ請並允。即於二内裏一設レ宴、官賞有レ差。別有二中使一、於二使院一設レ宴、酣飲終日。中使不レ絶、頻有二優厚一。廿一年正月元日、於二含元殿一朝賀。二日、天子不予。廿三日、天子雍王适崩、春秋六十四。廿八日、臣等於二承天門一立レ仗、始着二素衣冠一。是日、太子即二皇帝位一、諒闇之中、不レ堪二万機一、皇太后王氏、臨朝称制。臣等三日之内、於二使院一朝夕挙哀。其諸蕃三日、自余廿七日而後就レ吉。二月十日、監使高品宋惟澄領二答信物一来、兼賜二使人告身一、宣レ勅云、卿等銜二本国王命一、遠来朝貢、遭二国家喪事一、須二緩々将息帰郷一。縁三卿等頻奏二早帰一。因レ茲賜二纏頭物一、兼設レ宴。宜レ知レ之。却二廻本郷一、伝二此国喪一。擬レ欲二相見一、縁二此重喪一、不レ得レ宜之。好去好去者。事畢首途。勅、令下二内使王国文一、於二明州一発遣上。三月廿九日、到二越州永寧駅一。越州即観察府也。監使王国文、於二駅館一喚二臣等一、附二勅書函一、便還二上都一。越州更差レ使監送、至二管内明州一発遣。四月一日、先レ是去年十一月、為レ廻二船明州一、留二録事山田大庭等一、従二去二月五日一発二福州一、海行五十六日、此日到来。三日、到二明州郭下一、於二寺裏一安置。五月十八日、於二州下鄮県一、両船解纜。六月五日、臣船到二対馬島下県郡阿礼村一。其唐消息、今天子、諱誦、大行皇帝之男只一人而已。春秋卌五、有二卌余男女一。皇太子広陵王純、年廿八。皇太后王氏、今上之母、大行皇帝之后也。年号貞元廿一年、当二延暦廿四年一。淄青道節度使青州刺史李師古〈正己孫、納之男〉、養二兵馬五十万一。朝庭以二国喪一告二于諸道節度使一、入二青州界一、師古拒而不レ入。□兵十万以レ弔二国喪一為レ名、自襲二鄭州一。諸州勠レ力、逆戦相殺。即為レ宣二慰師古一、差二中使高品臣希倩一発遣。又蔡州節度使呉少誠、多養二甲兵一、窃挟二窺窬一。又去貞元十九年、遣二龍武将軍薛審一、和二親吐蕃一、到則拘□、不レ得二復命一。審欺レ之云、所二以来和一者、欲レ嫁二公主一也。吐蕃即令二審帰娶一、天子瞋之曰、嫁娶者、非二朕所レ知、宜三更廻、允二前旨一。若事不レ遂、不レ得二入来一。審還到二吐蕃界一、拒而不レ入、在二於今日一、猶住二両界頭一。去年十二月、吐蕃使等帰レ国、尋二彼来由一、在レ娶二公主一。天子瞋之不レ聴。故不レ会二賀正一也。其吐蕃在二長安西北一、数興レ兵侵二中国一。今長安城、去二吐蕃界一五百里。内疑二節度一、外嫌二吐蕃一、京師騒動、無二暫休息一。

遣唐使が帰朝報告を行っていたことは、大宝度の粟田真人の日本国号に関するやりとり（『続日本紀』慶雲元年（七〇四）七月甲申朔条）、勝宝度の大伴古麻呂の唐における争長事件（勝宝六年（七五四）正月丙寅条）などにより明らかである。但し、これらはエピソード的事項であり、その基盤となる日次記的な記録も存した。それは宝亀度①、延暦度の関係史料に窺うことができる。宝亀度①は帰路に漂蕩があり、第三船・第一船がそれぞれに詳細な報告を残している（宝亀九年（七七八）十月乙未条・十一月乙卯条）。八世紀以降の後期遣唐使は四隻であり、往復ともに海上では別々になることが多いので、各船が業務記録としての日誌を作成していたらしい。報告はともに宝亀八年（七七七）六月二十四日の入海から始まり、日時を追って唐への到着、唐での諸行事、帰路の様子などが記され、帰着地への帰朝までが述べられており、第三船の報告には唐の国情・年号なども記載されていた。

次に延暦度に関しては、『日本後紀』の散佚により渡海時の状況は不明の部分が多いが、帰朝報告は延暦二十四年（八〇五）六月乙巳条に完存する。これは大使藤原葛野麻呂の第一船のものであるが、延暦二十三年七月六日の入海から始まり、渡海時の様子、八月十日福州到着以降、日付を追って唐での諸行事を記し、帰路の行程、帰着地への帰朝までが述べられ、「其唐消息」として唐の国情が報告されるという内容である。遣唐使滞在中に徳宗（在位七七九〜八〇五年）の死去、順宗（在位は八〇五年正月〜八月）の即位があり、今回の遣唐使は唐皇帝の家族関係、節度使の動向や吐蕃との関係など動揺する内外の情勢を詳細に伝えており、中には中国側の史書に見えない貴重な情報も含まれている[5]。

遣唐使の官員構成を見ると（『延喜式』巻三十大蔵省など）、後期遣唐使では四船それぞれに判官・録事と史生がおり、文筆を担当する史生を中心に記録作成が行われたものと考えられる。延暦度には判官に菅原清公（道真の祖父）、録事に上毛野穎人・朝野鹿取など文人として著名な人物が参加しており、各回の遣唐使にも入唐者に相応しい教養を有する人々が登用されていたから、こうした人々もまた記録作成に関与した可能性がある。このような遣唐使に関連する諸記録は国史編纂の材料となり、遣唐使の動向を様々に知ることができる訳である。

では、こうした記録が遣唐使の「日記」なのであろうか。遣唐使の「日記」として唯一名称の知られる「天平勝宝二年遣唐記」から見て、遣唐使は使節任命時から起算するものであることがわかる。国史には使人任命や遣唐使船の造営に関する記事もあり、これらも「日記」に記されていたのであろうか。また各船ごと航海日誌的な記録を作成していたとすると、それらを総合した形で正式の「遣唐記」がまとめられたのであろうか。延暦度遣唐使については、空海の『性霊集』巻五に自身の用務をめぐる諸文書とともに、使人一行のために起草した文書が掲載されており、これら遣唐使をめぐる諸文書はどのように把握されていたのであろうか。『中右記』永長元年（一〇九六）十月十一日条には、「上卿暫乍二本座一、言談之次命云、大極殿者是大唐大明宮含元殿之躰也。遣唐使常副〔嗣〕申也。一事不レ違二彼宮一。是依二有レ興事一所二記付一也」とあり、承和度の遣唐大使藤原常嗣の見聞が伝えられているが、これは国史に見えない情報であり、こうした言辞はどのようにして伝来したのであろうか。

承和度の大使藤原常嗣は延暦度の大使葛野麻呂の子で、「近代父子相襲、預二専対之選一、唯一門而已」（『続日本後紀』承和七年（八四〇）四月戊辰条薨伝）と評され、代々遣外使節を輩出する小野氏や菅原氏とともに、「遣唐使の家」とでも称すべき存在であった。こうした家系には何らかの経験蓄積、記録の継承があったのかもしれないが、遣唐使の「日記」のあり方ともども不明の部分が多い。そこで、次に遣唐使事業が終息に向かう九世紀中葉以降の求法・巡礼僧の日記の中に遣外使節の「日記」に通じる要素を探り、あわせて求法・巡礼僧の日記の特色を検討することにしたい。

二　求法・巡礼僧の日記

事実上最後の遣唐使になった承和度遣唐使の天台請益僧円仁は、帰国する遣唐使一行を離れて、唐に滞留する道を選択、在唐新羅人の助力などにより五台山や長安での求法を続けた。その一〇年にも及ぶ在唐記録が『入唐求法巡礼行記』四巻であり、日次記としての日記の全体が残るものとしては十世紀以降の公家の日記よりも古く、各種日記表によってはこれを最古の日記として掲げるものもある。

『入唐求法巡礼行記』巻一は承和五年（八三八）六月十三日の乗船場面から始まり、以下日次記として承和度遣唐使の動向、円仁の求法の様子が克明に記されている。巻四になると、中国史上最大の会昌の廃仏とその終息後の荒廃、帰国手段を模索する中、さすがに日次は飛び飛びになり、一ヵ月以上も記述が空くことが多いが、承和十四年九月十日肥前国松浦郡鹿島に帰着、十八日に大宰府鴻臚館に入り、以後しばらく大宰府に滞在、諸神を巡拝し、神前読経を行う中、十二月十四日に比叡山から迎えの南忠が到来するところで日記は終わる。

『入唐求法巡礼行記』は遣唐使の具体像を教えてくれるとともに、中国社会の動向・寺院のあり方、また会昌の廃仏という稀有な体験も記されており、第二次世界大戦後にアメリカの駐日大使も務めた歴史学者E・O・ライシャワー氏が世界三大旅行記と称揚し、様々な研究・注釈が蓄積されている。(6) この円仁の帰国と前後して、唐商人の来航が始まり、遣唐使によらない彼我往来の道が開かれ、九世紀では恵蕚・恵運・円珍や真如（高丘親王）一行などの入唐求法が行われる。(7)

これらのうち、円珍は延暦度遣唐使の最澄が将来した天台宗のうち、密教的側面を研鑽する遮那業の学匠で、天台密教、台密の確立のために渡海する。円珍の入唐求法に関しては、『行歴抄』、『唐房行履録』、『寺門伝記補録』、『天台霞標』、『天台宗延暦寺座主円珍伝』など史料豊富であるが、『行歴抄』のもとになった『入唐記』（在唐巡礼記）五巻は失われており、その復原が試みられているところである。(8)その冒頭は嘉祥三年（八五〇）春に山王明神の夢告により入唐求法を勧められるところから始まり、仁寿三年（八五五）七月十五日に博多で乗船、入唐求法の旅が進行し、天安二年（八五八）六月十九日肥前国松浦郡美旻楽崎に帰着、十二月二十七日に洛北の出雲寺に到着し、翌年正月に朝廷で帰朝報告を行うあたりで求法の旅は終了するものと思われる。

真如一行に関しては『入唐五家伝』の中に「頭陀親王入唐略記」があるが、(9)これは日次記としての日記というよりは、真如に随行した伊勢興房の入唐報告書という色彩が強い。「頭陀親王入唐略記」は貞観三年（八六一）三月入唐許可を得たところから書き始められ、六月十九日平城旧京の池辺院を出発、難波津を経て大宰府に到着、翌四年七月に駕船、渡海と入唐求法の様子が記されており、天竺に向かう真如らと別れて帰国する伊勢興房が同七年六月値嘉島に帰着するところで終わっている。

その後、九〇七年には唐が滅亡、五代十国の混乱を経て、九六〇年には宋（北宋）による中国統一が遂げられるが、この間も唐・宋商人の来航は続き、五代のうち後唐（九二三〜九三六年）の時代に渡海した興福寺僧寛建一行、十国の呉越と通交した日延、そして奝然―寂照―成尋の入宋と、渡海僧の系譜は維持された。(10)

これらは九世紀の求法僧とは異なり、天台山・五台山参詣など聖地巡礼を主目的としており、巡礼僧と称すべきものである。巡礼僧の渡航記録としては成尋の『参天台五臺山記』八巻が残っており、質・量ともに『入唐求法巡礼行記』に匹敵する日記である。入宋僧の中では奝然には『奝然日記』四巻があったことが知られるが（『参記』巻四熙寧五年（一〇七二）十月十四日条）、現在は散佚し、「奝然法橋在唐記」、「奝然巡礼記」、「奝然在唐日記」、「奝然記」などの名称で諸書に逸文が残る。[11] 寂照は宋に留まり帰国せずに死去しており、宋側に「寂照大師来唐日記」なるものがあったことが判明するものの（『参記』巻五熙寧五年十二月二十九日条）、逸文すら伝来しておらず、詳細は不明とせねばならない。[12]

成尋の『参記』に関しては後述するとして、ここでは呉越に渡航した日延について触れておきたい。日延の渡海は長らく不詳であったが、天喜初年頃に比定される大宰府政所牒案（大宰府神社文書、『平安遺文』四六二三号）によって詳細が判明した。[13] 日延は唐末・五代十国の争乱で失われた天台法門の繕写・度送を求める中国・天台山の要請に応じた日本の天台座主慈念の指示と新修暦術の尋習を必要とする賀茂保憲の申請に基づく朝廷の使命を果たすべく、藤原師輔の支援や当時何度か来航していた蔣承勲（蔣袞）の到来に依拠して、天暦七年（九五三）に呉越に渡航、天徳元年（九五七）に帰朝する。その帰朝の際に、次のような審査が行われている。

天徳元年、随身帰朝。即与二勅使蔵人源是輔一相共駅伝入京、依レ数献納。公家御覧之後、暦経者被レ下二預保憲朝臣一、法門者被レ上二送台嶺学堂一、外書春秋要覧・周易会釈記各廿巻等者、被レ留二置江家一已了。又在唐之間日記、召二式部大輔橘朝臣真幹・文章得業生藤原雅材等一、被レ令レ試二問真偽一、所二陳申一皆須レ状矣。仍天暦聖主殊重哀憐、賜二僧綱宣旨一又了。然而日延者身固辞、遁世隠居。

この史料によると、日延にも「在唐之間日記」が存したこと、そして海外渡航者に対しては外国事情や使命達成の状況確認のため、この「日記」に基づいて種々の査問が行われたことがわかる。「在唐之間日記」は報告書としての「日記」というより、渡海の様子、呉越での賓待（日延は紫衣を賜り、准内供奉の待遇を得ている）や新修暦術尋習などを日次記として記したものであったと推定され、こうした査問に対応するためにも日記の作成が必要であったと考えられる。

この点は日本・唐双方の国禁を犯して入唐求法を続けた円仁にも該当し、自己の求法の成果や行為の正当性を裏付けるものとして、請来目録とともに、『入唐求法巡礼行記』の内容は説得力が大きかったと思われる。遣唐留学者の事例では、宝亀度①で帰朝した行賀が東大寺僧明一に宗義の難問を問われて返答に詰まった際に、「費二粮両国一、学植膚浅、何違二朝寄一、不二実帰一乎」と罵倒され、涕泣する場面が知られ（『類聚国史』巻百四十七撰書・延暦二十三年（八〇四）三月己未条）、こうした査察の場があったことが窺われる。その他、延暦度の留学僧空海も真言宗の習得・将来を果たして早々に帰国した際、請来目録を捧呈した上で、しばらくは大宰府に留まり、朝廷の許可を待って入京するという手順をとっており（『平安遺文』四三二七・四三三〇号）、そこには朝廷での審議があったと考えられる。

こうした外国滞在への査問に備えるという日記作成の一側面を明らかにしたところで、求法・巡礼僧の日記としては『入唐求法巡礼行記』と双璧をなす『参記』の検討に進み、遣外使節や求法・巡礼僧の日記をめぐる諸問題を整理することにしたい。

三　成尋の『参天台五臺山記』をめぐる諸問題

成尋の『参天台五臺山記』八巻は、延久四年（一〇七二＝宋・熙寧五）三月十五日の肥前国松浦郡壁島での乗船から、渡海・入宋巡礼の上、熙寧六年六月十二日に明州で先行して帰国する弟子らを見送るところまで、計四七〇日（二日間だけ記事のない日がある）の渡宋記録である。[14] 成尋は入宋時に六〇歳、天台宗寺門派の京都岩倉大雲寺の寺主で、延暦寺の阿闍梨、天皇への供奉や摂関家の後継者藤原師実の護持僧を務め、宇治殿藤原頼通の信頼も厚かった。成尋ほどの高位の僧、教学的に完成された人物が渡海するのは稀有の出来事であり、成尋は渡航許可を得ることができないまま、密航の形で入宋を強行する。(15) 成尋は結局帰国することなく宋で生涯を終えるが、『参記』巻六熙寧六年正月二十三日条によると、先行帰国のため開封を出発する五人の弟子たちに「入唐日記八巻」を付託しており、おそらくこの後の部分を付加したものを明州での別離の際に渡し、これが現行の『参記』八巻として伝来しているものであろう。以下、『参記』について日記としての特質を考える上で気づいた点を整理してみたい。

まず公家日記の場合は記主の官人出仕の頃から記載が始まり、『中右記』保延四年（一一三八）二月二十九日条に「世事従レ今心長断、不二日記一也」とあるように、出家などにより俗事を離れるあたりが日記の終わりとされ、ここに日記をつける意味合いが求められている。『参記』の書き出しは壁島で密航する場面であり、成尋は帰国しなかったので、終わりは先行帰国する弟子たちの離岸を見送る情景である。他の求法・巡礼僧の日記の場合も始まりは同様で、帰国した場合は日本への帰着と上京して帰朝報告を行う前後で終わっており、求法・巡礼の完遂を記すという基本的性格が看取される。成尋の次に入宋した戒覚も密航で渡海し、自身は帰国せず、渡航記録『渡宋記』を託しているが、博多津での乗船から、入宋後の諸行事、そして「元豊六年（一〇八三＝永保三）六月十五日記訖〈取レ要不レ載二子細之文一、依二便人忩一而略〉」と、『渡宋記』一巻を付託するところで終了している。

遣唐使の「日記」に関連して、先には「天平勝宝二年遣唐記」の名称から任命時以来の諸行事を記すのではないかとも想定してみたが、求法・巡礼僧の日記が乗船から帰着ないしは帰朝報告前後までになっているのは、あるいは遣唐使時代からの遣外使節の「日記」のあり方を継受しているのかもしれない。但し、正規の遣外使節ではない求法・巡礼僧の場合は、遣外使節の「日記」の一部、または各船で作成された航海日誌的な記録を模して記載方式を創出した可能性もあり、遣外使節の「日記」の復原は後考に俟ちたい。

ちなみに、公家日記に関しては、『九条殿遺誡』に起床・洗顔等の後に「次記二昨日事一〈事多日々中可レ記レ之〉」、

「次見二暦書一、可レ知二日之吉凶一。年中行事、略注二付件暦一、毎日視レ之次先知二其事一、兼以用意。又昨日公事、若私不レ得レ止事等、為レ備二忽忘一、又聊可レ注二付件暦一。但其中要枢公事、及君父所在事等、別記レ之可レ備二後鑑一」とあることにより、翌日の出勤前に記すと考えられている。『参記』の中には一ヵ所だけであるが、記入時刻を示す史料が存し、巻七熙寧六年三月二十三日条に「丑時記之」とある。僧侶の日常生活は俗人とは異なり、成尋は「五箇年間以レ不レ臥為レ勤」（巻一延久四年三月十九日条）と、具体的に入宋を計画したから、さらに苛酷な修行を課していた。入宋後に皇帝の指示による上京や五台山巡礼の際も、早い時は寅・卯に出発、戌・亥に宿所に到着という星発星宿の旅程であり、睡眠時間がどれ程あったかわからない毎日で（途中の船上や馬上で仮眠か?）、日記を書く時間も限られていたのではないかと思われる。

次に日記作成の目的に関連して、他の求法・巡礼僧の日記の参照について検討する。『入唐求法巡礼行記』を残した円仁は最初の求法僧であったから、他の日記の参酌・利用は見られないが、成尋は『入唐求法巡礼行記』四巻と『奝然日記』四巻を携えて入宋しており、これらを宋の皇帝に献上している（『参記』巻四熙寧五年十月十四日条。但し、『入唐求法巡礼行記』の第四巻は会昌の廃仏のことが記されていたので、献上しなかったという）。その他、巻一延久四年三月二十五日条の「弘法大師云、海路間三千里到二蘇州一」という記述によれば、延暦度の留学僧空海関係のものも熟読していたらしく、後続の求法・巡礼僧にとって先達の日記や体験はいわばガイドブックとして重要であったと考えられる。そこには渡海や中国入国後の具体的イメージを得るのに日記の参酌・利用という手段があり、宗派や学系に拘泥することなく先達の日記を広く参照したのであろう。

『参記』巻一熙寧五年五月十三日条には長く夢にも見た天台山国清寺に到着した際の様子が記されており、国清寺大門前の風景は「廻レ寺躰松鬱茂、十里挟路、琪樹璀璨、五嶺抱レ寺、雙澗合流、四絶標奇」と描写されている。成尋は天台・真言経書六百余巻を携えて渡海しており（巻一熙寧五年六月二日条）、『天台記』（五月十四日条）、『天台山記』（五月二十一日条）など中国の天台山に関する書籍にも目を通していたと考えられる。但し、現在知られる天台山関係の書籍の記載よりも、この風景描写は『天台宗延暦寺座主円珍伝』大中七年（八五三＝仁寿三）十二月十三日条の国清寺到着場面、「而松林鬱茂、十里挟路、旗樹璀璨、五嶺抱㆑寺、雙澗合流、四絶希世」に相似しており、成尋が『智証大師伝』を熟読していたことは明らかで（五月十四日条）、寺門派の祖師である円珍関係の記録を参照したか、殆ど暗記していたので、同じ表現を用いることになったのであろう。

成尋の天台山・五台山巡礼のあり方も次に入宋した戒覚に参照されており、『渡宋記』元豊五年（一〇八二＝永保二）十月二日条の宋での申文では「近則阿闍梨成尋、去熙寧五年賜㆓宣旨㆒、遂㆓心願㆒先了」と述べ、成尋と同じく宋側の支援による五台山巡礼の希望を伝えている。遣唐使に関しては唐側に日本の遣唐使賓待の先例が保持されていたことが窺われ（『入唐求法巡礼行記』巻一開成四年（八三九＝承和六）二月六日条）、日本側も唐側の賓待の変化などに抗議している（『性霊集』巻五「為㆓大使㆒与㆓福州観察使㆒書」）ので、賓待の概要を把握していたと考えられる。日本側でも来日渤海使に関する「承前記文」を有しており（『類聚符宣抄』第六弘仁九年（八一八）四月五日宣旨）、賓礼の維持、賓待の前例承知のためにも遣外使関係の記録を参酌することは不可欠であった。[16]

成尋は密航により渡海し、ついに帰国しなかったが、宋で皇帝に面見し、天台山・五台山の巡礼を果たし、宋での祈雨成功で法力を示して、皇帝から善恵大師の称号を賜与されたことなどは著名で、日本でも喧伝されていた。『水左記』承暦四年（一〇八〇）十月二十二日条、『中右記』長承三年（一一三四）二月二十八日条には貴族らが岩倉大雲寺に参詣し、「入唐成尋闍梨旧房」や宋で製作された「入唐成尋阿闍梨像」などを見て感慨にふける様子が述べられており、その事跡は「文化財」として讃仰されたのである。『中右記』康和四年（一一〇二）六月十九日条にはまた、白河上皇が「故成尋阿闍梨入唐之間路次従二日域一及二唐朝一図絵」を屛風十二帖に仕立てたものを製作させたことも記されている。

ところで、成尋は先行して帰国する弟子たちが明州に下向するために先発する際に、『参記』の原形となる日記など、日本に将来する品々を次のように区分している（『参記』巻六熙寧六年正月二十三日条）。

百官図二帖・百姓名帖・楊文公談苑三帖八巻・天州府京地里図一帖・伝灯語要三帖　→宇治経蔵《藤原頼通》
法華音義一巻　→大雲寺経蔵
唐暦一帖・老君枕中経一帖・注千字文一帖　→左大臣殿《藤原師実》
暦一巻　→民部卿殿《藤原俊家》
寒山詩一帖・暦一巻　→治部卿《源隆俊》
永嘉集一巻・証道歌注一帖・泗州大師伝二巻・広清涼伝三帖・古清涼伝二巻・入唐日記八巻　→石蔵経蔵

公家日記は自筆本が存することがままあるが、『入唐求法巡礼行記』、『参記』ともに自筆本は存在しない。『参記』は承安元年（一一七一）八月に自筆本を比校した筆本を承久二年（一二二〇）に書写したという東福寺本が現存最古の写本で、諸写本の殆どの祖本となるようである[17]。求法・巡礼僧の日記で完存するものが少ないという類例の僅少さもあるのかもしれないが、上述のように後継の渡海僧が先達の日記を利用しているという流布ぶりの割には、原本の欠失には何か原因があるのであろうか。

円仁の延暦寺、成尋の岩倉大雲寺もそれぞれに歴史の紆余曲折を被っているが、そうした事情とともに、戒覚『渡宋記』末尾の次のような記述にも注目してみたい。

我願、以二此記一置二於日本国播磨国綾部別所引摂寺頻頭盧尊者　御前一、敢不レ出二山門一、備二来住人之道心一焉（花押影)。副送菩薩石壱枚〈暗隙日光差入之処、当二此石一可レ看也〉。必定放二五色光一歟。若尓者礼二其光明一、是菩薩不思議之化用云々。仍大聖文殊之結縁、可レ在下礼二石光一之功徳上矣。又金剛窟土少々一裹〈此等可レ安二置仏壇之底一〉。又清涼山背生茸一房并木根等。

『渡宋記』は寛喜元年(一二二九)に播州飾西郡の実報寺で実尊という者が戒覚の自筆本を書写し、慶政が播州に下向した際に書写山で実報寺主仏如房と対面した時、そこから書写したものが伝存しているのである。[18]五台山の石・土・植物とともに、渡海僧戒覚の記録は信仰の対象となる聖遺物であり、それは引摂寺に寺門興隆を保障する資産として保持されることが期待されているのであった。成尋の『参記』も石蔵(岩倉)経蔵に保管されており、上述の大雲寺への参詣者に対する聖遺物としての役割を果たしたことが推測される。とすると、原本は容易には実見することができない信仰の対象として秘蔵されたまま、様々な歴史的変動の中で消えていったと説明することができるかもしれない。ここには一般の公家日記とは異なる、寺院の記録というものの性格を考える糸口もあると思われる。[19]

むすびにかえて

本章では遣外使節と求法・巡礼僧の日記のあり方を概観し、特に成尋の『参天台五臺山記』を事例に渡航記録の日記としての特質、留意点について考察を試みた。これらにはそもそも原形がわからない、原本(自筆本)が全く伝来していないなどの制約もあり、不明の点が多く、公家日記では明らかになっている事柄を概説風に述べたに過ぎないという懸念が大きい。

とはいうものの、日記全般に通じる論点、また寺院という特殊な空間・論理に関連して生じる相違点などを抽出することができ、「日記の総合的研究」にはこうした分野の日記を視野に入れることも多少は有用であろう。そうした役割の一端を担い、さらなる考察の深化の糸口を示したところで、叙述を終えることにしたい。

註

（1）拙著『「白村江」以後』（講談社、一九九八年）、『東アジアの動乱と倭国』（吉川弘文館、二〇〇六年）などを参照。
（2）坂本太郎「日本書紀と伊吉連博徳」（『日本古代史の基礎的研究』上、東京大学出版会、一九六四年）、北村文治「伊吉連博徳書考」（『日本古代史論集』上巻、吉川弘文館、一九六二年）など。
（3）遣唐使の全体像に関しては、拙著『遣唐使の光芒』（角川学芸出版、二〇一〇年）を参照。
（4）東野治之「遣唐使と海外情報」（『図書』五二八、一九九三年）。
（5）山内晋次「遣唐使と国際情報」（『奈良平安期の日本とアジア』吉川弘文館、二〇〇三年）。
（6）小野勝年『入唐求法巡礼行記の研究』全四巻（法蔵館、一九八九年）、E・O・ライシャワー『円仁　唐代中国への旅』（講談社、一九九九年）、足立喜六訳注・塩入良道補注『入唐求法巡礼行記』一・二（平凡社、一九七〇・八五年）、深谷憲一『入唐求法巡礼行記』（中央公論社、一九九〇年）、白化文他『入唐求法巡禮行記校註』（花山文藝出版社、一九九二年）、佐伯有清『最後の遣唐使』（講談社、一九七八年）、『慈覚大師伝の研究』（吉川弘文館、一九八六年）、『円仁』（吉川弘文館、一九八九年）、鈴木靖民編『円仁とその時代』（高志書院、二〇〇九年）、『『入唐求法巡礼行記』に関する文献校定および基礎的研究』（二〇〇一年度〜二〇〇四年度科学研究費補助金（基盤研究C（2））研究成果報告書、研究代表者・田中史生、二〇〇五年）など。
（7）拙稿「九世紀の入唐僧」（『東洋大学文学部紀要』史学科篇三七、二〇一二年、〔本書所収〕）。
（8）小野勝年『入唐求法行歴の研究』上・下（法蔵館、一九八二・八三年）。その他、佐伯有清『智証大師伝の研究』（吉川弘文館、一九八九年）、『円珍』（吉川弘文館、一九九〇年）、『悲運の遣唐僧　円載の数奇な生涯』（吉川弘文館、一九九九年）なども参照。

（9）『入唐五家伝』については、森哲也「『入唐五家伝』の基礎的研究」（『市史研究　ふくおか』三、二〇〇八年）を参照。その他、佐伯有清『高丘親王入唐記』（吉川弘文館、二〇〇二年）、杉本直治郎『真如親王伝研究』（吉川弘文館、一九六五年）、田島公「真如（高丘）親王一行の「入唐」の旅」（『歴史と地理』五〇二、一九九七年）、川尻秋生「入唐僧宗叡と請来典籍の行方」（『早稲田大学會津八一記念博物館研究紀要』一三、二〇一二年）なども参照。

（10）拙稿「入宋僧成尋の系譜」（『遣唐使の特質と平安中・後期の日中関係に関する文献学的研究』平成十九年度〜平成二十年度科学研究費（基盤研究（C））研究成果報告書、研究代表者・森公章、二〇〇九年、〔本書所収〕）、石井正敏「入宋巡礼僧」（『アジアのなかの日本史』Ⅴ、東京大学出版会、一九九三年）など。

（11）国書逸文研究会編『新訂増補 国書逸文』（国書刊行会、一九九五年）。

（12）但し、「於㆓梵才三蔵房㆒見㆓奝然法橋並寂照大師来唐日記㆒。即借取書取楊文公談苑如㆑右」とあり、以下に引用されている『楊文公談苑』に記された寂照らの宋での事績を「来唐日記」と称したとすれば、これは日次記ではないことになる。

（13）竹内理三「「入呉越僧日延伝」釈」（『日本歴史』八二、一九五五年）。

（14）『参記』の活字本としては、『（改訂）史籍集覧』二六「参天台五臺山記」、『大日本仏教全書』遊方伝叢書、島津草子『成尋阿闍梨母集・参天台五臺山記の研究』（大蔵出版、一九五九年）、平林文雄『参天台五臺山記　校本並に研究』（風間書房、一九七八年）、王麗萍校点『新校参天台五臺山記』（上海古籍出版社、二〇〇九年）など、注釈書としては、斎藤圓眞『参天台五臺山記』Ⅰ・Ⅱ（山喜房仏書林、一九九七・二〇〇六年、巻四まで）、藤善眞澄『参天台五臺山記』上・下（関西大学出版部、二〇〇七・一一年）などがある。

（15）成尋および『参記』に関する近年の研究は、石井正敏「成尋生没年考」（『中央大学文学部紀要』四四、一九九九年）、「成尋」（『古代の人物』六、清文堂出版、二〇〇五年）、王麗萍『宋代の中日交流史研究』（勉誠出版、二〇〇二年）、藤善眞澄『参天台五臺山記の研究』（関西大学出版部、二〇〇六年）などを参照。なお、拙稿a「劉琨と陳詠」（『白山史学』三八、二〇〇二年）、b「入宋僧成尋とその国際認識」（『白山史学』三九、二〇〇三年）、c「『参天台五臺山記』の研究と古代の土佐国」（『海南史学』四一、二〇〇三年）、d「宋朝の海外渡航規定と日本僧成尋の入国」（『海南史学』四三、二〇〇六年）〔いずれも本書所収〕なども参照。

(16) 拙稿「漂流・遭難、唐の国情変化と遣唐使事業の行方」・「日渤関係における年期制の成立とその意義」(『遣唐使と古代日本の対外政策』吉川弘文館、二〇〇八年)。
(17) 平林註(14)書。
(18) 宮内庁書陵部編『僧慶政関係資料 渡宋記・法華山寺縁起』(八木書店、一九九一年)解題・釈文。
(19) 『小右記』寛仁四年(一〇二〇)八月十八日条によると、藤原頼通から鹿島・香取両社への封戸奉納に関して藤原実頼の例文の有無を尋ねられた時、実資は「彼時文書者故三条殿《藤原頼忠》悉焼亡、見二御日記一無二其事一。件御日記大納言《藤原公任》為二合部類一切寄、如レ此之間漏失歟」と答えており、実頼自筆本の喪失を恨む様子が窺われ、父祖の日記に対する観念はあるいは信仰に通じる側面もあると考えられる。

〈付載『伊吉連博徳書』〉

『日本書紀』斉明五年七月戊寅条

遣二小錦下坂合部連石布・大仙下津守連吉祥一、使二於唐国一。仍以二道奥蝦夷男女二人一示二唐天子一。〈伊吉連博徳曰、同天皇之世、小錦下坂合部石布連・大山下津守吉祥連等二船、奉二使呉唐之路一。以二己未年七月三日一、発レ自二難波三津之浦一。八月十一日、発レ自二筑紫大津之浦一。九月十三日、行到二百済南畔之島一。々名毋二分明一。以二十四日寅時一、二船相従放二出大海一。十五日日入之時、石布連船横遭二逆風一、漂二到南海之島一。々名爾加委。仍為二島人所一レ滅。便東漢長直阿利麻・坂合部連稲積等五人、盗二乗島人之船一、逃到二括州一。々県官人送到二洛陽之京一。十六日夜半之時、吉祥連船行二到越州会稽県須岸山一、東北風、々太急。廿二日、行二到余姚県一。所レ乗大船及諸調度之物留二着彼処一。潤十月一日、行二到越州之底一。十五日、乗レ駅入レ京。廿九日、馳二到東京一。天子在二東京一。卅日、天子相見、問訊之。日本国天皇平安以不。使人謹答、天地合レ徳、自得二平安一。天子問曰、執事卿等好在以不。使人謹答、天皇憐重、亦得二好在一。天子問曰、国内平不。使人謹答、治称二天地一、万民無レ事。天子問曰、此等蝦夷国有二何方一。使人謹答、国有二東北一。天子問曰、蝦夷幾種。使人謹答、類有二三種一。遠者名二都加留一、次者麁蝦夷、近者名二熟蝦夷一。今此熟蝦夷、毎レ歳入二貢本国之朝一。天子問曰、其国有二五穀一。使人謹答、無レ之。食レ肉存活。天子問曰、国有二屋舎一。使人謹答、無レ之。深山之中止二住樹本一。天子重曰、朕見二蝦夷身面之異一、極理喜怪。使人遠来辛苦、退在二館裏一、後更相見。十一月一日、朝有二冬至之会一、々日亦観。所レ朝諸蕃之中、倭客最勝。後由二出火之乱一、棄而不二復検一。十二月三日、韓智興傔人西漢大麻呂枉二讒我客一、々等獲二罪唐朝一、已決二流罪一、前流二智興於三千里之外一。客中有二伊吉連博徳一、奏、因即免レ罪。事了後、勅旨、国家来年必有二海東之政一、汝等倭客不レ得二東帰一、遂逗二西京一。幽二置別処一、閉レ戸防禁、不レ許二東西一、困苦経年。難波吉士男人書曰、向二大唐一大使触レ島覆、副使親観二天子一、奉レ示二蝦夷一。於レ是、蝦夷以二白鹿皮一・弓三・箭八十一、献二于天子一。〉

『日本書紀』斉明六年七月乙卯条分註

伊吉連博徳書云、庚申年八月、百済已平之後、九月十二日、放二客本国一。十九日発レ自二西京一。十月十六日、還到二東京一。始得レ相二見阿麻利等五人一。十一月一日、為二将軍蘇定方等一所レ捉百済王以下、太子隆等諸王子十三人、大佐平沙宅千福・国弁成以下卅七人、幷五十許人奉レ進二朝堂一。急引趍二向天子一。天子恩勅、見前放著。十九日、賜労。廿四日、発レ自二東京一。

『日本書紀』斉明七年五月丁巳条

耽羅始遣王子阿波伎等貢献。〈伊吉連博徳書云、辛酉年正月廿五日、還到二越州一。四月一日、従二越州一上路東帰。七日、行二到檉岸山明一。以二八日鶏鳴之時一、順二西南風一、放二船大海一。々中迷レ途、漂蕩辛苦。九日八夜、僅到二耽羅之島一。便即招二慰島人王子阿波岐等九人一、同載二客船一、擬レ献二帝朝一。五月廿三日、奉レ進二朝倉之朝一。耽羅入朝始二於此時一。又為二智興傔人東漢草直足島一、使人等不レ蒙二寵命一。使人等怨徹二于上天之神一、震二死足島一。時人称曰、大倭天報之近。〉

第二章　古代日麗関係の形成と展開

はじめに

九三五年（日本・承平五）新羅が滅亡し、王建の高麗が朝鮮半島を統一する。新羅は唐と提携して、百済・高句麗との三国抗争を勝ち抜き、さらに唐の勢力を駆逐して、六七六年頃に半島統一を成し遂げる（統一新羅の成立）が、当初唐と敵対していた新羅は日本に朝貢姿勢で通交を求めてきた。しかし、唐との関係修復が進むにつれ、新羅は日本に亢礼姿勢で通交したため、八世紀中葉頃から日羅間に対立点が顕在化し、八世紀末、宝亀十年（七七九）の新羅使来日を以て両国の公的通交は実質上終了している[1]。

その後、日本側は延暦度・承和度の遣唐使派遣に際して、遣唐使が新羅領域に漂着した場合の庇護を依頼する遣新羅使を遣すが、承和度には紀三津の「失使旨」事件があり、また遣唐使派遣も実質的には承和度で終幕を迎え、日羅間の公的通交の目的が失われていくのであった[2]。新羅側からは仁和元年（八八五）に使者が来日し、「前年漂蕩、適着㆓海岸㆒、蒙㆓給官粮㆒、得㆑帰㆓本郷㆒」ことを奉賀する旨を申したが、日本側は「只有㆓執事省牒㆒、無㆓国王啓㆒。其牒不㆑納㆓函子㆒、以㆑紙裹㆑之。題云、新羅国執事省牒上㆓日本国㆒。其上踏㆓印五院㆒。謹検㆓先例㆒、事乖㆓故実㆒」という外交形式上の難点、「新羅国人、包㆓蔵禍心㆒、窺㆓覦家国㆒」という警戒心により、これを放還している（『三代実録』仁和元年六月二十日条）。

新羅は九世紀頃から下代の混乱期に入り、承和八年（文聖王三＝八四一）十一月頃の張宝高の死去（『続後紀』承和九年正月乙巳条）以降は海上勢力の統括者がいなくなって、「新羅海賊」が日本近海に出没する記事が散見しており、日本側は緊張を高めていた。また日本側では新羅商人に対する交易関係の法規整備を行い、新羅商人の活動も制限されていくことになる。張宝高の勢力崩壊後の新羅人は唐に土着し、唐商人として来日する者、また本国に残り、新羅商人として活動する者など様々な形態をとり、日本人の中にも彼らと提携して海外渡航を図る者がいたが、こうした九世紀中葉〜後半の様相や日本の対外政策のあり方については別に整理したところである。(3)

そこで、本章では九世紀後半以降の新羅末期の日羅関係、甄萱の後百済、弓裔の後高句麗が鼎立する後三国時代の通交、特に後百済の甄萱からの使者派遣の様子、そして高麗時代の日麗関係のあり方などを検討し、日本の対外政策の行方を考究したいと思う。延長五年（九二七）には渤海が滅亡し、同八年には渤海を滅ぼした契丹の息がかかった東丹国使が来日するが、過状を徴して丹後国から放還しており（『扶桑略記』延長八年四月朔日条、『本朝文粋』巻十二過状）、東アジア諸国との公的通交は失われていくことになる。渤海との通交で定立された年期制に基づく来航方式が十世紀以降の唐・宋商人にも適応されていくことは別に見通しを述べているが、(4)九世紀の日羅通交のあり方が十世紀以降の日麗関係にどのようにつながるのかを明らかにすることも残された課題である。以下、こうした立場から、日麗関係の形成とその展開について私見をまとめてみたい。

一　新羅海賊問題と日本の対高麗観

応保二年（一一六二）頃成立した、太政大臣九条伊通が二条天皇に献じた教訓の書『大槐秘抄』には、次のような対高麗観が示されている。

帥・大弐に武勇の人なりぬれば、かならず異国おこると申候けり。小野好古が大弐の時、隆家が帥の時、とり分と異国の人おこりて候なり。かれらはたゞわが心どもの武をこのみけるに候。今年清盛大弐にまかりなりて候、いかゞと思ひ給ふるに、高麗の事ありと聞候。高麗は神功皇后のみづから行むかひてうちとらせ給たるくにに候。千よ年にや成候ぬらむ。東国はむかし日本武尊と申人のうちたいらげ給ひて候也。それは日本の内事に候。高麗は大国をうちとらせ給ひて候ふを、いかに会稽をきよめまほしく候らん。然れども日本をば神国と申て、高麗のみにあらず、隣国のみなおちて思ひよらず候也。

鎮西は敵国の人けふいまにあつまる国なり。日本の人は対馬の国人、高麗にこそ渡候なれ。其も宋人の日本に渡躰にはにぬかたにて、希有の商人のたゞわづかに物をもちてわたるにこそ候めれ。いかにあなづらはしく候らん。しかれば制は候事なり。

異国の法は、政乱ぬる国をばうちとる事と存てさぶらふが、鎮西は隣国をおそるべきやうに格に、《此間脱文》

ここには高麗＝「敵国」の観念が見え、記紀の神功皇后の「三韓征討」伝承を掲げた上で、日本に対して「会稽をきよめまほしく候らん」として、常に警戒すべき相手だと位置づけられている。一方で、「敵国の人」＝高麗からの来航者が大宰府周辺に到来する様子、日本側からは対馬の人が高麗に渡航しているものの、「希有の商人のたゞわづかに物をもちてわたるにこそ候めれ」であり、「制」＝渡海制が存することなどが記されており、(5)彼我往来の存在が窺われる。

では、こうした対高麗観や日麗の通交形態はどのようにして形成されたのであろうか。貞観十一年（八六九）五月の新羅海賊豊前国年貢絹綿掠奪事件、同十二年十一月の大宰少弐藤原元利萬侶新羅通謀事件など、新羅海賊の活動顕在化や一連の通謀事件勃発を経た九世紀後半以降の様相から検討を始めることにしたい。この貞観年間後半から元慶年間にかけて、日本側では「新羅凶賊」、「新羅虜船」来襲に対する警戒心がしばしば喚起され、国史には怪異に対する卜占として、大宰府周辺や日本海岸の山陰道諸国に要害警固の指示が下されたことが散見している。また兵力としての俘囚の配置（『三代格』巻十八寛平七年（八九五）三月十三日官符所引貞観十一年十二月五日官符）、兵器として弩の改良（新弩）と沿海諸国への配備（『三代格』巻五所収の諸官符を参照）、そして征夷経験者である軍事官僚の府官への就任という人的配置などの具体的方策にも留意すべきことが指摘されている。(6)

　こうした中、寛平五・六年に新羅海賊の来襲、大宰府周辺での戦闘が現実のものとなる。寇賊の来襲地域は肥前国松浦郡・肥後国飽田郡（『日本紀略』寛平五年五月二十二日・閏五月三日条）など玄界灘から有明海方面の地、また対馬島と、多方面にわたったが、特に寛平六年の寇賊は対馬近海に出没している。当時、新羅は真聖女王の治世（在位八八七〜八九七年）で、『三国史記』羅紀真聖王二年（八八八）二月条には、「王素与㆓角干魏弘㆒通、至㆑是常入㆑内用㆑事」、「此後潜引㆓少年美丈夫両三人㆒淫乱。仍授㆓其人㆒以㆓要職㆒、委以㆓国政㆒。由㆑是佞倖肆志、貨賂公、行㆓賞罰㆒不㆑公、紀綱壊弛」と、王の不行跡が非難されており、弓裔や甄萱が蜂起するのもこの王代のことである。同三年条には「国内諸州郡不㆑輸㆓貢賦㆒、府庫虚揚、国用窮乏。王発㆑使督促。由㆑是所在盗賊蜂起」と見え（列伝甄萱条も参照）、こうした国内統治の混乱が、国外への海賊行為跳梁を許した背景になったのであろう。

　寛平六年に新羅賊は対馬に来襲しており、大宰府では「今新羅寇賊屢窺㆑島、焼㆓亡官舎㆒、殺㆓傷人民㆒」と言上し、「応㆔依㆑旧差㆓遣対馬防人㆒事」が認められた（『三代格』巻十八寛平六年八月九日官符）直後に、最大の寇賊があった。

　a『扶桑略記』寛平六年九月五日条

　対馬島司言㆓新羅賊徒船四十五艘到着之由㆒。太宰府同九日進㆓上飛駅使㆒、同十七日記曰、同日卯時、守文室善友召二集郡司士卒等一、仰云、汝等若箭立レ背者、以二軍法一将レ科レ罪、立レ額者、可レ被レ賞之由言上者。仰訖、即率二列郡司士卒一、以二前守田村高良一令二反問一、即島分寺上座僧面均、上県郡副大領下今主為二押領使一、百人軍各結二廿番一、遣レ絶下賊移二要害一道上。豊円春竹卒二弱軍四十人一、度二賊前一。凶賊見レ之、各鋭レ兵而来二向守善友前一。善友立レ楯令レ調レ弩、亦令二乱声一。時凶賊随亦乱声射戦、其箭如レ雨。見二賊等被レ射并逃帰一、将軍追射。賊人迷惑、或入二海中一、或登二山上一。合レ計射二殺三百二人一。就レ中大将軍三人、副将軍十一人。所レ収雑物、大将軍縫物甲冑、貫革袴、銀作太刀、纏弓革、胡籙、苑夾、保呂各一具。已上附二脚力多米常継一進上。又奪取船十一艘、太刀五十柄、桙千基、弓百十張、胡籙百十、房楯三百十二枚。僅生獲賊一人。其名賢春。即申云、彼国年穀不レ登、人民飢苦、倉庫悉空、王城不レ安。然王仰為レ取二穀絹一飛帆参来。但所レ在大小船百艘、乗人二千五百人。被二射殺一賊其数甚多。但遺賊中、有二最敏将軍三人一。就レ中有二大唐一人一。〈已上日記。〉

aはこの時期の新羅賊の様態を最も具体的に示す史料であり、日本側の防戦状況を知る上でも貴重な材料になる。末尾の賊徒賢春の証言には上述の真聖王代の新羅の混乱ぶりが如実に示されており、彼らが日本に来襲せざるを得ない事情が窺われる。「王仰為レ取二穀絹一飛帆参来」は、新羅王が海賊行為を命じたという意ではなく、既に指摘されているように、新羅王の厳しい租税取り立てに堪え切れず、海賊行為に走ったということである。（7）

今回の新羅賊撃退については、次のような要素が分析されている。（8）①指揮官は守、前守、郡司といった伝統的枠組の官人たちで、律令的な歩射兵を率いている、②島分寺僧・郡司を押領使に登用し、国衙を中心とする軍事編成を速やかに実行することができた、③弩が威力を発揮した、④「善友立レ楯令レ調レ弩、亦令二乱声一」と、戦闘形態は集団戦で、律令制的軍団秩序の原形質は維持されている、⑤戦果はヒト（首級数）よりもモノ（武器・武具）で表現されている、⑥『小右記』寛仁三年（一〇一九）六月二十九日条に「寛平六年新羅凶賊到二対馬島一、々司善友打返、即給レ賞」

とあり、おそらく勲功賞は守善友一人であったと思われる。これを後の刀伊の入寇と比較すると、未だ個人レベルの武的領有者の活動は看取できず、受領国司による国衙支配機構体制を十二分に機能させたものであったと評することができると言われる所以である。

a以後も寇賊来襲の徴候が何回かあった（『日本紀略』延喜六年七月十三日条、同十七年九月八日条、『扶桑略記』延喜十八年十月十五日条）が、実際の来寇はなくなる（『日本紀略』寛平七年九月二十七日条「大宰府言上、壱岐島官舎等、為レ討レ賊悉被二焼亡一」は、この年に来襲があったのか、あるいは前年の被害報告なのか不明）。新羅では後三国時代の争乱が激化するが、日本に近い半島西南部は後百済が確保し、その支配安定化により賊衆の渡海が抑制されたものと思われる。しかし、その後百済、そして高麗からの遣使にどのように対処するかが次なる課題として浮上することになるのである[9]。

b『扶桑略記』延喜二十二年六月五日条

対馬島新羅人到来。早可レ従二却帰一之由、官符給二宰府一了。

c『本朝文粋』巻十二延喜　年　月　日大宰府牒（菅原淳茂作）

大宰府答二新羅一返牒。却二帰使人等一事。伏思、当国之仰二貴国一也、礼敦二父事一、情比二孩提一、唯甘二扶レ轂執一レ鞭、豈憚二航レ深栈一レ険。而自二質子逃遁一、隣言矯誣、一千年之盟約斯渝、三百歳之生疎到レ此。春秋不レ云乎、親レ仁善レ隣、国之宝也。魯論語曰、不レ念二旧悪一、是宜下恩深二含垢一、化致中慕羶上。今差二専介一、冀蔵二卑儀一者如レ牒。都統甄公、内揆二国乱一、外守二主盟一、聞二彼勳賢一、孰不二欽賞一。然任土之琛、藩王所レ貢、朝天之礼、陪臣何専。代二大匠一而採レ刀、慕二庖人一而越俎。雖三誠切二攀龍一、猶嫌レ忘二相鼠一。縦宰府忍レ達二金闕之前一、而憲臺恐安二玉条之下一。仍表函・方物、併従二却廻一。宜下稽二之典章一、莫上処二疎隔一、過而不レ改奈二其余一何。但輝嵒等、遠疲二花浪一、漸移二葭灰一。量給二官粮一、聊資二帰路一。今レ以状牒。牒到准レ状。故牒。

d『扶桑略記』延長七年（九二九）五月十七日条

新羅甄萱使張彦澄等二十人、来二著対馬島一。持下送二太宰府司一書状幷信物、又送二島守坂上経国一書及信物等上、請レ向レ府。彦澄辞云、彼国如レ古進二調貢一。為レ蒙二大府仰一、奉レ向二彦澄等一云々。島司守二憲法一拘留。彦澄等俯レ地申云、本国之王深存二入覲之情一、重致二使信之労一。空従二中途一帰去、身命難レ為レ存。島司猶拘レ使、以二事由一言二上府一、々即申二太政官一。其送レ府書、序下欲レ事二朝庭一之由上、送レ島書謝下送二帰彼国飄蕩人一之事上。先レ是、去正月十三日、新羅交二易海藻於貪羅島一之□、飄蕩着二対馬下県郡一。島守経国加二安存一給二粮食一、并差二加擬通事長岑望通・検非違使秦滋景等一、送二帰全州一。三月廿五日、滋景独還来、申云、全州王甄萱撃二幷数十州一、称二大王一。望通等到二彼州一之日、促レ座緩レ頬、慇懃語曰、萱有二宿心一、欲レ奉二日本国一。前年不レ勝二丹款一、進二上朝貢一。而称二陪臣貢調一被二返却一也。一日欲レ称レ寡者、且為レ奉二本意一。本意已遂、装レ船特進二朝貢一之間、汝等幸過来。因拘二留望通一、憖免二滋景一。初経国帰二飄蕩人一之時、牒二送全州一。全州後寄二彦澄一送二返牒一、陳二謝恩情一、兼述下願二朝貢一之深款上、及注下可レ進二発復礼使李榮等一之由上。而李榮遂不レ来。

e『扶桑略記』延長七年五月二十一日条

太政官符太宰府、新羅人張彦澄等資レ粮従二放帰一、幷令下文章博士等修二太宰・対馬返牒書状案一下遣上。太宰牒略云、潘固致レ計、自成二警レ関之勤一。人臣無レ私、何有二逾レ境之好一。故猥存二交通一、春秋遺二加レ貶之誡一、曲求二面覿一、脂粉絶二為レ容之労一也。輝嵒早帰、区二陳旨意一。何亦彦澄重到、頻示二晤言一、空馳二断金之情一、未レ廻二復圭之慮一。爰守二典法一、既従二却帰一云々。対馬牒略云、前救二溺頂之危一、適成二援手之慮一、非三是求二隣好一、唯為レ重二人生一云々。其廻放之旨、同二府牒一。其大弐書略云、納貢之礼、蕃王所レ勤。輝嵒先来、已乖二□例一。彦澄重至、猶有二蹇違一。縦改二千万之面一、何得レ二一三其詞一。所レ贈方奇、不二敢依領一。人臣之義、已無二外交一云々。対馬守書、且絶二私交一、不レ受二贈物一。

後百済からはb・cとd・eの二回の遣使があった。日本側は二度とも「人臣無二境外之交一」の論理で甄萱からの使者を対馬から放還している。cでは「都統甄公、内撥二国乱一、外守二主盟一、聞二彼勲賢一、孰不二欽賞一」と、甄萱による統治の安定を評価しながらも、来日したのはあくまで「新羅人」（b）であり、「新羅甄萱」（d）と、後百済の独立国たることを認めようとしていない。したがって「表函」＝国書の持参（c）、「朝貢」の意志（d）に対しても、これを受納することはなかったのである。

こうした日本側の姿勢に関連して、少し時代は下るが、『本朝文粋』巻七天暦元年（九四七）閏七月二十七日「為二清慎公一報二呉越王一書」、同七年七月「為二右丞相一贈二太唐呉越公一書状」では、「人臣無二境外之交一」の論理を示しながらも、「然而遠志難レ拒、忍而依領」、「受レ之則雖レ忘二玉条一、辞レ之恐謂レ嫌二蘭契一、強以容納、蓋只感二君子親仁之義一也」などと述べて、献納品を受領していることに留意したい。当時の中国は五代十国の混乱期にあり、日本側は「唐の呉越公」という位置づけを行っていたにもかかわらず、摂関家の者が書状形式の返信を出している。ここには入呉越僧日延と中国の商人蔣承勲を介した摂関家の交易希求が反映されているのであるが、[10]このような形で通交を可とする場合もあった。

では、後百済の使者は何故拒否されたのだろうか。一つには日本に最も近い半島南部は後百済が領有していたとはいえ、後三国の抗争は続き、日本としては特定の勢力と関係を持ち、半島の紛争に巻き込まれることを回避しようとしたと見ることができる。そして、より大きな理由としては、新羅海賊の来襲以来続く、新羅や半島諸勢力に対する警戒心が作用したことが推定される。『政事要略』巻五十六交替雑事（諸寺雑事）延長八年（九三〇）八月十五日太政官牒「応レ択二補大宰府四王寺四僧一事」には、「方今恠異屢示、告以二兵賊一」と記されており、こうした警戒心が如実に反映されている。詳細は不明であるが、新羅最末期においても、『日本紀略』承平五年（九三五）十二月三十日条「賜二官符於大宰府一。殺二害新羅人一事」、『西宮記』巻七所引『貞信公記』承平五年十二月三十日条「昨日依レ無レ政、賜二太宰一可二警固一官符、今日可二捺印一」と見える事件が起きており、新羅に対する警戒の念が強かったことが窺われよう。

　こうした新羅時代後半の対新羅の警戒心が、本節冒頭の『大槐秘抄』に示された対高麗観にもつながっていくことが予想される。高麗からの遣日使は、『日本紀略』承平七年八月五日条「左右大臣以下著二左仗一、開二見高麗国牒等一」によると、高麗建国後すぐに企図されたようである。この高麗使来日に対しては、『貞信公記』天慶二年（九三九）二月十五日条「高麗牒付二朝綱一」、『日本紀略』天慶二年三月十一日条「大宰府牒高麗広評省、却二帰使人一」とあり、日本側は大江朝綱などによる検討を経て、結局は放却という形をとっている。さらに『貞信公記』天慶三年六月二十一日・二十三日・二十四日条に高麗牒と大江朝綱・維時による勘文のことが見え、詳細は不明であるが、この二度目の高麗使も放却されたものと思われる。後代の史料であるが、『師記』承暦四年（一〇八〇）閏八月五日条に、「天慶年中高麗国使下二神秋陳状一、彼国王愸忽（怨）下被レ停二朝貢一之事上者」と認識される所以であった。

　以上を要するに、九世紀後半以降の海賊問題と新羅下代から後三国時代の新羅国内情勢の悪化とが、日本の警戒心を増幅し、これが対高麗関係の形成に慎重にならざるを得なかったことにつながると考えた次第である。これはまた日本の対高麗観にもつながるものであった。では、こうした形で始まる日麗関係はどのように推移していくのであろうか。その通交の具体相は如何であったのだろうか。節を改めて日麗関係の実相を明らかにすることにしたい。

二　長徳三年の高麗使来日と刀伊の入寇

『小右記』長徳二年（九九六）五月十九日条に「高麗人寄㆓石見国㆒。其事諸卿定申、延喜年中異国人来㆓但馬国㆒、造㆑船給㆑粮可㆓返遣㆒之由定申了」とあり、高麗人の来日が知られる。この高麗人の来航との関係は不明であるが、長徳三年六月に突如として高麗使の来日が見え、その牒状の内容をめぐって日本側では議論が行われている。ここではこの長徳三年高麗使来日をめぐる史料を掲げ、日麗関係のあり方を考える糸口にしたい。

f『小右記』長徳三年六月十二日条

勘解由長官云、高麗国啓牒有㆘使㆑辱㆓日本国㆒之句㆖、所㆑非㆑無㆓怖畏㆒者。前丹波守貞副〔嗣〕朝臣来云、大弐消息徴㆓誡六个国人兵㆒、令㆑警㆓固要客〔害〕㆒。又高麗国使日本国人云々。

g『百錬抄』長徳三年六月十三日条

諸卿定申高麗国牒状事。僉議不㆑可㆑遣㆓返牒㆒。可㆑警㆓固要害㆒、又牒状不㆑似㆓高麗国牒㆒、是大宋国之謀略歟。

h『小右記』長徳三年六月十三日条

参㆑宮。小選参㆑内。右大臣・左大臣・左大将・民部卿・式部大甫・左衛門督・右衛門督・左大弁・宰相中将・勘解由長官同参。左中弁行成奉㆑詔、下㆓賜右大臣大宰府解文・高麗国牒三通㆒〈一枚牒㆓同〔日〕本国㆒、一枚牒㆓対馬島司㆒、一枚同島〉。諸卿相共定申。大略不㆑可㆑遣㆓返牒㆒。又警㆓固要害㆒、兼致㆓内外祈禱事㆒、又高麗牒状有㆘令㆑記〔耻〕㆓日本国㆒之文㆖、須㆑給㆓官符大宰㆒、其官符文注㆘高麗為㆓日本㆒所㆑称之由㆖、又可㆑注事者、高麗国〔牒脱カ〕背㆓礼儀㆒事也。商客帰去之時有㆑披㆓露彼国㆒歟。但見㆓件牒㆒、不㆑似㆓高麗国牒㆒。是若大宋国謀略歟。抑高麗使大宰人也。若不㆑可㆓返遣㆒、可㆑被レ勘二其罪一。大宰申請四ケ条。九国戎兵具皆悉無実、可レ令二国司修補一事、若其無二其勤一、雖レ有二他功一不レ可レ預二勧賞一者。定申云、先可レ造二要須戎具一也。不レ可レ申二止勧賞一事、九国戎(域)内諸神可レ授二一階一事定申云々。先被二祈禱一相次可レ被二定下一。可レ加二寄香椎廟内大臣封廿五戸一事、定申云、可レ被二加寄一歟者。対馬守高橋件(仲)堪非レ文非レ武、智略又乏、以二大監平中方一着(差)二遣彼島一、備二不虞一事、定申云、如二符行(府所)レ注、件(仲)堪非レ文非レ武、智略乏由、令レ尋二先例一、如レ此之時改二任堪能武者一、状(非カ)レ無二蹤(跡)路一、雖レ然忽被二改任一如何、如二府中請一、先差二遣中方一、随又申請、乍有可レ被二定下一也。府解文云、中方身為二文章生一、文(又カ)習二弓馬一云々。戌刻許各退出。又北陸・山陰等道可レ給二官符一之由僉議了。(下略)

i

『水左記』承暦四年(一〇八〇)九月四日条

(上略)一不レ差レ使事。長徳三年符云、須下専二国信一先達中大府上、何脅二断綆漂流之客一以為二行李一。啓牒之信事乖二彼制一云々。永承六年金州返牒云、専二行李一以謄二信札一、而便附二商船一□数欠云々。(下略)

j

『小右記』長徳三年十月一日条

(上略)左近陣官高声之曰、大宰飛駅到来云、高麗国人虜二掠対馬・壱岐島一、又着二肥前国一欲二虜領一云々。(中略・奄美島人の掠奪と判明)又高麗同艤二兵船五百艘一向二日本国一、欲レ致レ許(奸カ)者、誠雖二浮(言)定一、依三云々所二言上一也者。(中略)又高麗国浮(言)定不レ可レ不レ信。可レ被(行二脱カ)レ種々祈禱一。定詞甚多、只是大概了(耳カ)。丑剋諸卿退出。此間雨不レ止。諸卿申云、為二敵国一可レ被レ行二種々御祈禱一者。

k

『権記』長徳三年十月一日条

(上略)又申二高麗国案内一事。定申云、先日言上府解不レ注下到二鶏林府一成レ犯者交名上、今日解文已注二其名一。仍須レ追下討彼成レ犯則(射カ)二矢等一類上之由、注二載報符一。又可レ給二官符長門国一。但得二其賊一者可二賞賜一之由、可レ加二載状中一。

抑件南蛮・高麗之事、雖レ云二浮説一、安不レ忘レ危。非常之恐莫レ如レ成レ慎。能可レ被レ致二種々御祈一、可レ被レ立下奉二幣諸社一使上、行二仁王会一、修二大元法等一歟者。依二御殿籠一不レ能二奏聞一。依三宿物不二持来一、申二案内於左府一、白地罷出。

l『百錬抄』長徳三年十月一日条

旬。出二御南殿一之間、大宰府飛駅到来、申下高麗国人虜二掠鎮西一之由上。仍止二音楽・庭立奏一。事了令三諸卿定二申之一。

m『百錬抄』長徳四年二月条

大宰府追二伐高麗国人一。

n『権記』長保元年（九九九）十一月二十七日条

（上略）又大宰府言上敵国危等事。（下略）

f〜iが高麗使来日に関する史料である。高麗使来航のことは突如として現れ、事情不明であるが、今回の高麗使が齎した牒の内容には問題があったようであり、日本側は返牒を出さないことを決め、また要害警固の指示を下している（g）。「高麗国啓牒有下使レ辱二日本国一之句上」（f）、「高麗牒状有下令レ恥二日本国一之文上」（h）という具体的な問題点は不明であるものの、「不レ似二高麗国牒一。是若大宋国謀略歟」（h）という評言を考慮すると、後述の医師要請事件の際の牒状と同様に、「改二処分一而曰二聖旨一、非二蕃王可一レ称」（『朝野群載』巻二十承暦四年大宰府牒）、「聖旨者宋朝所レ称也。（中略）非二蕃国所一レ可レ称」（『水左記』承暦四年九月四日条）の如き用語の不適切などが推定されるところである。[11]

では、こうした牒状の無礼に関連して、何故要害警固の指示が出されたのだろうか。hによると、大宰府からは兵具の修補、諸神への祈禱、対馬守を堪能武者と交替させることなど、かなり具体的な対応が要請されており、公卿たちも北陸・山陰道への要害警固指示発令を検討している。これは前節で見た新羅海賊来襲に対する防衛策に類するものと言えよう。この点に関連して、j〜nによると、高麗人来襲の浮言が流布していたことに留意したい。j〜lは実際には「南蛮」と称される奄美島人の来襲であり、「府解文云、先年奄美島人来、奪二取大隅国人民四百人一、同以将志〔去カ〕。其時不二言上一。今慣二彼例一、自致二斯犯一歟」（j中略部分）と解説されるものであった。それにもかかわらず高麗人来寇の浮説が有力視された背景として、f〜iの高麗使来日のそもそもの事由に注目すべきことが指摘されている[12]。

即ち、kによれば、九州ないし長門付近の住民が鶏林府（新羅の異称）＝高麗に赴き、矢を射るなど武力に訴える犯罪行為を行っていたことが知られ、高麗使はこれに抗議・取締りを求めて来航したものと考えられるのである。kでは日本側はこの犯罪者の逮捕を指示する一方で、報復のために高麗人が来襲することを警戒しており、対新羅海賊の際に執行された大元帥法の修法などが企図されている[13]。f〜iの高麗使来日の背景にこのような事情があったとすれば、要害警固の指示発令や奄美島人の来襲を高麗人来寇と取り違える誤解は充分に理由のあるものであったと見なされよう。

ところで、今回の高麗使には「又高麗国使日本国人云々」（f）、「抑高麗使大宰人也」（h）という問題も存した。来日した高麗使が日本人であったというのはどのような事情によるのだろうか。ここには日麗通交のあり方を考える材料が存するものと思われ、次にこの点を検討してみたい。各種年表・史料集を見ても、平安時代の日麗通交の実例はあまり多いとは言えない[14]。しかしながら、前節末尾で触れた高麗建国初期の遣日使に関する記事には「神秋連」という日本人を思わせる人物が登場しており、今回の高麗使も日本の大宰府管下の人であったと記されているように、公的な通交としての記録は残っていないが、彼我の往来は意外に盛んであったと見る余地はある。

事実、後述の医師要請事件の際に、高麗国牒の到来を言上した大宰府解には「商人往二返高麗国一、古今之例也」（『朝野群載』巻二十）とあり、彼我往来には何の問題もなかったようである。史料に残されたところでは、天禄三年

（九七二）には高麗の南涼府使盛吉兢が対馬に来航している（『日本紀略』天禄三年九月二十三日条、『百錬抄』天禄三年十月二十日条、『親信卿記』天禄三年十月七日条）。この顚末は不明であるが、『日本紀略』天延二年（九七四）閏十月三十日条「高麗国交易使蔵人所出納国雅相二具貨物一参入。其中彼国馬一疋、葦毛、似二本国駄馬一、不レ可レ為二貢賝一」、『親信卿記』天延二年十一月三十日条「高麗貨物使雅章還参事在二解文一」などによると、高麗人との交易が大宰府において行われていたことが窺われる。永観二年（九八四）にも筑前国早良郡への高麗人船来着が知られ（『小記目録』第十六）、『春記』長暦三年（一〇三九）閏十二月二十八日条「関白命云、唐暦一日持来。新羅国以二唐暦一用レ之云々。仍去夏密々遣二示帥許一、今日所二持来一也。摺本也」によると、大宰府下で新羅＝高麗の物品入手が可能なことは都の人々にも充分に認識されていたことが看取できよう(15)。

但し、iによると、日本側は来日した高麗使が日本人であること、つまり高麗側が渡航した日本商人に託して国書を齎して来ることを問題視している。iに「何脅二断綆漂流之客一以為二行李一」と記されているのは、高麗との交易を希求する弱い立場にある日本商人を高麗側の意図を伝えるための遣日使に仕立てることを非難したものである。iによれば、永承六年（一〇五一）にも同様の方式がとられた事例があることが知られる。とはいうものの、『今昔物語集』巻二十九第三十一話「鎮西人、渡二新羅一値レ虎語」、巻三十一第十二話「鎮西人、至二度羅島一語」などは、高麗への渡航に関するものと思われ、「商セムガ為ニ、船一ツニ数ノ人乗テ」と、多くの人々が、しかも弓箭・兵杖などを帯して渡海していた様子が窺われる。したがって交易がうまくいかない時は、日本商人が武力に訴えることもあり、kの如き乱闘に及ぶ場合があったこと、「倭寇」の先蹤形態が発現していたと評される所以である(16)。

こうした日本商人の実相の一端については次節で触れることにしたいが、ここでは彼我通交のあり方に関連して、事例を補っておこう。

01『高麗史』巻三穆宗二年（長保元＝九九九）十月条
日本国人道要・弥刀等二十戸来投。処二之利川郡一、為二編戸一。

02『百錬抄』長保四年（穆宗五＝一〇〇二）六月二十七日条（『小記目録』第十六あり）
諸卿定下申高麗国人不レ堪二彼国苛酷一、引二率伴類一可レ住二日本国一之由言上事上。

03『権記』長保四年七月十六日条
（上略）下二給宣旨一枚一。大宰府申流来高麗人四人文一枚、又申参来同国人二十人文一枚。

04『高麗史』巻四顕宗二十年（長和元＝一〇一二）八月戊戌条
日本国潘多等三十五人来投。

05『小右記』寛仁三年（顕宗十＝一〇一九）六月二十一日条
今日帥書付二脚力一送レ之。高麗人未斤達五月廿九日到二着筑前国志摩郡一、申云、去年三月十六日従二彼国康州一随二身米千石一参二着京都一、六月十五日罷帰之間、被レ放二逆風一去（七カ）月八日到二大宋国明州一、今年五月廿四日罷二帰本国一之間、遭二逆風一来着。依レ有二大疑一禁固今〔令カ〕二訊問一者。

06『高麗史』巻四顕宗二十年（長元二＝一〇二九）七月乙酉条
耽羅民貞一等、還レ自二日本一。初貞一等二十一人、泛レ海漂風到二東南極遠島一。島人長大、遍體生レ毛、語言殊異。劫留七月、貞一等七人、竊二小船一、東北至二日本那沙府一、乃得二生還一。

07『小記目録』第十六長元四年（顕宗二十二＝一〇三一）二月条
同四年二月廿四日、流来者給レ粮廻却官符、可レ賜二大宰府一事。同十九日、大宰府言上耽羅島人流来事。同日、異国流来無二事疑一者、不レ可レ経二言上一、可二返却一事。

08『日本紀略』長元七年（徳宗三＝一〇三四）三月某日条

対馬島言上、高麗人漂㆓流大隅国㆒。厚加㆓慰労㆒返㆓遣之㆒。

09『高麗史』巻六靖宗二年（長元九＝一〇三六）七月壬辰条

日本国帰㆓我漂流人謙俊等十一人㆒。

10『高麗史』巻六靖宗五年（長暦三＝一〇三九）五月庚子条

日本民男女二十六人来投。

11『高麗史』巻七文宗三年（永承四＝一〇四九）十一月戊午条

東南海船兵都部署司奏、日本対馬島官、遣㆓首領明任等㆒、押㆓送我国飄風人金孝等二十人㆒、到㆓金州㆒。賜㆓明任等例物㆒、有㆑差。

12『高麗史』巻七文宗五年（永承六＝一〇五一）七月己未条

日本対馬島、遣㆑使、押㆓還被㆑罪逃人良漢等三人㆒。

13『百錬抄』永承六年七月十日条

高麗国牒状定。返㆓上日向国女㆒事。

14『高麗史』巻七文宗十年（天喜四＝一〇五六）十月己酉朔条

日本国使正上位権隷滕原朝臣頼忠等十三人来㆓館于金州㆒。

15『高麗史』巻八文宗十四年（康平三＝一〇六〇）七月癸丑条

東南海船兵都部署奏、対馬島帰㆓我飄風人禮成江民位孝男㆒。王賜㆓使者礼物㆒優厚。

今、次節で検討する医師要請事件以前の彼我の史料に見える通交例を掲げたが、漂流民を双方で送還する形での交流が多かったことがわかる。但し、相手国への定住を目的とした来投者の事例も存し（01〜04、10）、犯罪人の逃走者も見られる（12）。また日本側の窓口としては、高麗と国境を接する対馬島が交流を担当しており（08・11・12・15）、前節冒頭に掲げた『大槐秘抄』の「日本の人は対馬の国人、高麗にこそ渡候なれ」という記述を裏付ける通交の様態が窺われるところである。

こうした日麗通交の中で、やや異色の出来事として生じたのが刀伊の入寇であり、その処理をめぐって高麗人の高麗使が来日し、日本側でも改めて外交原則や渡海規制の確認が行われている。ここでは当該期の日麗関係を検討する手がかりとして、この時の彼我の交渉を取り上げたい[17]。

日本側が生獲した高麗人の証言によると、「高麗国為レ禦二刀伊賊一遣二彼辺州一而還為二刀伊一被レ獲也」という為体であり（『小右記』寛仁三年（一〇一九）四月二十七日条）、刀伊の入寇は高麗を侵害した刀伊人が対馬・壱岐、さらに北部九州に来襲したものである。日本では急襲された対馬・壱岐は甚大な被害を被ったが、大宰帥藤原隆家を中心とする大宰府官人や北部九州沿海部に居住していた武士的人物の活躍により、刀伊人を撃退することができた（『朝野群載』巻二十寛仁三年四月十六日大宰府解、『小右記』寛仁三年四月二十五日・六月二十九日条など）。対馬の判官代長岑諸近は掠奪された母・妻子らの消息を求めて、渡海の制を犯して高麗に渡航したというが、高麗では退却してきた刀伊人に大打撃を与え、日本人の虜奪者を救出することができており（『小右記』寛仁三年八月三日条）、ここに高麗側からの事情説明、日本人返送のための使人が来日した次第である。

『小右記』寛仁三年九月十九日条には九月四日付の大宰帥藤原隆家書状到来が記されており、「其状云、従二高麗国一虜人送使来二対馬一之由申二彼島解文一、仍言二上其由一」とのことであった。高麗使は鄭子良という者で、この虜人送使来日に先立って帰朝した上述の対馬の判官代長岑諸近が随伴した内蔵石女らの証言によると、高麗側の姿勢は次の如くであったという（『小右記』寛仁三年八月三日条所引寛仁三年七月十三日内蔵石女等解文）。

（上略）石女等一類卅余人各給二駅馬一進二金海府一之途中十五箇日毎レ駅以二銀器一供給、其労尤豊。官使仰云、偏非レ労二汝等一、只奉レ尊二重日本一也者。着二金海府一之後、先以二白布一各充二衣裳一、兼以二美食一給二石女等一、六月卅个日之間令レ安二置彼府一。（中略）離岸之日彼朝公家充二給帰粮料人別白米参斗・干魚卅隻一、兼給二酒食一。但金海府所二召集二之日本人幷三百余人。是三个所軍船所レ進也。残二个所人等来集之後、差レ使可二返進一之由、且言二上公家一者。

（下略）

石女は安楽寺領筑前国志麻郡板持庄の住人で、刀伊賊徒襲来の際に掠奪され、刀伊と高麗軍との戦闘の様子も目撃している。石女の観察によると、高麗側は日本人被虜を丁重に扱い、これは「奉レ尊二重日本一也」のためであったといい、被虜送還の意図も疑わしいところはないと言えよう。

ところが、日本側の観点は大いに異なっていた。上述の生獲した高麗人の証言に対しては、「数千人刀伊賊外高麗人何必被レ捕乎、偽称二刀伊人一歟」（『小右記』寛仁三年四月二十七日条）と、刀伊人ではなく、高麗の方が来襲主体ではないかと疑っている。対馬島判官代長岑諸近の渡海と帰国を報告した大宰府解でも、「謹検二案内一、異国賊徒刀伊・高麗其疑未レ決、今以二刀伊之被レ撃、知レ不二高麗之所為一。但新羅者元敵国也、雖レ有二国号之改一、猶嫌二野心之残一。縦送二虜民一、不レ可レ為レ悦。若誇二勝レ戦之勢一偽通二成レ好之便一」として（寛仁三年八月三日条）、新羅＝敵国観に基づく高麗への警戒や捕虜送還を口実に公的通交を求めてくることに対する注意が喚起されているところである。その他、内蔵石女等解文に描かれた刀伊賊徒を撃破した高麗の戦船に関する情報への関心は、高麗の軍事力如何に留意したものであるとの指摘もなされている[18]。

このような姿勢・対外認識を背景にしていたためか、陣定における高麗使鄭子良への対応には厳しい意見が示された。

o『小右記』寛仁三年九月二十三日条

宰相云、昨日右大臣・按察大納言斉信・権大納言公任・左大将教通・右衛門督実成・右兵衛督公信・右大弁朝経参入。頭弁経通下二給大宰府解文・高麗国牒等一。諸卿定申云、高麗国使召二上大宰府一、暫安二置便処一、厚賜二資粮一、可レ被レ問二此間持レ疑事等一。（中略）今朝源大納言示送云、高麗使事其定如何。数多者着二小島一送二旬月一者、量二国強弱一可レ知二衣食乏一。以二早返一為レ先。見二牒案内一、始レ自二文書一手跡無レ所レ耻、不レ論二才之浅深一、可レ作二返牒一。帰禄等程如何、内々可レ給二位階一由云々。牒已不レ送二日本一、何授二位階一。又知二本位一進二一階一所レ作也。牒文無二本位一、此間憤申侍。於二一朝中事一者雖レ無二是非一、誰人謂二其旨一酌二異国事一。先々所レ不二緩怠一也。只可レ帰二送先日捕得者・流来者等一也。二百余人男女何阿二容異朝謀詐一乎。追々被二尋問一自可レ知二実不一。使久住事未レ得レ意侍。依二彼朝謀略之旨一我朝可レ被二推行一之有様未二思得侍一者。報下依二触穢一不レ預二僉議一由上。今案不レ可レ被二強召問一歟。只以三差レ使送二虜者一可レ為二其志一。給レ物被二早返遣一上計歟。但昨定旨以二宰相談話一告二大納言一、重示送状云、定旨大略承侍。不レ馳レ駅由大府失也。不二高麗失一。依二後々重言上一可レ被二定下一事如何。雖レ有二彼朝詐一可レ被レ行旨如何。只如レ不レ知早廻二却使一上計也。彼国牒中女真時々注二貢献由一、是可レ所レ摂、尤可レ責二不順旨一也。撃二得異国凶賊一以二虜民一送二当朝一、尤大事也。宗朝可レ牒二我朝一、而別府安東護府牒送二対馬島一、此旨頗可レ顕二返牒一許也者。余又報二事旨一了。源納所レ陳事誠可レ然。件府解等送二源納言許一、取二伝之一送二史許一云々。仍見二彼解文并高麗牒等一歟。余未レ見二解文・牒等一。

p『小右記』寛仁三年九月二十四日条

（上略）源納示送云、世間所二憑思一者両納言也。此度事内々承奇侍、被レ聞二四条人納言、若案内被レ申歟者。高麗使経二歴二島一、参二大宰府一如何。入レ秋之後風波不レ静歟。廻却之期已及二厳冬一。彼国牒二対馬一、使者指二其処一、更召二上大宰一、往還之間若有二漂没一極可二不便一歟。又於二大宰一被レ問何事乎。経二両島一之程計レ之見二衰弱由一歟。賜二返牒并物一、従二対馬一返遣宜歟。以二此由一示二達四条大納言一。報云、定日申下往反之間若経二其日一無上レ便二廻却一、彼是云、猶問二可レ然事一可レ遣者、仍不二強申一。可レ有レ議事也。但衰亡事見聞歟者。

q『小右記』寛仁三年十二月三十日条

（上略）戌剋許冒レ雨前大納言俊賢卿送二書状一云、只今自二大宰府一言下上問二高麗使一日記上。自二対馬島一着二筑前国一彼国人卅人乗船已漂没、二艘僅到着也。先日案令二出見一。流来虜人等使申、件者高麗人、而不レ知二其来由一者、此尤可レ疑。問二安東護号一、申云、件府彼朝鎮東海府也、他府皆改二其号一為レ洲也、彼府独為二惣摂府一、仍所レ送二虜人一也者。端書云、自二対馬一不レ被レ帰被レ迎レ府事極奇議也。如レ案漂没可レ哀者。件事所レ示尤理也。称賢卿相所レ定也。彼日余不二預参一、後聞二此定一。前大納言聞二此定一、謗難可レ然。四条大納言預二彼議一。余示二此事一、所レ答有二諾気一。初陣二海道難由一、傍卿云、猶可レ召二上府一者、不レ能二強執一所レ同也。今般定頗不レ宜。前大納言彼定時似レ嘲二僉議人等一。縁二彼時案相当一、臨レ夜冒レ雨所二馳示一歟。（下略）

寛仁三年九月二十二日に陣定が行われ（o、『日本紀略』・『左経記』同日条）、右大臣藤原公季を筆頭とする会議では、対馬に来着した高麗使を大宰府に召して諸事疑問点を尋ねることが決定されたようである。『小右記』の記主藤原実資は触穢により当日は不参であったが、前年末に大納言辞任の辞表を出していた（『公卿補任』尻付によると、それが受納されたのはこの年の十月であった）源俊賢から実資のもとに度々書状が送られており、俊賢・実資・公任がこの決定に必ずしも賛成していなかったこと、日本がとるべき外交方策についての考え方が窺われるので、この点を整理しておきたい。

o～qで自らの意見を披陳しているのは俊賢であるが、彼は高麗使には対馬で応対し、返牒と賜物を与えて、出来るだけ速やかに帰国させるのが上策であると述べている。その論拠として、①高麗使が齎した牒状は対馬島宛のもので、「已レ不二送日本一」、「宗朝可レ牒二我朝一而別府安東護府牒二送対馬島一」であること、②「彼国牒中女真時々注二貢献由一」など、高麗と女真（刀伊）との関係にはなお不審な点があるが、「撃二得異国凶賊一以二虜民一送二当朝一、尤大事也」であって、彼の地の情勢については返還される日本人虜民たちに追々尋ねれば真相がわかること、③高麗使が大宰府まで来ると、刀伊の入寇後の混乱、「量二国強弱一可レ知二衣食乏一」という日本側の情勢が判明するので、不都合であること、そして、④対馬から大宰府に来る間に高麗使が漂没する恐れがあることなどが指摘されている。

図4　刀伊の入寇をめぐる陣定に関与した公卿の略系図（太字が当日の参加者）

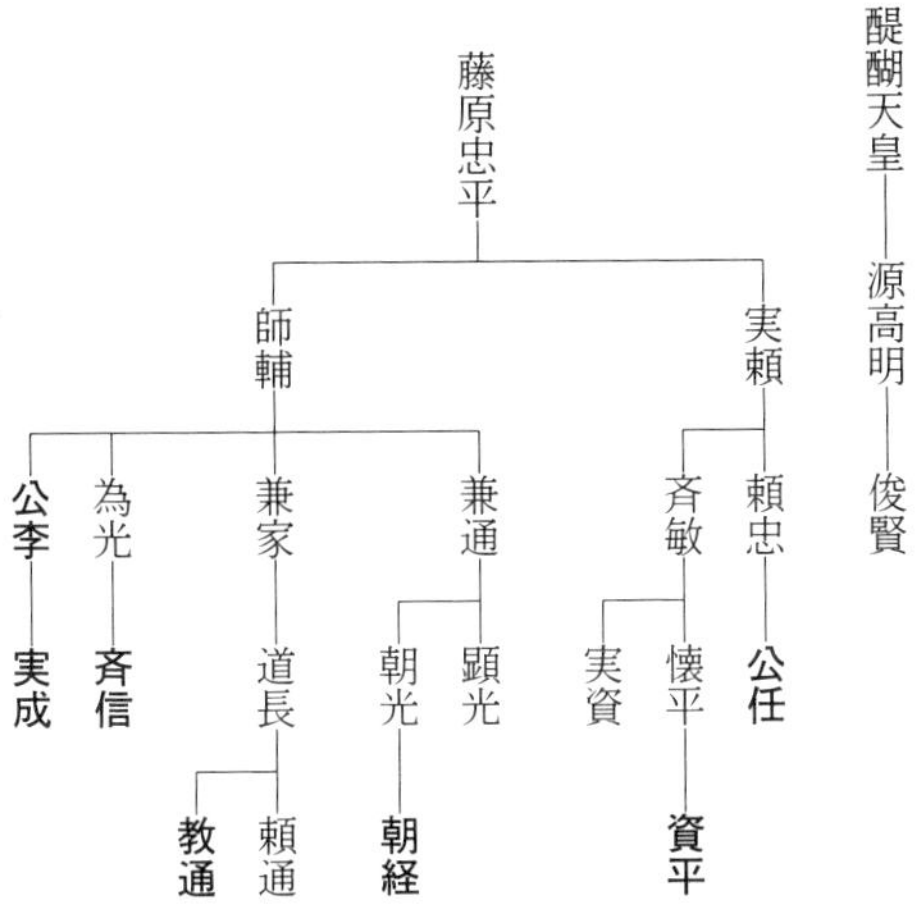

実資は「源納所レ陳事誠可レ然」（o）と、俊賢の方策を支持しており、高麗の謀略の有無を尋問しようとする陣定の決定に対して、「只以三差レ使送二虜者一可レ為二其志一、給レ物被二早返遣一上計歟」との所見を示した。公任は陣定に出席しており、④については自分は注意を喚起したが、大勢に抗し難かった旨を弁解している（p・q）。但し、「経二両島一之程計レ之見二衰弱由一歟」（p）という点は陣定では考慮されていなかったようであり、俊賢の読みの深さを際だたせる仕儀になった。qによると、俊賢の予想通り、対馬から大宰府に向かった高麗使船は漂没しており、三〇人の死者が出てしまうのである。ちなみに、『小右記』寛仁三年九月

二十二日条には「件事昨日入道殿有二被レ示事一、其趣者、為二刀伊国賊一被レ虜者二百七十人許云々〈男六十人、女二百余人〉、相送者百余人云々、只牒二対馬一、命云、給二絹・米等一可二帰遣一也、先尋二新羅国貢調時給物例一可レ被レ行歟者」とあり、道長も同様の方策をとるのがよいと考えていたことが窺われる。

今回の高麗使に対するその後の対応の詳細は不明であるが、『日本紀略』寛仁四年（一〇二〇）二月十六日条「右大臣以下参入、被レ定二高麗返牒事一。令三大宰府牒二高麗国一、令レ発二帰鄭子良等及生虜流来一事」、四月十一日条「請下印大宰府遣二高麗国一返牒官符上」と見え、大宰府の名義で返牒を出すことになっている。『左経記』寛仁四年八月二十五日条には鄭子良に対する給禄の府解の奏上が記されているので、結局のところ高麗使は一年近くの間日本に滞在し、日本の状況を充分に観察することができたものと思われる。残念ながら今回の返牒の内容は不明であり、俊賢が①で指摘していた日本朝廷宛の外交文書でなかった点、oに「此旨頗可レ顕二返牒一許也」とある意見がどのように反映されたのかはわからないが、日本側の外交手順は全体的には十全のものとは言えないであろう。

刀伊の入寇、高麗使来朝による虜民返還の後も日本側の高麗に対する警戒心は変わらなかった。『小右記』治安二年（一〇二二）四月三日条には対馬守の改替の件が記され、大宰帥源経房は「彼島住人数少、亡弊殊甚、敵国之危朝夕怖、被レ任二武芸者一令レ禦二敵国之兵師一」との見解を示したことが知られる。高麗を「敵国」とする認識が定着していたことが窺われ、その襲来が常に警戒すべきものと位置づけられていた訳である。また上掲の史料06〜15に看取されるように、対馬を介した彼我の通交は維持されていくようであるが、今回問題になった彼我の正規の通交形態は改善されなかった。iによると、長徳三年、そして永承六年と、同様の形態による高麗からの意思伝達、日本商人を仕立てた遣日使派遣が続き、日麗間の通交原則には問題が残ったと評さざるを得ない。こうした日麗関係の行方を追って、最後に医師要請事件とそれをめぐる日麗通交のあり方を検討し、彼我往来の諸相を展望することにしたい。

三　医師要請事件と明範の契丹渡航

刀伊の入寇後の日麗通交の推移は前節で触れた通りであり、商人の往来や漂流民の送還などによる交通が維持された。こうした中で承暦三年（一〇七九）に高麗から国王文宗の病気治療のために医師派遣の要請が齎され、日本側はその対応に意を砕かねばならなかった。(19)ここではまずこの医師要請事件の周辺とその推移を探ることから始めたい。

r『本朝続文粋』巻十一牒（江都督作）

日本国太宰府牒　高麗国礼賓省。却二廻方物等一事。牒。得二彼省牒一偁、「当省伏奉二聖旨一、訪下聞貴国有中能理二療風疾一医人上。今因二商客王則貞廻帰次一、仰因二便道一牒。及二於王則貞処一、説二示風疾縁由一、請二彼処一、選二択上等医人一、於二来年早春一発送到来、理二療風疾一。若見二功効一定不二軽酬一者。今先送二華錦及大綾・中綾各十一段、麝香一十臍一、分二附王則貞一、賫持将下去二知大宰府官員処一、且充中信儀上。到可二収領一者。牒具如レ前。当省所レ奉聖旨、備録在レ前。請貴府有下端的能療二風疾一好医人上、許二容発送前来一。仍収二領疋段麝香一如レ牒」者。貴国懽盟之後、数逾二千祀一、和親之義、長垂二百王一。方今犯二霧露於燕寢之中一、求二医療於鼇波之外一。望レ風懐想、能不二依々一。抑牒状之詞、頗睽二故事一。改二処分一而曰二聖旨一。非二蕃王可レ称。宅二遐陬一而跨二上邦一、誠彝倫逌レ斁。況亦託二商人之旅艇一、寄二殊俗之単書一、執圭之使不レ到、封函之礼既虧。雙魚猶難レ達二鳳池之月一、扁鵲何得レ入二鶏林之雲一。凡厥方物、皆従二却廻一。今以レ状牒。々到准レ状。故牒。承暦四年　月　日。

rは今回の医師派遣要請に対して、日本側が不可の旨を伝えた大宰府牒（大江匡房作）で、高麗の礼賓省牒も引用されているので、全体像を知り得る材料として掲げたものである。『朝野群載』巻二十によると、礼賓省牒の発信は己未年（承暦三＝文宗三十三）十一月で、これを受納した大宰府では承暦四年三月五日大宰府解で「異国之事為レ蒙二裁定一」として上申し、朝廷で対応が協議されることになった。但し、『高麗史』によると、文宗三十二年（一〇七八）七月に宋の国信使帰国に託して医官と薬材を求め、翌年七月には宋から翰林医官邢慥が派遣され、一〇〇種類を超える薬材等が齎されていることが知られるので、十一月になってから日本に医師派遣の要請を行うのは不審であると言わざるを得ない。(20)

この高麗からの要請をめぐっては、『帥記』（記主源経信）、『水左記』（記主源俊房）に日本側の審議の詳細がわかる史料が存する。承暦四年閏八月五日の陣定では、「抑高麗之於二本朝一也、歴代之間久結二盟約一、中古以来朝貢雖レ絶、猶無二略心一」（『帥記』・源経信の意見）として、派遣を可とする意見も出され、候補者の人選まで示されたが、十四日になって「無二効験一為レ朝可レ為二其恥一」（『帥記』・源俊実の意見）、「若不レ得二其療治之験一者、為レ朝尤可レ為二恥辱一者、不レ被二差遣一、何事之有乎」（『水左記』）という声も出るようになった。結局のところ、二十二日に関白左大臣藤原忠実が故宇治殿（頼通）の夢告により派遣拒否の方針を得たため（『帥記』承暦四年閏八月二十五日条、『水左記』承暦四年閏八月二十三日条）、医師派遣不可の結論に帰着することになるのである。

s『水左記』承暦四年九月四日条

（上略）議二定高麗返牒仰詞一也。匡房朝臣注下出牒状乖二礼度一之事上。一牒字下不レ注二上字一事。一不二封函封紙一事。一不レ注二年号一注二己未年一事。一年月日下唯注レ日不レ注二一二一事。一称二聖旨一事。聖旨者宋朝所レ称也。如本朝□□歟、非二蕃国所一レ可レ称。一不レ差レ使事。長徳三年符云、須下専二国信一先達中大府上、何脅二断綆漂流之客一以為二行李一。啓牒之信事乖二彼制一云々。永承六年金州返牒云、専二行李一以謄二信札一、而便附二商船一□数缺云々。事了人々退出。

t『師守記』貞和六年（一三五〇）五月九日条

承暦四年十月二日、賜二官符於大宰府一云、右大臣宣、奉レ勅、所レ請医人輙難二差遣一、所レ送方物、宜レ被二返却一。早以二府司之返牒一、択二使者一発遣。但至二商人王則貞一者、宜二任レ法罪レ科云々。

rの大宰府牒による拒否の回答発給に至る過程で、日本側は今回の高麗の外交文書について、封函封紙の欠如という外形や文書形式をめぐるいくつかの違例を批判し、また高麗側が専使を派遣するのではなく、日本人の商人の帰朝を利用して牒状を付託したという外交形式に関しても問題を指摘している（s）。この日本商人を利用した意志伝達については、前節で触れた長徳三年の事例でも問題視されていた（i・s）が、高麗側は改めていない。そもそも今回の医師派遣要請は大宰府に充てられたものであり、高麗の方物は大宰府管下の商人として活躍する王則貞を介して「大宰府官員処」に齎されるべきものであった（r）。大宰府側も「商人往二返高麗国一、古今之例也」（『朝野群載』巻二十承暦四年三月五日大宰府解）と称しており、王則貞の彼我往来は全く問題視していなかった。

u『高麗史』巻九文宗二十七年（一〇七三）七月丙午条

東南海都部署奏、日本国人王則貞・松永年等四十二人来、請レ進二螺鈿・鞍橋・刀・鏡匣・硯箱・櫛・書案・画屛・香爐・弓箭・水銀・螺・甲等物一。壱岐島勾当官、遣二藤井安国等三十三人一、亦請レ献二方物東宮及諸令公府一。制下許由二海道一至上京。

uによると、王則貞は以前に高麗に渡航したことのある人物で、今回の帰国の直近ではいつ渡航したのかは不明である（u以来、高麗に滞在していたとは考え難く、何度か彼我往来していたことが推定される）が、uでは高麗に方物を進献しており、当時の高麗の外交意識としては王則貞の如き人物は外交文書を付託することのできる存在と位置づけられていたと解されている(21)。この王則貞は延久元年（一〇六九）七月観世音寺十一面観音像銘の結縁者である府老王則宗

表9　『高麗史』に記された日本人の到来（史料u以降の事例）

年　次	事　例
一〇七四（文宗二）・二	日本国船頭重利ら三九人が土物を来献
一〇七五・閏四	日本商人大江ら一八人が土物を来献
一〇七五・六	日本人朝元・時経ら一二人が土物を来献
一〇七五・七	日本商人五九人が到来
一〇七六・一〇	日本国僧俗二五人が霊光郡に到来し、国王の寿を祝し、仏像を雕成すと称す→上京を許可
一〇七八・九	日本国が耽羅飄風高礪ら一八人を帰送
一〇七九・九	日本国が飄風商人安光ら四四人を帰送
一〇七九・一一	日本商客藤原らが到来し、方物を進献
一〇八〇・閏九	日本国薩摩州が遣使し方物を献ず
一〇八二・一一	日本国対馬島が遣使し方物を献ず
一〇八四（宣宗二）・六	日本国筑前州商客信通らが水銀を献ず
一〇八五・二	対馬島勾当官が遣使し柑橘を進上
一〇八六・三	対馬島勾当官が遣使し方物を献ず
一〇八七・三	日本商重元・親宗ら三二人が方物を来献
一〇八七・七	日本国対馬島元平ら四〇人が来献
一〇八九・八	日本国大宰府商客が来献
一一一六（睿宗一一）・二	日本国が柑子を進上
一一四七（毅宗元）・八	日本都綱黄仲文ら二一人が到来
一一六九・正	群臣に「賜宋商及日本国所進玩物」

（『平安遺文』金石文編一二〇号）、同年八月二十九日筑前国嘉麻郡司解案（『平安遺文』一〇三九号）に「図師判官代王則季」と見える人々、平安末期に宗像大宮司になった宗像氏実に嫁いで氏忠を生んだ博多綱首王氏の女などの事例から推定して、府官・博多綱首として活動する大宰府下の王氏の系譜に連なる人物であったと見ることができよう。(22) 上掲の文言にもある通り、彼は大宰府の認可を得て高麗に渡航していたものと考えられ、uには壱岐島の官人が派遣した日本人の到来も記されており、大宰府管内の人々と高麗の通交は盛んであったことが推察される。

表9にその一端を看取できるように、大宰府管下の官憲を背景とした通交は頻繁に行われていたものと考えられ、rでは高麗側は王則貞に分附した方物が大宰府官人に届くことを期待しているから、こうした構図は高麗側も充分に承知していたものと解される。前節で触れた高麗からの唐暦入手の事例などを参照すると、日本朝廷もこうした様態は了解していたと見ることができよう。但し、今回の王則貞は外交文書の付託を受け、日本側が問題視する外交形式による通交形成に加担することになったため、tで処断対象になった次第である。

以上が医師要請事件とその周辺に関する問題として留意すべき事柄であるが、王則貞のように日麗間を往来する人々の存在形態をさらに考究してみたい。

v『高麗史』巻十宣宗十年（寛治七＝一〇九三）七月癸未条

西海道按察使奏、安西都護府轄下延平島巡検軍捕二海船一艘一。所レ載宋人十二、倭人十九、有二弓箭・刀劔・甲冑幷水銀・真珠・硫黄・法螺等物一。必是両国海賊共欲レ侵二我辺鄙一者也。其兵仗等物請収二納官所一、捕二海賊一、並配二嶺外一。賞二其巡捕軍士一。従レ之。

w『平安遺文』題跋編二五八八号釋摩訶衍論通玄鈔巻四奥書

正二位行権中納言兼大宰帥藤原朝臣季仲依二仁和寺禅定二品親王仰一、遣二使高麗国一請来、即長治二年〈乙酉〉五月中旬従二大宰一差二専使一奉二請之一。

x『平安遺文』題跋編一〇四三号弘賛法華伝二冊

《上巻本奥書》弘賛法華伝者宋人荘永・蘇景、依二予之勧一、且自二高麗国一所レ奉レ渡聖教百余巻内也。依二一本書一為レ恐二散失一、勧二俊源法師一、先令レ書二写一本一矣。就レ中蘇景等帰朝之間、於二壱岐島一遇二海賊乱起一、此伝上五巻入二海中一少湿損。雖レ然海賊等、或為二宋人一被レ害、或及二島引一被二搦取一、敢无二散失物一云々。宋人等云、偏依二聖教之威力一也云々。保安元年七月五日於二大宰府一記レ之。大法師覚樹。此書本奥書有二此日記一。

《下巻本奥書》大日本国保安元年七月八日於二大宰府一勧二俊源法師一書写畢。宋人蘇景自二高麗国一奉レ渡聖教之中、有二此法華伝一。仍為レ留二多本一所レ令二書写一也。羊僧覚樹記レ之。此書本奥在二此日記一。

vによると、高麗に通交していたのは日本人だけではなく、宋人も加わった混成海商であったことが窺われる。宋は契丹（遼）と対立しており、契丹に服属していた高麗は渡航禁止地域に指定されていたが、熙寧四年（一〇七一＝延久三・文宗二十五）頃から高麗の再度の入宋が行われ、実質的には渡航が頻繁になって、元祐編勅（元祐年間＝一〇八六～九三）において正式に渡航禁止地域から除外されるに至るのであった(23)。但し、宋商人の中には高麗経由で契丹と通交し、巨利を得ようとする者がいたことが知られ（『全宋文』巻一八六七元祐五年（一〇九〇）八月十五日蘇軾奏状「乞禁商旅過外国状」）、当局の警戒するところとなっている。日本と宋には公的な外交関係はなかったが、日本僧の入宋、宋商人の来日を通じた交通は盛んであり(24)、宋商人は日本経由で高麗に赴くことも可能であったと考えられよう(25)。

vにはこうした高麗との通交形態が反映されているものと思われ、wによると、日本朝廷の人々も大宰府を介して高麗に経典などを求め、またxでは日本の僧侶が宋商人に高麗への渡航・経典入手を依頼している様子が窺われる。こうした大宰府周辺の日本人商人や宋商人の活動に関連して、別稿で触れた明範の契丹渡航事件に留意してみたい(26)。

y『中右記』寛治六年（一〇九二）六月二十七日条

有二陣定一。是太宰府解状也。唐人隆琨為商客初通二契丹国之路一、銀宝貨等持来。子細見二解状一。公卿、左大臣、右大臣、内大臣、治部卿〈俊明〉、左兵衛督〈俊実〉、大蔵卿〈長房〉、右大弁〈通俊〉。

z『中右記』寛治六年九月十三日条

検非違使等於二左衛府一、勘二問商人僧明範一。件明範越立趣二契丹国一、経二数月一帰朝。所二随身一之宝貨多云々。仍日者為レ勘二問事一、元雖レ（召脱ヵ）二使庁一、例幣先後之斎間、引及二今日一也。契丹是（者ヵ）本是胡国也。有二武勇聞一。僧明範多以二兵具一売却（脱アラン）金銀条、已乖二此令一歟。

y・zによると、日本の「商人僧」明範は宋商人隆（劉）琨とともに契丹（遼）に渡航し、武器を売却して多くの金銀を得たことがわかり、全く通交のない契丹への渡航・武器の持ち出しと売却が問題になって、処罰されたというのが本件の概要である。この明範の渡遼は『遼史』巻二十五道宗五太安七年（寛治五＝一〇九〇）九月己亥条に「日本国遣鄭元・鄭心及僧応範等二十八人来貢」と記されている（中華書局本が「此似㆘避㆓穆宗明名㆒改㆖」と校訂しているように、応範は明範のこと）。しかし、明範の取り調べが進む中で、彼の渡海には前大宰帥で権中納言の藤原伊房、対馬守藤原敦輔の後援があったことが判明し、明範の処罰よりも伊房・敦輔の処断の方が問題になり、記録に留められることになった次第である。

隆琨は入宋僧成尋の弟子永智（一乗房）や入宋僧戒覚の渡海にも関与しており、これ以前から何度も日本に到来していた宋商人であった。隆琨の渡遼経路は日本→高麗経由と推定されるから、これは正しく宋商人と日本商人の高麗への渡航・交易活動の延長として可能な行動であったと見ることができよう。そして、それを支援していたのが大宰府周辺の官人であり、そこには日麗通交の継続、朝廷による黙認という歴史的背景が存したものと考えられる。したがって明範の契丹渡航事件には当時の宋商人の様態、宋商人と日本商人の関係、彼らの高麗との交易のあり方などが如実に反映されているものと思われ、日麗通交の一つの極点を示していると位置づけることができるのである(27)。

むすびにかえて

本章では日麗関係の実相を考究すべく、日麗関係をめぐるいくつかの問題に触れてみた。日麗間にはついに公的通交は確立しなかったが、大宰府管下、特に対馬を介した彼我の交通は盛んであったと見ることができ、日本商人の渡海、また高麗と契丹の関係に規制されて自由な往来が許されていなかった宋商人が日本を経由する方法で渡航することも行われた次第である。

但し、表9によると、明範の契丹渡航事件の頃から彼我往来の記録が少なくなり、日本側の史料でも医師要請事件、明範の事件以降、十二世紀の事例は乏しい。これは当該時期の史料的制約もあるのかもしれないが、次のような事態が散見していることにも注意しておきたい。

α『百錬抄』永暦元年（一一六〇）四月二十八日条

対馬島司言下上高麗国金海府禁二銅採進房幷貢銀採丁一事上。令二諸道勘申一。

β『山槐記』永暦元年十二月十七日条（『百錬抄』同日条あり）

今夜、有二高麗国搦留商人之定一云々。可レ尋二諸道勘文定文等一。

γ『百錬抄』安貞元年（一二二七）七月二十一日条

於二関白直盧一有二議定事一。左大臣已下参入。去年対馬国悪徒等向二高麗国全羅州一、奪二取人物一、侵二陵住民一事、可レ報二由緒一之由牒送。大宰少弐資頼不レ経二上奏一、於二高麗国使前一捕二悪徒九十人一斬レ首、偸送二返牒一云々。我朝之耻也。牒状無礼云々。

α・β・γは対馬を中心とする大宰府下の人々が盛んに高麗と通交していたことを窺わせ、そうした中で彼の地で事件を起こす場合も現れはじめているのであった。『高麗史』巻二十二高宗十年（貞応二＝一二二三）五月甲子条「倭寇二金州一」とあるのが「倭寇」の初見で、[28] γはその頃の様相を具体的に知る材料と言えよう。第二節で触れたように、日本人が高麗に渡航して問題を惹起する事例は既に十世紀末から見えていたが、こうした事件が史料に登場する頻度が増加するのは、その背後に日本側からの通交件数の増大があったものと推定され、日麗間の交通はむしろ常態化していくと考えられる。そして、γによると、最前線で統制を行う大宰府の処断と中央政府（朝廷）の認識には齟齬が見受けられ、こうした対外認識のズレも外交・通交方針の決定を左右するものとして留意しておきたい。こうした日麗関係のさらなる展開と課題の所在を指摘して、ここで叙述を終えることにする。

註

（1）鈴木靖民『古代対外関係史の研究』（吉川弘文館、一九八五年）、平澤加奈子「八世紀後半の日羅関係」（『白山史学』四二、二〇〇六年）など。

（2）石井正敏「『古語拾遺』の識語について」（『日本歴史』四六二、一九八六年）、西別府元日「九世紀前半の日羅交易と紀三津の「失使旨」事件」（科研報告書『「中国地域」を中心とする東アジア社会との交流に基づく史的特質の形成と展開』（研究代表者・岸田裕之）、二〇〇〇年）、山崎雅稔「新羅国執事省牒からみた紀三津「失使旨」事件」（『日本中世の権力と地域社会』吉川弘文館、二〇〇七年）など。

（3）拙稿「承和度の遣唐使と九世紀の対外政策」（『遣唐使と古代日本の対外政策』吉川弘文館、二〇〇八年）。なお、鄭淳一「承和年間における日本の対外交渉と新羅康州」（『アジア研究と地域文化』（平成二一年度）院生成果報告集、二〇一〇年）、「貞観年間における弩師配置と新羅問題」（『早稲田大学大学院文学研究科紀要』五六の四、二〇一一年）、「寛平新羅海賊考」（『史観』一六四、二〇一一年）なども参照。

（4）拙稿「日渤関係における年期制の成立とその意義」（註（3）書）。

（5）渡海制については、稲川やよい「「渡海制」と「唐物使」の検討」（『史論』四四、一九九一年）、榎本淳一「律令国家の対外方針と「渡海制」」（『唐王朝と古代日本』吉川弘文館、二〇〇八年）などを参照。

（6）関幸彦「平安期、二つの海防問題」（『古代文化』四一の一〇、一九八九年）。

（7）石井正敏「寛平六年の遣唐使計画と新羅の海賊」（『アジア遊学』二六、一九九九年）。

（8）関註（6）論文。刀伊の入寇に関しては、①大宰帥藤原隆家の指揮があったとはいうものの、②現地の有力住人グループ（武的領有者、地方版「兵ノ家」）がそれぞれに活動を展開したもので、③騎射中心で（弓（合成弓）と太刀（彎刀形式）の登場があるという）、④個人戦の様相が強く、⑤首級数による行賞、⑥恩賞主義により即戦力的武力を発動し得たことなどが指摘され、地方軍制が変容していることがわかるという。なお、『小右記』寛仁三年六月二十九日条によると、藤原友近と随兵紀重方は勲功者注文に並置されており、片務的主従関係ではなかったことにも留意されている。

（9）中村栄孝「後百済および高麗太祖の日本通使」（『日鮮関係史の研究』上、吉川弘文館、一九六五年）。

（10）拙稿「入宋僧成尋の系譜」（『遣唐使の特質と平安中・後期の日中関係に関する文献学的研究』平成十九年度〜平成二十年度科学研究費補助金〔基盤研究（C）〕研究成果報告書、二〇〇九年、〔本書所収〕）。
（11）石井正敏「日本・高麗関係に関する一考察」（『アジア史における法と国家』中央大学出版部、二〇〇〇年）。後掲史料sの『水左記』では六項目について不備が指摘されている。
（12）石井註（11）論文。なお、奄美島人の動向については、山里純一「平安時代中期の南蛮人襲撃事件をめぐって」（『日本古代の地域社会と周縁』吉川弘文館、二〇一二年）を参照。
（13）佐伯有清「九世紀の日本と朝鮮」（『日本古代の政治と社会』吉川弘文館、一九七〇年）。
（14）田島公『日本、中国・朝鮮対外交流史年表（稿）〔増補・改訂版〕』（二〇〇九年）、対外関係史総合年表編集委員会編『対外関係史総合年表』（吉川弘文館、一九九九年）、日本史料集成編纂会編『中国・朝鮮の史籍における日本史料集成』三国高麗之部（国書刊行会、一九七八年）、武田幸男編訳『高麗史日本伝』上・下（岩波書店、二〇〇五年）など。
（15）大宰府からの新羅暦進上は、『百錬抄』・『扶桑略記』永承三年（一〇四八）五月二日条にも見えている。
（16）石井註（11）論文。
（17）刀伊の入寇をめぐる軍事史的分析は、関幸彦「「寛仁夷賊之禍」と府衙の軍制」（『中世日本の諸相』上巻、吉川弘文館、一九八九年）、石井正敏「『小右記』所載「内蔵石女等申文」にみえる高麗の兵船について」（『朝鮮学報』一九八、二〇〇六年）、拙稿「刀伊の入寇と西国武者の展開」（『東洋大学文学部紀要』史学科篇三四、二〇〇九年）などを参照。
（18）石井註（17）論文。
（19）高麗側の情勢については、奥村周司a「医師要請事件にみる高麗文宗朝の対日姿勢」（『朝鮮学報』一一七、一九八五年）、b「使節迎接礼より見た高麗の外交姿勢」（『史観』一一〇、一九八四年）を参照。
（20）森克己「日麗交渉と刀伊賊の来寇」（『続日宋貿易の研究』国書刊行会、一九七五年）は、宋の医官が文宗の病気を治癒できなかったので、日本に医師派遣を要請したと見る（四二五頁）が、『高麗史』には日本への要請の件は見えず、日本からの医師派遣が実現しなかったにもかかわらず、文宗はさらに五年の治世を続けているので、宋の医官と薬材により小康を得たものと思われる。

(21) 奥村註(19)論文a。
(22) 『宗像市史』通史編第二巻古代・中世・近世(一九九九年)四二七〜四二八頁。
(23) 拙稿「宋朝の海外渡航規定と日本僧成尋の入国」(『海南史学』四四、二〇〇六年、〔本書所収〕)。
(24) 註(10)拙稿。
(25) 村井章介『境界をまたぐ人々』(山川出版社、二〇〇六年)は、日本海経由で若狭に来着する宋人は契丹交易を仲介しており、また来日する人々の中には契丹人も混在していた可能性を指摘している。なお、原美和子「宋代海商の活動に関する一試論」(『中世の対外交流』高志書院、二〇〇六年)も参照。
(26) 拙稿「劉琨と陳詠」(『白山史学』三八、二〇〇二年、〔本書所収〕)。原註(25)論文も参照。
(27) 上川通夫a「日本中世仏教の成立」(『日本中世仏教と東アジア世界』塙書房、二〇一二年)、b「東密六字経法の成立」(『日本中世仏教史料論』吉川弘文館、二〇〇八年)は、承暦四年(一〇八〇)の如法愛染明王法支度注文の差出に見える「行事大法師明範」を「商人僧」明範と同一人とし、この修法を考案した範俊が白河院の「殊寵」を得ていたことから、渡遼の一〇年前に院─範俊─明範という人脈が形成されていたと推定しており、村井章介「あらたなパラダイムの予感」(『日本史研究』五二四、二〇〇六年)もこの推論を評価している。上川氏は明範の処罰は公然たる支援を許さない国家規制が働いたものと見るが、この理解では遼仏教の導入という使命があったとすれば、何故それが許されなかったのかが不明である。b論文では伊房を院近臣と考えられているが、保立道久「院政期の国際関係と東アジア仏教史」(『歴史学をみつめ直す』校倉書房、二〇〇四年)が述べるように、伊房と摂関家との連携を想定した上で、伊房・明範らを処罰した主体を白河院に求めるのがよいと思われる。そして、註(26)拙稿で触れたように、遼仏教の導入に関与したとされる明範とy・zの「商人僧」明範の人物像は重なり難く、たとえy・zの明範が遼仏教の著作を将来していたとしても、それはあくまで「商人僧」としての行為に付随的なものであったと考えられるので、明範の人物比定にも疑義を呈しておきたい。
(28) 初期倭寇の活動の様子については、石井註(11)論文を参照。

第三章　書評と紹介　藤善眞澄『参天台五臺山記の研究』

本書（本章においては表題の書籍を指す）は関西大学東西学術研究所研究叢刊二十六として二〇〇六年三月に関西大学出版部から刊行されたものである（A5判　五六五頁）。書評原稿という論文集には必ずしもなじまないものであるが、『参天台五臺山記』の概要や研究動向・課題を知る上で、私なりの簡便なまとめになるので、あえてここに掲載することにし、末尾には付載として、平林文雄『参天台五臺山記　校本並に研究』（風間書房、一九七八年）四二八頁に依拠して、『参天台五臺山記』の写本系統に関わる伝本の状況を図示した。なお、著者の藤善眞澄氏は二〇一二年二月八日に御逝去されており（松浦章「藤善眞澄名誉教授の御逝去を悼む」『史泉』一一六、二〇一二年）、この分野の先駆的研究者にご叱正を賜ることができなくなったことを哀惜するとともに、謹んでご冥福をお祈りしたい（以下では著者がご健在の際に刊行された書評原稿をそのまま掲載しているが、この点ご了解いただきたい）。

著者の藤善氏は中国史、特に隋唐代を中心とする仏教史・文化史、また『水経注』や『諸蕃志』の注釈などの歴史地理、そして日中関係史がご専門であり、安禄山の乱についての優れた概説書執筆に窺われるように、政治・社会史にも通暁されている。表題の『参天台五臺山記』は全八巻で、日本の天台宗寺門派の僧成尋（京都岩倉の大雲寺寺主）が一〇七二年（延久四＝宋・熙寧五）三月十五日に肥前国壁島を出発、入宋して天台山に滞在、皇帝の京上・面謁の指示により首都開封に入り、五台山巡礼を遂げ、先行して帰国する弟子たちを見送って、翌年六月十二日に明州で別離するまでの四七〇日間の渡宋記録である（二日だけ記事のない日がある）。円仁の『入唐求法巡礼行記』四巻に匹敵する内容を持つ中国渡航記録と評すべきものであるが、その読解には平安時代の古記録を読む訓練と中国宋代史の知識が必要であるため、まだ充分に利用されているとは言えない史料である。仏教を介した日中間の交流、宋代中国の旅の様子を分析する作業はまさしく著者の幅広い専門分野に適合するかの如くであり、『参記』研究の深化を促進するものとして、本書の刊行を慶びたい。

本書は、関西大学東西学術研究所所長橋本征治氏による序に続いて、次のような構成になっている（序章以外は旧稿の発表年次を記し、および後述の都合上、通し番号を付けた）。

序章 成尋と参天台五臺山記／／第一章 日中交流とその周辺　第一節 文書・記録の日中文化交流—博徳書と参天台五臺山記—（二〇〇一、②）／第二節 伊吉博徳書の行程と日付をめぐって—遣唐使の行程—（一九九九、①）／第三節 日中交流史上の泰山霊巌寺（二〇〇四、③）／第四節 入唐僧と杭州・越州（一九九六、④）／／第二章 入宋路をめぐり　第一節 福建・浙東と日本（二〇〇二、⑤）／第二節 宋代の福建・浙東の仏教と日本（二〇〇二、⑥）／第三節 日宋交通路の再検討—壁島より岱山へ—（一九八七、⑦）／第四節 日宋交通路の再検討—岱山より杭州へ—（一九八八、⑧）／／第三章 成尋と蘇・杭　第一節 入宋僧と杭州・越州（一九九七、⑨）／第二節 成尋と杭州寺院（二〇〇〇、⑩）／第三節 成尋入宋時の杭州仏教（二〇〇一、⑪）／第四節 入宋僧と蘇州仏教（二〇〇一、⑫）／／第四章 参天台五臺山記劄記　第一節 宋朝の賓礼—成尋の朝見をめぐって—（二〇〇三、⑬）／第二節 成尋をめぐる宋人—成尋と蘇東坡—（一九九三、⑭）／第三節 成尋をめぐる宋人—法党の影—（一九九八、⑮）／／第五章 日宋の文化交流　第一節 宋朝訳経始末攷（一九八六、⑯）／第二節 成尋の齎した彼我の典籍（一九八一、⑰）／第三節 成尋と楊文公談苑（一九八一、⑱）／／付篇 中文　入宋僧与杭州（一九九七、⑲）　成尋和《楊文公談苑》（⑱の中文版）／

あとがき／初出一覧／索引

序章では『参記』の記主成尋についての略歴・法系を解説するとともに、『参記』の内容を紹介し、本書の以下の章節との関係が整理されている。即ち、航海の様子は⑦⑧、杭州を中心とする宋代の都市の諸相は⑨⑩⑪、成尋の先駆者たち、特に寂照に関しては⑫⑱、宋朝の朝貢儀礼は⑬、宋の訳経事業のあり方や典籍往来の様子は⑯⑰となっている。一三頁では日本の仏教に自信を持っていた成尋がなぜ帰国しようとしなかったのかという問いが発せられており、これに対しては⑥の一三九頁あたりで成尋が宋仏教の再評価を行い、さらに求法を続ける必要性を感じたことが指摘されているが、私も『往生要集』の流布状況など入宋して日本での知見とは異なる隔絶に気づいたことが大きな動機であったと考えており（拙稿「入宋僧成尋とその国際認識」『白山史学』三九、二〇〇三年）、この見方を支持したい。

第一章では遣唐使との比較で、『参記』を相対的に位置づける試みがなされている。①②は斉明五年（六五九）遣唐使に関わる記録「伊吉連博徳書」に描かれた航路や皇帝との相見場面の比較であり、③も表題寺院の周辺を考察しながら、登州経由での入唐路存在の可能性を探っている。④では日本側の史料に唐代に重視される越州と宋代になって頻出する杭州という対照が見出せることを手がかりに、都市としての位置づけや仏教興隆・著名僧の存否を比較したもので、新たな分析方法の視点を提示している。なお、四三頁の「是為二本国一最善」は物貨に関する事柄ではなく、「郡」とは記さず「小州」と称した方が皇帝に対して無用な誤解を招かないという忠言であったと解釈しては如何であろうか。

第二章以下が『参記』本文に関わる様々な考証をふまえた論考である。⑤⑥は遣唐使時代からの関係も含めて、表題の地域と日本との関係や仏教のあり方に言及したものであるが、栄西のインド求法の希望と中国仏教に対する潜在的低評価、それが宋朝仏教の再評価に転じ、鎌倉新仏教の創成につながったことを指摘し、上述の成尋の姿勢を理解する視点を呈しているのは興味深い。⑦⑧は入宋航路の詳細な検討で、計画されているという訳注本の基礎作業の一端を窺うことができる。

⑨〜⑪は浙江地域の仏教・寺院のあり方を教えてくれる論考であり、その研究には中国仏教史・歴史地理の浩瀚な知識が必要で、著者の独壇場と言えよう。⑪では成尋は入宋前に中国仏教の事情に精通していた訳ではなかったことが指摘されている（三五一頁）が、これは遣唐請益僧・留学僧に関しても該当する事柄であり、中国文化移入の偶然性に留意したいと思う。⑬は成尋に対する宋側の朝貢使扱いとその賓礼のあり方を解明したもので、具体的な事例に基づく制度の実態復原の手法としても参照されるべきである。

⑭⑮は成尋は全く意識していなかったが、宋代の著名人と邂逅していた点を指摘したもので、小島毅『中国の歴史』07（講談社、二〇〇五年）一八〜二〇頁が、成尋は士大夫たちからは全く評価されなかったと述べているのは、若干修正を要するように思われる。著名人士への意識や『参記』の記述からは、成尋自身は朝貢使としての認識で入宋したのではなく、聖地巡礼と仏典収集が主目的であったから、そうした交わりには関心がなかったためと理解できよう。なお、三一九頁の「従レ港入二明州一、令下不レ入二明州一直向レ西赴中越州上」の「令」を県令と解するのは中国史料では当然かもしれないが、文脈上はここで県令が出てくるのは唐突であり（『参記』では県令を「知県」と表記している）、正格漢文には反するであろうが、『参記』の文体が日本人による変体漢文であることを勘案すると、返り点のように「港より明州に入らんとするも、明州に入れず、直ちに西に向かいて越州に赴かしめたり」と読む案は如何であろうか。

本書の多くの論考は一九九〇年代後半から二〇〇〇年代に執筆されたもので、著者の精力的な研究ぶりが窺われるが、⑯〜⑱は早くから著者が『参記』に関心を抱いていたことを教えてくれるものである。いずれも依拠すべき研究成果であり、こうした事柄にも『参記』の記述が資することを認識させてくれる。また彼我の典籍往来は最近では「ブックロード」の名称で注目されているが、著者の研究方法はその先駆的業績であったことを確認しておかねばならない。

以上、私の関心を主に本書の概要を紹介し、若干の拙見を述べた。『参記』の研究は島津草子『成尋阿闍梨母集・参天台五臺山記の研究』（大蔵出版、一九五九年）、森克己『新訂 日宋貿易の研究』（国書刊行会、一九七五年）、平林文雄『参天台五臺山記　校本並に研究』（風間書房、一九七八年）などの先駆的研究の段階から、近年では伊井春樹『成尋の入宋とその生涯』（吉川弘文館、一九九六年）、王麗萍『宋代の中日交流史』（勉誠社、二〇〇二年）、齊藤圓眞『参天台五臺山記』Ⅰ・Ⅱ（山喜房仏書林、一九九七・二〇〇六年、未完）、『天台入唐入宋僧の事跡研究』（山喜房仏書林、二〇〇六年）、そして本書などが刊行され、日本文学・日本仏教史、そして中国史など様々な立場からの論考が呈されるようになっている。日本史側からは石井正敏「入宋巡礼僧」（『アジアのなかの日本史』Ⅴ、東京大学出版会、一九九三年）をはじめ、いくつかの論考が呈されており、私も若干の考察を試みているが、『参記』本文の校訂をはじめ、課題は多いと思われる。また複数分野の研究者のそれぞれの関心は微妙にずれており、必ずしも議論が共有されていないところも感じられる。逆に言えば、これは『参記』がそれだけ幅広い考察の可能性を持った史料であることを物語るものであり、本書の刊行を機に、各分野の研究の照合が行われ、成果の共有・深化が進むことを期待したいと思う。

著者は既に古稀を越えられているが、近年では必ずしも古来稀れなりの年齢ではないようなので、今後の益々のご健勝を祈念するとともに、この碩学による『参記』の訳注の完成を鶴首し、拙い紹介を終えたい。なお、最後にもう一言。カバー装の写真は撮影にも傾倒されたという著者の手になるもので、杭州湾と帆船の画像は見事である。図書館や研究室に配架の際にも是非このカバーを残すように工夫をお願いしたいと思う。

（付記）その後、著者による『参記』の訳注が『参天台五臺山記』上・下（関西大学出版部、二〇〇七・二〇一一年）として刊行された。また王麗萍校点『新校参天台五臺山記』（上海古籍出版社、二〇〇九年）が刊行され、新しい校訂の成果が呈示されている。いずれも『参記』研究の基本文献として追記しておきたい。

図5　参天台五臺山記の伝本

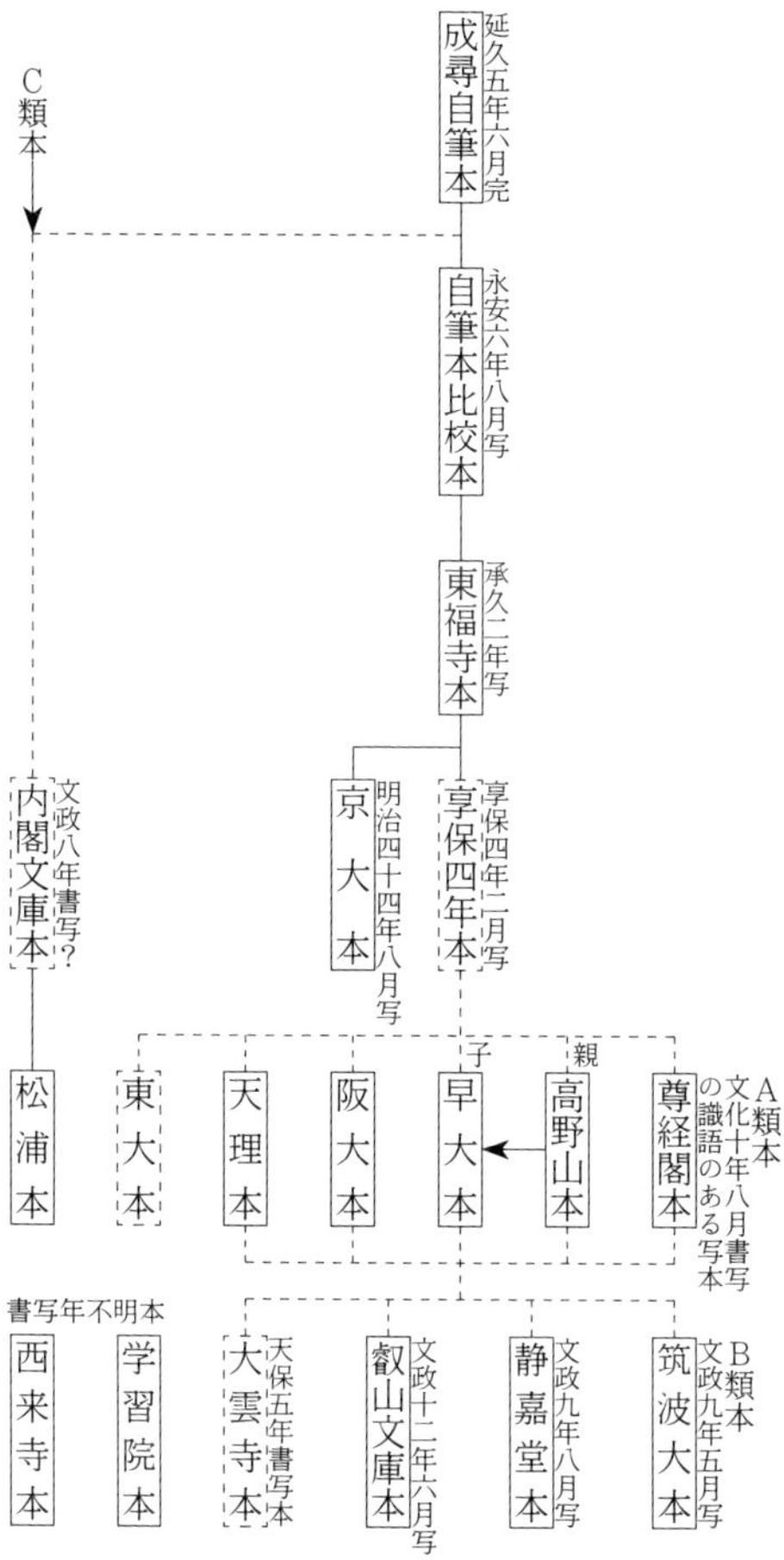

あとがき

本書の主題である成尋の『参天台五臺山記』に興味を抱いたのは、対外関係では第一論文集となる『古代日本の対外認識と通交』（吉川弘文館、一九九八年）所収の「平安貴族の国際認識についての一考察」を執筆する準備過程で、平安時代中・後期の関係史料を悉皆に収集していた頃であると思う。当時流布していた最新の校訂本である平林文雄『参天台五臺山記　校本並に研究』（風間書房、一九七八年）や『大日本仏教全書』本を手がかりに通読したが、難読箇所がいくつもあった。その後、平成十年度高知大学教育改革改善推進費（学長裁量経費）に「「成尋―宋代中国への旅」（共同研究：アジア地域との交流史の一部）の試行・準備」というテーマで応募し、研究費を得て、最善本である東福寺本の写真版を入手し、改めて読解を試みた。当時は国立大学が独立行政法人になるかどうかという時期であり、前任の職場である高知大学も地方国立大学としてのあり方を模索し、学長の権限の強化云々が取りざたされており、こうした形での新しい研究費交付の方法がとられ始めていたのである。

東福寺本の複製本は一九三七年に東洋文庫から刊行されていたが、古本として出回ることは稀であり、この研究経費を得て、東福寺の許可を得て、東洋文庫に複製本の写真版頒布を依頼したところであった。半ば間に合わせの上記の研究課題は、その後人文学部の歴史系の同僚ともども、平成十二年度〜平成十四年度高知大学二十一世紀地域振興学術プロジェクト「前近代環シナ海における交流とネットワークに関する史的研究」（代表・三木聰、大櫛敦弘）として遂行された。私は二〇〇一年三月には高知大学を退職し、東洋大学に転職したが、その間、中国史が専門の大櫛敦弘氏（人文学部）、遠藤隆俊氏（教育学部）らとともに『参記』の輪読会を開くことができたのは、読解を進める上で大いに役立った。特に遠藤氏は宋代史が専門であり、唐代までの漢文とは異なる中国漢文の読み方、また『参記』巻二冒頭に出てくる宋の官文書の読解――日本史専攻者はここらあたりで、もう中国国内の話になるので、律令などを中心とする唐代までの史料とは異なる漢文の読み方・論理構成に閉口して、放棄しがちになる――などを乗り越える上で、ご教示いただくことができ、本当に助かった。

高知大学での輪読会は巻五の途中くらいまでであったが、東京でも村井章介氏（東京大学）らが主催する『参記』の会」に参加させていただき、全巻を通読することができた。その開催・参加状況を記録に留めると、次のようになる。

①高知大学在職時……中国史が専門の大櫛敦弘氏、遠藤隆俊氏らとともに。巻一～巻五。
一九九九年五月一九日（水）、六月一六日（水）、七月二一日（水）、九月二一日（火）、一〇月二〇日（水）、一一月二四日（水）、一二月二二日（水）。二〇〇〇年一月一二日（水）、二月一六日（水）、三月二一日（火）、五月一七日（水）、六月二一日（水）、七月一九日（水）、一一月二四日（金）、一二月二二日（金）。二〇〇一年一月一九日（金）、三月一日（木）。
②『参記』の会……村井章介氏ら輪読会参加者とともに。巻五途中～巻八。
二〇〇一年一〇月一三日（土）、一一月二四日（土）、一二月一日（土）。二〇〇二年二月二日（土）、四月六日（土）、五月一八日（土）、六月二九日（土）、七月一〇日（土）、九月二一日（土）、一〇月一二日（土）、一二月七日（土）。二〇〇三年二月一日（土）、三月八日（土）、四月一二日（土）、五月一七日（土）、六月二八日（土）、七月一二日（土）、九月一三日（土）、一〇月一八日（土）、一二月一三日（土）。二〇〇四年一月二四日（土）、

二月一四日（土）、四月一〇日（土）、五月一五日（土）、六月一二日（土）、七月四日（日）。

その後、平成十九年度〜平成二十年度科学研究費補助金による研究課題「遣唐使の特質と平安中・後期の日中関係に関する文献学的研究」（基盤研究（C）、研究代表者・森公章）遂行に伴って研究成果報告書を作成し（二〇〇九年）、『参記』の最善本である東福寺本の写真版読み起し校訂文（案）や「日々要略」と称する日々の記事の概要を整理したもの、また成尋の日本での足跡を知ることが出来る数少ない史料である『成尋阿闍梨母集』などを掲載している。

以上、本書の基盤となる成尋と『参天台五臺山記』の研究経緯を記した。「序にかえて」でも触れたように、今後は『参記』の読解をさらに深化することとともに、「遣唐使」以後の古代日本の対外政策全般を考究し、『「白村江」以後』（講談社、一九九八年）、『東アジアの動乱と倭国』（吉川弘文館、二〇〇六年）、『遣唐使の光芒』（角川学芸出版、二〇一〇年）などによって描いてきた私なりの通交史をさらに書き継ぐことができればと考えている。そうした課題を記して、あとがきにかえたい。

二〇一二年一二月三日

森　公　章

索　　引

I　事 項 名

あ　行

か　行

さ　行

た　行

な　行

II　人　　名

あ　　行

か　　行

さ　　行

た 行

な 行

は 行

ま 行

や・ら 行

Ⅲ 史 料 名

あ 行

か 行

さ　　行

た　　行

な　行

は　行

ま　行

や・ら・わ行

Ⅳ　研究者名

あ　行

か　行

さ　行

た　行

な 行

は 行

ま 行

や 行

ら・わ 行

著者略歴
一九五八年　岡山県に生まれる
一九八八年　東京大学大学院人文科学研究科
　　　　　　博士課程単位取得退学
現在　東洋大学教授・博士（文学）〔東京大学〕

〔主要著書〕
『古代郡司制度の研究』『長屋王家木簡の基礎的研究』（ともに吉川弘文館、二〇〇〇年）
『地方木簡と郡家の機構』（同成社、二〇〇九年）
『歴史文化ライブラリー　古代豪族と武士の誕生』（吉川弘文館、二〇一三年）

成尋と参天台五臺山記の研究

二〇一三年（平成二十五）二月二十日　第一刷発行

著者　森《もり》公《きみ》章《ゆき》

発行者　前田求恭

発行所　株式会社　吉川弘文館
郵便番号一一三—〇〇三三
東京都文京区本郷七丁目二番八号
電話〇三—三八一三—九一五一〈代〉
振替口座〇〇一〇〇—五—二四四番
http://www.yoshikawa-k.co.jp/

印刷＝株式会社 理想社
製本＝誠製本株式会社
装幀＝山崎 登

ISBN978-4-642-04604-6